GB
한길그레이트북스

인 류 의 위 대 한 지 적 유 산

GB
한길그레이트북스

인류의 위대한 지적유산

문명과 질병

헨리 지거리스트 | 황상익 옮김

한길사

Henry Sigerist
Civilization and Disease

Translated by Hwang Sang-Ik

티에폴로, 「미뉴에트」(1754년경)

코르셋은 18세기 여성들을 많이 괴롭혔던 우울증, 실신, 경련 등의 중요한 원인이었다.
코르셋을 조여 입을수록 건강에 대한 악영향은 커졌다. 그 불행을 가져오는 의상이
여성의 전반적인 건강과 체력에 매우 나쁜 영향을 미쳤으며,
그리하여 여러 가지 질병발생에 크게 기여한 점은 의심할 여지가 없다.

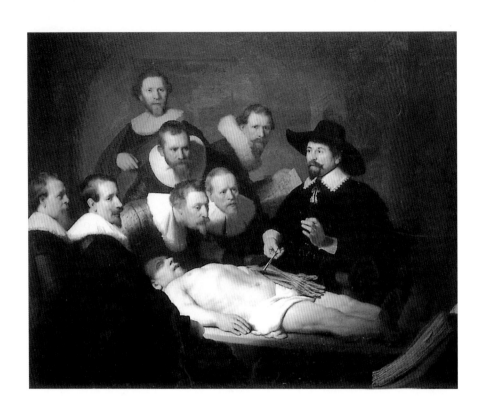

렘브란트, 「툴프 박사의 해부학 강의」(1632년)

14세기 초부터 대학 의학부에서는 사람의 시체를 공개적으로 해부했다.
그러나 당시의 해부는 연구가 아니라 사람들에게 그저 보여주는 데 머물렀다.
15세기 말과 16세기를 거치며 전통에 대한 회의가 커지면서 상황이 변했고,
이때 새로운 태도의 발전은 기성권위에 대한 도전을 이끌었다.

캄피, 「부엌」(1580년경)
사용한 에너지를 보충하는 데 필요한 음식물을 섭취하지 못하면
질병에 대한 사람의 저항력은 감소하며, 그러한 기아상태가 길어지면
결국 죽음에 이를 수도 있다. 기근의 역사는 인류사의 한 비참한 측면이다.

반 고흐, 「자화상」(1889-90년)

질병이 아무런 바탕이 없는 환자를 미술가로 만드는 것은 아니다. 다만 질병은
그 환자에게 심리 메커니즘으로서의 억압을 제거하고 가치에 대한 감각을 변화시켜
숨겨져 있던 잠재력을 풀어줄 수 있다. 어느 화가가 정신병에 걸렸다고 할 때
그 질환은 작품에 그대로 투영된다. 고흐가 전형적인 예이다.

GB
한길그레이트북스

인류의 위대한 지적유산

문명과 질병

헨리 지거리스트 | 황상익 옮김

한길사

문명과 질병
차례

인류 역사는 곧 질병에 대한 역사이다

황상익 서울대 의대 의사학교실(醫史學敎室) 교수 · 의학사

질병의 자연사와 사회사

"인류의 역사는 질병의 역사이자 질병에 대한 극복과 좌절의 역사다." 이렇게 말한다면 역사를 너무 편협하게 다룬다고 공박을 받을지 모른다. 그러나 인간의 개인적 · 집단적 고통 가운데 질병만큼 시공을 초월하여 인류를 괴롭혀 온 것이 없으며, 또 인간의 노력 가운데 질병의 고통에서 벗어나기 위해 기울인 것만큼의 지속적인 활동도 찾기 어려울 것이다. 그뿐만 아니라 질병은 나라의 존망을 좌우한 적이 적지 않았을 뿐만 아니라, 사상적 · 정치경제적으로 역사의 방향에 커다란 영향을 미치기도 했다. 또한 질병의 양상과 거기에 대한 대응은 한 사회의 성격과 수준을 반영하는 중요한 지표기도 하다.

우리는 역사의 비극 가운데서 참혹한 전쟁들을 떠올리지만 질병이 인류에게 주어온 고통에 비하면 그야말로 사소한 것이었다. 또한 전쟁의 참극은 거의 필연적으로 동반되는 질병의 만연으로 더욱 증폭되곤 했다. 의학은 그 자체의 발전을 지향하는 측면도 없지는

않지만 그 근본은 역시 각 시대에 문제 되는 질병의 극복이었다. 전성기를 구가하던 도시국가 아테네와 로마 제국 멸망의 중요한 원인으로 많은 역사가들이 역병(疫病)의 만연을 꼽고 있다. 14세기의 흑사병 창궐은 중세 유럽을 끝장낸 재앙이었을 뿐만 아니라 근대를 연 중요한 동인(動因)이기도 하였다. 질병은 인간의 사회적 의식에도 큰 영향을 미쳐왔다. 예컨대 1980년대부터 에이즈(후천성 면역결핍증) 대유행은 인류의 미래에 대한 암울한 전망을 낳고 있으며, 동성애(자)에 대한 부당한 핍박 등 성(性)과 관련한 인간의 의식과 태도에도 커다란 영향을 미치고 있다.

　인류의 역사는 곧 질병의 역사라 했지만, 질병은 생명체의 탄생과 함께 나타난 것으로 인류보다 몇백 배나 긴 역사를 가지고 있다. 그런 점에서 질병의 역사는 생물의 역사이자 지구의 역사라고 말해야 할 것이다. 인간들이 겪는 질병의 바탕에는 그러한 자연사적(自然史的)인 측면도 있지만, 인류가 문명을 이룬 뒤에 더 중요하게 작용해온 것은 질병의 사회사적(社會史的)인 특성이다.

　이것이 이 책『문명과 질병』(Civilization and Disease)의 주제인 셈이다. 다시 말해, 생물학적 개체라기보다는 사회적 존재의 성격이 더 뚜렷한 "인간의 질병은 사회와 문명이 만든다. 그리고 질병은 다시 인간의 역사발전에 커다란 영향을 미친다"라는 논지가 이 책의 바탕을 이루고 있다. 또한 인간사에서 질병이 가지는 의미를 온전하게 파악하는 데에 역사적, 문명적 관점이 많은 도움을 준다는 견해도 이 책이 내세우는 바다.

　이러한 생각이 원저자 지거리스트에게서 처음 나타난 것은 아니다. 하지만 이 책이 당시까지의 그러한 논지와 연구결과들을 잘 정리했으며 더욱이 그러한 논지를 일반 교양인들에게까지 전파한 데에 큰 의의가 있다. 19세기 중엽 독일에서 본격적으로 시작된 근대적 의학사(醫學史)를 학문의 새로운 중심지로 떠오르던 미국에 보급, 정착시키는 데 결정적인 역할을 한 지거리스트는 이 책을 통해 질병에 대한 문명적, 역사적 관점을 제시하는 데 성공을 거두었다고 평가된다.

문명과 질병의 상호관계

질병은 개인의 생사뿐만 아니라 사회의 흥망성쇠에 관련된 것이지만, 그것이 사회와 문명과 어떻게 관련되는지는 크게 관심을 끌지는 못했으며 오늘날도 그러한 점에서 별로 다르지 않다. 그러나 앞에서도 말했듯이 질병, 특히 대유행병은 개개인뿐만 아니라 민족과 국가의 운명을 좌우해왔고, 문명에 넓고도 뿌리 깊은 영향을 미쳐왔다.

질병이란 무엇인가? 그것은 내가 걸린 독감이고, 내 아이의 급성 위장염이고, 내 친구가 고통받는 간암이다. 나는 열이 심해 직장에 나가지 못하고, 내 아이는 배탈로 괴로워하고, 내 친구는 악성종양 때문에 죽을지도 모른다. 질병은 나와 내 아이와 내 친구의 아픔이고 고뇌다. 이렇듯 질병은 나와 내 아이와 내 친구라는 구체적인 인간의 질병이다. 다시 말해 질병은 저 혼자만 있을 수 없고, 병에 걸린 인간과 더불어 존재한다. 이처럼 질병은 인간과 관련된 것인 만큼, 그것은 동시에 우리가 속해 있는 사회의 질병이고 문명의 질병일 수밖에 없을 것이다. 또한 질병이 사회적이고 문명적인 것인 이상, 사회와 문명에 역사가 있듯이 질병에도 역사가 있다.

질병은 의심할 바 없이 생물학적 현상이다. 발열은 기도에 침입한 인플루엔자 바이러스 때문에 일어나고, 간암은 간조직에 생겨난 암세포들이 비정상적으로 증식한 것이다. 그것뿐이라면 질병은 바이러스와 세포 등의 문제, 즉 생물학적인 것일 뿐이다. 하지만 실제는 그렇지 않아서 이 질병이라는 단어 속에는 넓고도 깊은 의미가 함축되어 있다.

질병의 직접적인 원인은 바이러스나 비정상적으로 증식하는 세포일지 모른다. 하지만 병원체는 어디에서 어떻게 만들어져, 어디로 어떻게 전해져서 질병을 일으키는가? 조직에 장해를 일으키는 근본적 원인은 무엇인가? 어떠한 물질이 어떤 과정에서 발암인자로 작용하는가? 또 그 물질은 어떻게 해서 만들어지는가? 이렇듯 어떤 직접적 원인도 근본적으로 천착해보면, 사회와 문명을 함께 고찰할 때에만 이해가 가능하다는 사실을 알게 된다.

유기수은 중독, 기관지 천식과 같은 환경성 질병, 교통사고, 신경증과 같이 문명병이라고 부르는 질환, 그리고 직업병 등은 문명이 낳은 질병임이 틀림없다. 그러나 그뿐만이 아니다. 결핵이나 성병과 같은 만성감염병, 콜레라나 장티푸스와 같은 급성전염병도 다만 병원균이 있기 때문에 저절로 병에 걸리는 것이 아니다. 병원균을 전파, 증식시키는 조건이 더불어 있기 때문에 질병이 생겨나는 것이다. 그러한 조건에는 자연적인 것도 있지만, 대부분은 인간 자신이 만들어낸 것, 곧 문명적이고 사회적인 조건이다.

전쟁과 가난이 온갖 질병의 온상이라는 점은 다시 말할 필요도 없다. 식주의(食住衣)의 상태는 질병의 상태를 규정한다. 식탁의 메뉴는 질병의 목록과 잘 부합하고, 난방과 조명 등의 주거생활 양식, 의복의 패션 등이 질병의 역사를 다시 쓰도록 해왔다. 이렇듯 문명과 사회는 각각 특유한 질병의 구조와 상태를 갖는다.

문명의 교류는 질병의 교류기도 하다. 사람과 물건이 오가면서 질병도 전해진다. 경제와 정치만 질병을 만드는 것이 아니다. 사상도 질병을 만든다. 정신병은 시대사조의 굴절된 투영이라고 할 수도 있다. 약물피해나 의원병(醫原病) 등, 의학 자체가 질병을 만들기도 한다. 또한 거꾸로 질병은 문명을 변화시키고 사회를 움직인다. 질병은 고대 그리스와 로마 제국을 멸망케 한 중요한 원인 가운데 한 가지였다. 중세말 유럽을 덮친 흑사병은 근대 사회를 여는 진통이 되었고, 발진티푸스는 나폴레옹이 러시아에서 패퇴한 결정적 원인이었다.

아무리 파괴력이 큰 무기라도 국가와 민족 그리고 문명에 미친 영향력으로 볼 때, 발진티푸스를 매개하고 페스트를 전파하는 벼룩에 비하면 보잘것없었다. 어떤 문명은 말라리아 원충 때문에 쇠퇴했고, 어떤 부대는 맨눈으로 볼 수 없을 만큼 작은 콜레라균이나 이질균 때문에 궤멸했다. 결핵과 매독이 없었더라면 근대 문명의 색조는 크게 달랐을지 모른다.

문명이 질병을 만들고, 또한 질병이 문명을 만들어왔다. 이 두 가지 과정이 서로 겹쳐져서 나타나며, 역사를 통해 그러한 과정이 되풀이되었다. 그러한 까닭에, 질병 자체에는 뚜렷한 역사적 성격이 있다. 질병의 역사적 법칙성이라고 일컬을 만한 것도 있을지 모른다. 역사학적 분석을 통해, 그동안 풀리지 않았던 질병의 비밀을 찾아낸 경우도 있다. 에스파냐 군대의 아메리카 정복처럼 질병의 비밀을 밝혀냄으로써 풀리지 않던 역사가 해명된 경우도 있다.

　대체로 20세기 중엽까지 질병에 대한 지식, 즉 의학의 발전에 관한 연구는 많았지만 상대적으로 질병 자체의 역사에 관한 연구는 많지 않았다. 그 때문에 질병은 역사를 통해 항상 일정하게 존재했으며, 변화한 것은 질병에 대한 인간의 지식일 따름이라는 생각이 강했다. 지거리스트는 그러한 생각을 바꾸는 데 중요한 공헌을 한 셈이다. 질병은 분명히 시대에 따라서 변화해왔다. 두창처럼 아예 사라진 질병도 있으며 에이즈와 같이 새롭게 생겨나는 질병도 있다. 암은 예로부터 있었지만 고대 이집트 사람의 암과 21세기 한국인의 암은 그 생태와 특성이 똑같지 않을 수 있다. 같은 매독균이라고 해도 시대에 따라서 그 특성이 다르다.

　이처럼 질병은 역사라는 특성을 지니고 있다. 질병이 역사적 성격을 갖고 있다면, 과거의 질병을 아는 것은 현재의 질병을 이해하고 미래의 질병을 예측하는 유력한 수단이 될 수 있을 것이다. 나아가 그것을 통해 인간과 인간사회의 특성도 파악할 수 있지 않을까?

질병의 변천

　인간의 질병은 인류와 더불어 탄생했다. 하지만 개개 질병의 기원을 따지는 일은 매우 어려운 작업이다. 어떤 질병이 언제, 어디서, 어떻게 처음으로 발생했는가를 해명하기란 거의 불가능하다. 질병의 기원을 따지기 곤란한 까닭은, 첫째로 역사상 질병을 정의하기가 쉽지 않으며, 둘째로는 과거의 질병에 관해서, 특히 시대를 거슬러 올라갈수록 참고할 만한 문헌이나 자료가 거의 없기 때문이다.

질병은 인류와 더불어 탄생했다고 말했지만, 사실은 질병이 인류보다 더 오래되었다고 하는 편이 적절하다. 인류가 출현하기 이전의 생물화석에서도 질병의 자취가 보인다. 중생대에 살았던 공룡의 화석에서 양성인지 악성인지는 분명치 않지만 종양의 흔적이 발견된다. 기생충병에 걸린 조개류, 뇌막염에 걸린 공룡도 알려져 있다. 또한 여러 가지 동물의 전염병이 사람에게 전염된다. 그것이 이윽고 사람에게서 사람으로 전파되는 질병으로 변하기도 한다.

전염병 이외의 질병들도 매우 오래되었는데, 화석인류에서도 현대인에게서 볼 수 있는 여러 질병이 나타난다. 이러한 화석이나 발굴된 사람뼈 등의 자료로부터 원시 시대와 고대 시대의 질병을 연구하는 학문을 고병리학(古病理學)이라고 한다.

고병리학의 성과에 따르면, 예를 들어 고대 이집트의 미라로부터 밝혀진 질병으로 폐렴, 규폐증, 늑막염, 신장결석, 담석, 간경변, 중이염, 충수염, 축농증, 임질, 홍역, 한센병, 말라리아, 결핵, 충치, 눈병, 기생충병에서 암에 이르기까지 오늘날의 질병들이 많이 있다. 또한 부조나 벽화로부터도 고대인의 질병을 알 수 있는데, 예를 들어 기원전 1500년 무렵의 이집트 부조는 소아마비가 그 당시 이집트에 있었다는 사실을 명백하게 보여준다.

인간이 자연생활에서 문명생활로 접어든 뒤에는 질병도 그때까지의 자연상태에서 인간이 만든 문명과 사회에 따라 커다란 변화를 겪어왔다. 인간생활의 기본인 의식주는 무엇보다도 질병과 오랜 관련을 가지고 있다. 특히 기아와 과식은 질병의 구조와 밀접한 관계가 있다. 기아와 과식은 말할 것도 없이 문명과 사회의 소산이다. 기아, 곧 영양부족 때문에 유행병이나 영양장애가 일어남은 두말할 필요도 없다. 과식도 이른바 영양병을 일으킨다. 세익스피어의 『베니스의 상인』에 등장하는 네릿사라는 시녀는 지혜롭게도 "나머지 음식까지도 다 먹으면 오히려 굶주린 사람과 마찬가지로 결국은 병이 날 거예요"라고 말한다. 근대 유럽에 유행병처럼 발생했던 제왕병, 즉 통풍은 사치스런 식사와 긴밀한 관련이 있다. 제2차 세계대전 중 식량사정의 악화로 심장혈관병이 감소했다가 전쟁 뒤 다시 사정이 나아지자 이러한 질병이 증가했다.

문명과의 접촉이 새로운 질병을 만들어낸 경우는 너무나 많다. 16~18세기에 아메리카 원주민과 폴리네시아인 그리고 아프리카 원주민들은 유럽의 침략자들이 가져온 두창, 홍역, 인플루엔자, 결핵 등으로 거의 궤멸당했다. 슈바이처가 적도 아프리카의 원시림에서 맞서 싸웠던 질병 가운데 사실은 유럽인들이 가져다준 것들이 많았다.

전쟁과 빈곤과 질병은 인간이 짊어진 세 가지 원죄라는 말이 있다. 그것들은 흔히 역사 속에서 겹쳐 나타나 인간들을 더 큰 불행에 빠뜨려왔다. 전쟁, 빈곤, 질병이 함께 나타나는 것은 우연이 아니라 그것들끼리 필연적인 관련을 갖기 때문이다. 특히 사회경제적으로 빈곤과 질병이 긴밀한 인과관계를 가지고 있어서 질병의 계급성이라는 문제도 생겨났다. 이와 비슷하게 질병의 민족성도 논의해볼 만할 것이다.

질병관의 변천

오늘날 많은 의학자들이 여러 가지 새로운 치료법을 개발하여 한

때 불치병이라고 여기던 질병들의 치료에 활용하고 있다. 그러한 치료법이 개발되는 데에는 여러 현대적인 과학기술들의 도움이 크다. 다시 말해 오늘날의 치료법은 현대 과학의 산물이라고 할 수 있다. 그리고 그렇게 된 것은 현대 의학이 과학을 수용하고 이용할 수 있는 체계를 가지고 있기 때문이다. 특히 질병관(疾病觀)이 다른 시대, 다른 문명의 그것과는 달리 '과학적'이기 때문이다.

질병의 본질과 원인을 어떻게 생각하는가, 즉 질병관에 따라 치료법이 좌우된다. 예컨대 질병을 신의 처벌로 보는 질병관에서는 신에게 저지른 죄를 회개하는 것이 적절한 치료법이 될 것이다. 귀신이 들어 병이 생긴다고 여기면 몸에 들어온 귀신을 내쫓는 것이 타당한 처방이 될 것이다. 이렇듯 질병관은 어떠한 의학체계에서든 가장 중심적인 구실을 한다. 현대의 과학적 질병관이 어떠한 역사적 과정을 거쳐 정립되었는가를 살펴보도록 하자.

현대인이 보기에는 유치하고 황당하기조차 할지 모르지만 선사시대의 원시인들도 나름대로 질병관을 가지고 있었다. 그들은 삼라만상에는 정령이 깃들어 있으며 세상만사가 정령들의 작용으로 생긴다고 생각했다. 질병에 대해서도 마찬가지였다. 정령이 질병을 일으키는 것이다. 그들은 정령이 뱃속에 들어와 배탈을 일으키고 머리 속에 들어와 두통을 일으킨다는 식으로 질병과 질병의 원인을 해석했다. 앞에서 말했듯이 치료법은 질병관의 논리적 귀결이다. 우리 몸에 들어와 말썽을 일으키는 정령을 내쫓는 것이 당연하고 타당한 치료법일 것이었으며 실제로 원시인들은 그렇게 행동한 것으로 여겨진다. 현대의 고등종교와는 차이가 있지만 기도를 드리고 무당굿과 비슷한 행위를 했다.

선사시대 두개골들에서 종종 구멍이 나 있는 모습을 발견할 수 있는데 학자들은 처음에는 사냥 등을 할 때 머리에 부상을 입어 생긴 것이라고 생각했다. 그러나 면밀한 연구를 통해 그것은 자연적으로 생긴 것이 아니라 인간이 인위적으로 만든 것으로 일종의 치료행위의 결과라고 결론짓게 되었다. 선사시대인들은 왜 머리뼈에 구멍을 뚫었을까? 앞에서 말한 정령발병설을 생각하면 답을 얻을 수 있다. 머리 속에 들어와 두통과 같은 탈을 일으키는 정령이 쉽게 빠져나가도록 배출구를 만들어준 행위였던 것이다. 두개골 천공술이 실제로 얼마나 효험이 있었을지 가늠하기 쉽지 않지만 많은 원시 시대 유골들에서 그러한 흔적이 발견되며, 놀랍게도 서양에서는 18세기 말까지 그러한 치료법이 사용된 것을 보아 치료효과를 상당히 믿었던 것 같다.

인류가 선사시대에서 벗어나 문명을 이루고 살게 된 뒤에도 초자연적인 세계관은 여전했다. 선사시대의 정령 대신 고등종교의 신들이 탄생하여 문명의 발전을 반영했지만 신의 뜻으로 온갖 세상일이 결정된다는 점에서는 선사시대의 연장이었다. 질병에 대한 생각도 마찬가지였다. 올림푸스의 여러 신이나 기독교의 야훼가 질병을 일으키기도 하고 치유를 가져다주기도 했다.

종교적인 질병관은 고대와 중세뿐만 아니라 오늘날까지도 상당한 영향을 미치고 있지만 고대에 들어서면서 합리적이고 자연주의적인 질병관도 생겨났다. 그러한 질병관은 고대 그리스의 히포크라테스 의학과 고대 중국의 『황제내경』 등에서 찾아볼 수 있다. 히포크라테스는 질병이 신의 뜻이 아니라 자연적인 원인에 의해 생긴다고 했으며 『황제내경』의 저자도 비슷한 생각을 피력하고 있다.

히포크라테스 의학, 그리고 그것을 바탕으로 한 고대 로마의 갈레노스 의학과 그 질병관은 고대와 중세의 정통의학을 대표하는 것이었다. 그 구체적인 내용은 근대에 들어오면서 거의 완전히 폐기된 낡은 것이 되었지만 그 합리주의적인 정신은 현대 의학의 모태라고 할 수 있다. 우리가 흔히 서양의학이라고 부르는 과학적 현대 의학은 히포크라테스와 갈레노스의 고대 서양의학을 극복하면서 탄생했다. 거기에 비해『황제내경』은 그 의학체계를 신봉하는 사람들에게는 아직까지도 거의 절대적인 권위를 누리고 있다.

동서양을 막론하고 고대와 중세의 정통적인 질병관은, 선사시대와는 달리, 대체로 조화와 균형을 중시하는 것이었다. 한의학에서는 중국의 한(漢)나라 무렵부터 음양의 조화 여부에 의해 건강과 병적 상태가 좌우된다는 이론이 성립, 발달하여 아직도 큰 권위를 누리고 있다. 그리고 그러한 질병관은 중국과 우리나라 등 동아시아에만 고유한 것이 아니다. 인도에서는 베다 시대부터 발전하기 시작한 사대부조설(四大不調說)과 삼고설(三苦說)이, 고대와 중세의 유럽과 중동에서는 고대 그리스에 연원을 두는 사체액설(四體液說)이 주류를 이루고 있었다.

그러한 질병관들은 구체적인 모습에는 차이가 있지만, 음양 또는 네 가지 체액 사이에 조화와 균형이 유지되는 경우에는 건강이 유지되지만 그것이 깨지면 병적인 상태가 된다는 점에서는 대단히 공통적이다.

제각각 나름의 특성을 가지고 있는 여러 질병이 신체의 어떤 특정한 부위에 국소적으로 실재한다고 생각하는 현대 의학의 본체론적인 질병관과는 달리, 전통적인 질병관은 동양이든 서양이든 건강과 병적인 상태가 완전히 분리된 것이 아니라 연속적인 스펙트럼 위에 존재하는 전인적(全人的)인 것으로 생각한다. 그에 따라 현대 의학에서는 전체로서의 인간보다는 인간의 몸속에 실제로 "자리 잡고" 있다고 여기는 질병이 우선적인 관심의 대상이 된다. 반면에 한의학이나 고대와 중세의 서양의학 등에서는 개개 질병보다는 인간 자체가 의학의 중심에 놓이게 된다.

질병관의 논리적 귀결인 치료에서도 한의학과 현대 의학은 질병관만큼이나 커다란 차이를 나타낼 수밖에 없다. 양쪽 모두 고식적인 치료보다는 근본적인 완치를 지향한다고 말하지만 그 뜻은 사뭇 다르다. 현대 의학에서는 질병 자체나 그 병의 원인이라고 생각하는 요소를 제거하는 것을 치료라고 한다. 예를 들자면 항결핵제로 결핵균을 죽이거나 결핵에 걸린 폐 부위를 제거하는 것이 근본적인 치료다. 인체가 결핵(균)을 이겨낼 힘을 갖도록 영양제를 주사하거나 영양가 있는 음식을 섭취하게 하는 것도 치료에 도움이 된다고 여기지만 그것은 어디까지나 부차적인 것이며 고식적인 방법이다.

그에 반해 한의학에서는 현대 의학적 치료법을 오히려 고식적이며 지엽말단적인 것으로 생각한다. 그것은 현대 의학이 발견한 결핵균의 존재를 부인하지 않는다 하더라도 그것이 결핵이라는 현상의 근본적인 원인이라고는 생각하지 않기 때문이다. 어디까지나 우리 몸의 조화가 무너진 것이 건강을 잃게 된 원인이므로 그 조화를 되찾는 길이 근본적인 치료다. 몸을 보(補)해야 하는 것이다. 서양에서도 비슷한 생각이 200년 전까지 이어졌다.

그러면 현대적인 질병관은 어떻게 생겨나게 되었을까? 『소설 동의보감』에는 주인공 허준이 스승의 사체를 해부하는 모습이 그려저 있다. 과연 허준은 인체해부를 했을까? 그러한 일은 없었다. 당시에 인체해부가 철저하게 금지되기도 했거니와, 현대 의학은 그 특성상 해부학이 필수적이며 오늘날에는 한의과대학에서도 해부학을 가르치지만 허준 시대의 전통한의학은 해부학과 전혀 무관한 의학체계기 때문이다.

오늘날 의과대학 학생교육은 해부학으로부터 시작되는데 그것은 현대 의학발전의 역사를 고스란히 반영하는 것이다. 즉 현대 의학과 그 질병관은 인체해부를 토대로 발전하기 시작했으며, 바로 그 점이 동서고금의 여타 의학체계들과 크게 다른 모습을 지니게 된 출발점이다. 중세 말과 근대 초 이탈리아를 중심으로 시작된 인체해부학은 한동안은 임상의학과 직접적인 관련을 갖지 않았다. 그러나 그 뒤 17, 8세기를 거치면서 환자 생전의 임상소견과 사후의 부검소견이 비교되고 종합되면서 질병은 구체적으로 신체의 특정 부위에 자리를 잡고 있는 실체라는 새로운 질병관과 병리학이 탄생했다. 그리고 그것은 고대 그리스 시대부터 2,000여 년 동안 서양의학을 거의 절대적으로 지배하던 히포크라테스-갈레노스의 사체액설과 그 질병관, 의학관이 붕괴되었음을 뜻했다.

현대 의학과 그 질병관을 탄생시키는 과정에서 인체해부학 및 해부병리학에 비교될 만큼 큰 비중을 차지하는 것은 세균학이다. 세균학은 여러 가지 전염병의 원인을 밝혀낸 데에 그치지 않았다. 예컨대 콜레라균이라는 특정한 원인에 의해 소장이라는 특정한 신체부위에 자리를 잡는 콜레라라는 특정한 질병이 발생한다는 현대적 질병관을 완성시키는 성과를 거두었다. 또한 그것은 특정한 치료법이나 항생제와 같은 약물(예: 항생제)로 특정한 질병을 치료할 수 있다는 오늘날의 치료원칙을 여는 구실을 하기도 했다.

전염병을 비롯하여 질병들이 자리 잡는 신체부위는 18세기의 장기(臟器)에서 19세기에는 조직과 세포로, 20세기에 들어서는 세포 내기구 및 단백질 등으로 더욱 구체화되고 있으며, 치료의 대상도 그에 걸맞게 더욱 좁혀지고 구체화되고 있다.

병인(病因)과 병리

각각의 문명과 사회는 그 자체의 고약한 고질병들을 가지고 있다. 그리고 그러한 질병들은 문명과 사회의 모순이 깊어질 때 대규모로 발생하며, 대체로 문명과 사회의 개혁에 의해 감퇴되어왔던 사실을 질병의 역사는 말해 준다. 150여 년 전 피르호는 그러한 맥락에서 "의학은 정치학"이라고 주장했다. 13세기의 한센병(나병), 14세기의 흑사병, 15~16세기의 매독 등에 대해 당대의 의학은 무력하기만 했다. 18세기의 두창과 19세기의 결핵도 의학의 발전보다는 사회개혁에 의해 추방되고 억제되었다고 해야 옳을 것이다. 문명과 사회가 고질병이 접근할 수 없도록 벽을 쌓았을 때, 의학은 그 속에서 최종적인 마무리를 해온 데 지나지 않는다고 한다면 지나친 것일 터다. 사실 그러한 마무리 작업은 대단히 소중한 것이며 거기에 쏟아 부어진 의학자들과 의사들의 노력을 결코 과소평가해서는 안 된다.

하지만 일단 문명의 벽을 높고 두텁게 구축했을 때, 그 벽이 높고 두터울수록 그 속에서 뒤이어 형성되는 새로운 고질병의 피해는 더 커지기도 한다. 결핵과 콜레라를 격퇴한 문명의 벽 속에서는 지금

암, 심장병, 정신병과 같은 새로운 고질병들이 또 다른 비극을 연출하고 있다. 그렇다고 현대인의 평균수명이 크게 늘어나고 일반적인 건강수준이 향상된 사실을 간과해서는 안 된다. 오늘날의 고질병에 대해 올바로 대처하는 길을 찾기 위해 질병과 인간의 역사를 돌이켜보는 것은 결코 무의미하지 않을 터다.

1980~90년대 경상남도 온산 지방에 집단적으로 '괴질'이 돌았을 때 정부가 파견한 조사단의 의학자들은 그 지역의 공장들과 괴질의 인과관계를 확인하기를 꺼렸다. 그들이 그러한 태도를 보인 데에는 정치적인 제약도 있었을지 모르지만 새로운 현상의 인과관계를 입증하는 데에는 시간적, 즉 역사적 추적이 필요하기 때문이다. 그리고 그보다도 더 근본적인 것으로 생각되는 점은 기존 의학체계라는 벽 속에 머물러 있는 한 새로운 현상의 규명이 쉽지 않다는 점이다. 일본의 유명한 공해병인 미나마타병 사건의 해결과정도 비슷한 양상을 보였다.

이에 반해 광산노동과 진폐증 사이의 관계를 밝힌 아그리콜라, 공장노동과 결핵과의 인과관계를 규명하는 데 성공한 엥겔스 등은 기존체계라는 벽 바깥에서 질병을 사회적으로 그리고 역사적으로 보는 안목을 지니고 있었기 때문에 가능했다. 전문가의 눈에는 잘 띄지 않는 것이 오히려 비전문인에게는 쉽게 보일 수도 있다. 미나마타 병의 경우 사건이 발생한 지 여러 해가 지나서야 병인을 해명할 단서가 밝혀지기 시작했는데 그 가운데 중요한 것은 직접적인 병인인 유기수은을 배출하는 공장의 노동자들로부터 나왔다.

이와 같이 질병에 따라서는 그 병인과 병리가 사회적, 역사적 분석을 통해 입증되는 경우가 있다. 질병의 이러한 역사적, 사회적 분석은 아직 전문적인 학문분야로 자리잡지는 않았지만 앞으로 역사병리학, 역사지리병리학이나 사회병리학과 같은 전문분과가 의학 속에서 충실해질 필요가 있을 것이다.

또한 문명과 사회라는 넓은 범위와 시야에서 질병을 연구하는 것은 신체의 질병보다 마음의 질병, 즉 정신병에서 더욱 필요한 방법이다. 그리고 실제로 정신병에서는 역사적, 문명적 연구가 점차 중요한 부분을 이루어가고 있다.

질병사 연구의 변천

의사들은 자신이 돌보는 환자가 고통받고 있는 질병이 그 환자에게서 어떠한 경과를 밟고 있는지 알려 한다. 그리고 그들은 환자가 과거에 어떠한 병을 앓았으며 가족들의 건강과 질병 상태는 어떠한지에 대해서도 관심을 갖는다. 의사들의 진료과정에서 병력(病歷)과 가족력(家族歷)을 청취하는 것은 매우 중요한 부분이다. 이렇듯 의사들은 스스로 그러한 사실을 깨닫지 못하는 경우에조차 개개 환자에서 질병의 역사를 탐구한다.

또한 의사와 의학자들은 어떤 질병을 연구할 때, 흔히 그와 비슷한 질병이 과거에도 있었는지, 있었다면 그 특성이 어떠했는지부터 조사, 검토한다. 여기에 질병의 문명사적 연구의 실용적인 측면이 있다. 즉 실제로 질병의 역사에 관한 지식이 질병의 연구, 나아가 질병의 진단, 치료, 예방 등에 활용되어왔다. 주로 이러한 실용적인 이유 때문에 의사들은 고대 시대부터 질병의 역사에 관심을 기울여 왔다.

질병과 질병의 역사에 대한 관심은 의사들만의 몫은 아니었다. 어떤 시대든 질병은 중요한 사회적 문제였으며, 특히 대(大)역병은 나라의 흥망성쇠를 좌우하는 결정적인 요인이었기 때문이다. 이에 따라 역사가들도 오래전부터 질병과 그 역사에 대해 기록을 남겼다. 역사학의 아버지라는 헤로도토스의 『역사』나 투키디데스의 『펠로폰네소스 전쟁사』를 보면 그러한 사정을 익히 헤아릴 수 있다. 그밖에 기독교의 『성경』과 중세말 이탈리아의 보카치오가 쓴 『데카메론』 등도 질병의 역사를 연구하는 데 소중한 사료일 뿐만 아니라 그 자체로 훌륭한 질병사 기록이기도 하다.

질병의 역사에 대해 관심을 나타내고 기록을 남기기 시작한 것은 매우 오래되었지만, 근대적인 의미의 질병사 연구가 출발한 것은 19세기 중엽 유럽에서였다. 즉 근대 서양사학의 성립에 힘입어 질병사학(疾病史學)도 본격적인 출범을 하게 되었다. 초기의 대표적인 학자와 기념비적인 저술로는 히르슈(August Hirsch, 1817~94)의 『역사지리병리학』(*Handbuch der historisch-geographischen Pathologie*, 1860~64, 개정판은 크레이턴에 의해 영역되어 *Handbook of Geographical and Historical Pathology*〔3 vols〕라는 제목으로 1883~86년 런던에서 출간), 하에저(Heinrich Haeser)의 『의학과 전염병의 역사』(*Lehrbuch der Geschichte der Medizin und der epidemischen Krankheiten*, 3 vols, 1875~82), 크레이턴(Charles Creighton, 1847~1927)의 『영국전염병사』(*History of Epidemics in Britain*, 1891~94) 등을 꼽는다.

이 가운데 히르슈와 하에저는 독일인이며, 크레이턴은 영국인이기는 하지만 히르슈의 저서를 번역하는 등 독일 학계의 영향을 다분히 받은 사람이다. 즉 질병사 연구의 초기에는 의학사의 다른 분야와 마찬가지로 독일이 주도권을 장악하고 있었다. 그리고 이들 초기 연구와 저술의 특징으로 백과사전적이고 문헌학적이며 서지학적인 점을 들 수 있다. 그리고 그러한 경향은 대체로 1950년대 무렵까지 지속되었다.

질병사 연구가 새로운 모습으로 변모하게 된 것은 대체로 의학사 전반에 걸쳐 변화가 나타나던 1960, 70년대부터다. 즉 그동안 협소한 의학적 시각으로 질병의 역사를 바라보던 것에서 보다 넓은 관점을 갖추게 된 것이다. 의학 이외에 사회학, 인구학, 인류학 등의 문제의식, 연구성과, 연구방법이 질병사 연구에 활발하게 도입되면서 이제 질병의 역사는 단순한 의학적인 문제나 의사들의 호사가적인 관심사가 아니라 매우 폭넓고 깊은 사회적 의미를 갖는 것이 되었다.

질병과 그 역사를 의학적인 측면에서만 고려하던 데에서 벗어나 사회구조의 차원으로 끌어올렸으며, 사회 및 문명과 질병의 상호관계에 대한 관심이 증대되었다. 즉 질병이 발생하고 전파, 확산되고 극복되는 사회적 조건이 관심의 대상으로 부각되었으며, 거꾸로 질병이 사회와 인간생활 그리고 의학과 보건의료 정책에 미치는 영향 등도 중요한 연구과제가 되었다. 또한 주로 인류학자들의 참여로 질병의 문화적 의미가, 생태학자들의 개입으로 질병의 생태학적인 측면이 조명을 받기 시작했다. 한마디로 질병의 역사에서 역사와 사회 속의 질병으로 질병사의 위상이 바뀌기 시작한 것으로, 그러한 성격은 오늘날까지 점점 더 심화되고 있으며 그러한 움직임은 주로 영미권 학계에서 주도하고 있다.

이러한 새로운 변화가 나타나는 데에 크게 공헌한 인물로 빠뜨릴 수 없는 사람, 아니 가장 중요한 역할을 한 사람이 바로 지거리스트고 『문명과 질병』을 대표적인 저작으로 꼽을 수 있을 것이다. 지거리스트는 질병사 분야에서 선배들의 업적을 계승하면서 새로운 경향을 만들어내는 데 기여하기도 했거니와, 그와 더불어 20세기 중엽 이래 세계학계를 주도할 미국에 당시로는 거의 새로운 분야인 의학사를 도입, 정착시키는 보다 근본적인 역할을 했다.

질병사 연구의 새로운 경향을 반영하는 성과물로는 로젠버그 (Charles Rosenberg)의 『콜레라의 시대』(*The Cholera Years*, 1962), 보스키(William M. Bowsky)의 『흑사병. 역사의 전환?』 (*The Black Death. A Turning Point in History?*, 1971), 크로스비(Alfred Crosby)의 『콜럼버스의 유산』(*Columbian Exchange*, 1972), 맥닐(William H. McNeil)의 『전염병과 인류의 역사』 (*Plagues and Peoples*, 1976), 돌스(Michael Dols)의 『중동의 흑사병』(*The Black Death in the Middle East*, 1977) 등이 손꼽힌다. 그에 앞선 선구적인 저술로 윌슨(F.P. Wilson)의 『셰익스피어 시대 런던의 역병』(*The Plague in Shakespeare's London*, 1927), 윈슬로(C.E.A. Winslow)의 『전염병의 정복』(*The Conquest of Epidemic Disease*, 1943), 더피(John Duffy)의 『식민지 시대 미국의 전염병』(*Epidemics in Colonial America*, 1953) 등이 주로 거론된다.

우리가 잊어서는 안 될 점은, 새로운 경향의 질병사 연구가 나타나고 성과를 거두고 있는 것은 그 이전 100여 년 동안의 꾸준한 연구축적이 있었던 데서 기인한다는 사실이다. 사실 *Current Work in the History of Medicine*(영국의 웰컴 의학사연구소에서 분기마다 발간) 등에 소개되는 질병의 역사에 관련되는 문헌은 연간 수천 편을 헤아린다. 따라서 최근의 질병사 연구경향과 성과를 일목요연하게 정리하는 것은 거의 불가능한 일이다. 그러나 오늘날 질병사에 관한 주요한 저술로 손꼽히는 것들은 대체로 위에 언급한 경향과 성격을 띤다는 점에는 별 이견이 없을 것이다.

현대문명과 질병

문명의 진보가 질병을 어느 정도로 극복해왔을까? 중세의 한센병과 흑사병, 근대 초의 매독, 산업혁명기의 콜레라와 결핵 등이 감퇴한 것으로 질병의 역사가 끝난 것은 결코 아니었다. 역사가 생생하게 보여주듯이 한 가지 치명적인 고질병이 위력을 잃으면 또 다른 고질병이 등장하여 인류를 괴롭혀왔다. 그 끊임없는 되풀이를 역사는 적나라하게 보여준다. 그리고 결핵과 콜레라 등 산업혁명 초기에 선진국을 괴롭혔던 질병은 이제 개발도상국으로 쫓겨나 거기에서 비극을 되풀이하고 있다. 대신 문명국에서는 암과 심장병, 그리고 정신병과 환경병 등 새로운 고질병들이 기승을 부리고 있다.

오늘날 우리 인류는 무엇이 진정한 문명이고 진보인가를 물어야 할 시점에 와 있다. 얼마 전처럼 강철과 종이, 전력의 생산량과 소비량, 자동차의 댓수를 문명과 진보의 척도로 보는 사고방식이 앞으로도 통용될 수 있을까? 강철생산은 대기오염을 불러오고, 종이는 악성침전물을 만들고, 발전은 수력이든 화력이든 원자력이든 생태계 파괴를 동반한다. 문명의 그러한 측면 때문에 오늘날에는 반과학주의나 반진보사상이야말로 가장 진보적이고 과학적이라는 역설적 주장까지 나오고 있다. 이것을 질병과 건강의 문제로 치환하여 말하면 전염병의 퇴치, 사망률의 감소, 평균수명의 연장과 같은 것을 역사의 진보라고 할 수 없다는 주장이 된다.

하지만 그러한 반문명주의자들의 이상대로 이제 새삼 전기도 없고 자동차도 없는 시대로 돌아가려 해도 돌아갈 수 없는 것처럼 결핵의 전성시대나 "인생 30"의 시대로 되돌리려고 해도 되돌려지는 것이 아니다. 아니, 왜 그 시대로 되돌아가야만 하는가? 아무리 과거의 낙원으로 되돌아가려 하여도 돌아갈 수 없거니와, 행복한 낙원이란 애당초 없었다. 인류는 실락원의 원죄를 짊어진 존재가 아니라 현재와 미래에 보다 나은 세상을 마련해야 할 존재로 태어났다.

전력과 자동차 자체가 이미 문명이 아니게 된 것과 마찬가지로 예전의 고질병들이 사라진 것을, 또 "인생 80"이 된 것만을 문명이고 진보라고 할 수는 없다. 우리는 문명병을 문명의 척도로 여겨야 하는 역설적인 상황에 놓여 있는 것이다.

이러한 역설적 상황을 해결하는 것은 이 상황으로부터의 후퇴나 도피가 아니라 상황에 대한 과감하고 슬기로운 도전일 터다. 그리고 그러한 도전을 위해서는 질병과 인간사회 및 문명 사이의 관계에 대해 인식의 폭을 더욱 넓혀야 할 것이다. 생산력의 단순한 확장과 성장만이 아니라 그것이 진정으로 인간 개개인과 인간사회를 건강하게 하도록 해야 할 것이다. 노동과 생산의 현장에서 그리고 일상생활과 정치의 마당에서 휴머니즘과 민주주의가 실현되는 날, 인류를 괴롭히는 고질병들도 극복될 것이다. 인간이 갖는 생물체로서의 한계와 유한성은 어쩔 수 없다 하더라도, 사회적 존재로서의 진보는 가능하지 않겠는가?

헨리 지거리스트의 생애와 활동

스위스인 부모 사이에 파리에서 태어난 지거리스트(Henry Ernest Sigerist, 1891~1957)는 파리와 취리히에서 유소년 시절을 보냈다. 취리히 대학교 의과대학에 진학한 지거리스트는 의학을 공부하는 한편, 취리히 대학교에서 문헌학을, 런던 대학교에서는 오리엔트 언어를 공부하기도 했다. 의과대학을 졸업한 지거리스트는 스위스 육군에서 군의관으로 사회생활을 시작했다.

여러 가지 고심 끝에 의학사를 공부하기로 결심한 지거리스트는 당대에 전 세계 의학사 연구를 주도하던 독일의 라이프치히 대학교 의학사연구소로 가서 주드호프(Karl Sudhoff) 소장의 문하생이 되었다.

곧 유능한 의학사 연구자로 인정을 받은 지거리스트는 모교 취리히 대학교의 의학사 교수로 근무하다 불과 서른넷이 되던 1925년에는 주드호프의 후임으로 라이프치히 대학교 의학사연구소 소장으로 발탁되었다. 그리고 1932년에는 라이프치히 의학사연구소를 모델로 1929년에 신설된 미국의 존스홉킨스 대학교 의학사연구소의 소장으로 자리를 옮겼다.

지거리스트는 존스홉킨스 의학사연구소를 불과 몇 해 안에 당시 세계 최고던 독일 수준으로 높였으며, 그로써 이 연구소는 미국 의학사 연구와 교육의 센터로 자리잡게 되었다. 또한 그는 1925년에 설립된 미국의학사학회를 일신하고 그때부터 지금까지 세계 의학사학계의 대표적인 학술지인 『의학사학회지』(The Bulletin of the History of Medicine)를 창간했다. 이 학술지는 1933년 지거리스트에 의해 존스홉킨스 의학사연구소의 기관지(Bulletin of the Institute of the History of Medicine)로 출발했다가 1939년부터 미국의학사학회의 공식적인 학회지가 되었다.

지거리스트는 대중적인 활동도 활발히 벌였다. 그는 각종 의사단체, 시민단체, 여성단체, 대학교, 포럼, 학생 집회 등에서 기품 있고 설득력 있는 강연으로 커다란 명성을 얻었다. 또한 그는 저술가로도 왕성하게 활동했다. 그의 많은 책과 논문은 학자들의 관심을 끌어냈고, 영어로 된 최초의 저작인 『위대한 의사들』(The Great Doctors: A Biographical History of Medicine, 1933)과 미국의 의학을 긍정적으로 묘사한 『미국 의학』(American Medicine, 1934), 그리고 『문명과 질병』(Civilization and Disease, 1943)은 대중들로부터도 큰 사랑을 받았다.

1930년대 미국 생활을 통해 지거리스트의 정치적 견해는 점차 예리해졌다. 그는 대공황에 허덕이던 미국 자본주의 체제의 실상을 현장에서 생생하게 목격했고, 독일 파시즘의 부상을 우려와 번민으로 지켜보았으며, 반면 사회주의의 미래에 대해서는 상당히 낙관하게 되었다.

1937년에 출간한 『소련의 사회주의 의학』(Socialized Medicine in the Soviet Union)은 찬반 양쪽의 커다란 반응을 불러일으켰다. 이 책에서 지거리스트는 10월혁명 뒤 급진적으로 변화한 소련의 보건의료 체제를 전 세계가 따라야 할 모범이자 장구한 역사발전의 종착역인 양 묘사했다. 수많은 사람들이 이 책을 보았으며, 책과 저자에 대한 비판과 지지가 크게 엇갈렸다.

이런 분위기 속에서 지거리스트는 "전 국민 건강보험" 추진세력의 중요한 대변자로 나서 강연, 신문기고, 방송평론 등 다양한 활동을 벌였다. 『타임』은 1939년 1월 30일 지거리스트를 표지인물로 다루었는데, 그를 세계 최고의 의학사학자이자 전 국민 건강보험과 보건정책에 관해 미국에서 가장 권위 있는 전문가라고 소개했다.

그러나 1940년대 들어 지거리스트에 대한 미국인들의 태도는 이전의 환영과 열광에서 신랄한 비판과 비난으로 변해갔다. 미국의사협회와 존스홉킨스 의과대학 동창회가 선두에서 공격했고 지거리스트의 정부 자문활동도 부적절하다는 비판들도 나왔다. 이러한 공격과 비난에 지친 지거리스트는 사회활동은 거의 접은 채, 저술에만 전념했다. 지거리스트는 자신의 의학사 연구를 총괄하여 8권 분량의 『세계의학사』(A History of Medicine)를 펴낼 계획이었는데, 애석하게도 두 권(Volume 1: Primitive and Archaic Medicine, Volume II: Early Greek, Hindu and Persian Medicine)에 그치고 말았다.

지거리스트는 마침내 1947년 미국을 떠나 모국인 스위스에 정착하여 꼭 10년 뒤인 1957년에 세상을 떠났다. 이 기간 동안 록펠러 재단의 재정지원은 지속되었다. 지거리스트가 미국을 떠나기 얼마 전 그를 위해 마련한 만찬자리에서 록펠러 재단의 그레그(Alan Gregg)는 지거리스트의 공적에 대해 다음과 같이 말했다. "지거리스트 교수는 그 누구보다도 의학은 역사적, 사회적, 경제적, 문화적

맥락 속에서 생물학을 연구하고 그 결과를 현실에 적용하는 분야라는 점을 우리에게 생생히 가르쳐주었다. 지거리스트는 뛰어난 역사학자의 안목으로 현재는 과거의 산물이라는 사실을 실감하게 해주었다."

의학의 문명사적 측면과 의료의 공공성을 누구보다도 앞서서, 또 적극적으로 개진하고 구현하기 위해 실천한 지거리스트를 받아 안기에는 당시 미국 사회와 미국 의료계의 품이 너무 좁았는지 모른다. 그때부터 60여 년이 지난 오늘의 한국 사회와 의료계의 모습은 어떠할까.

프롤로그

이 책은 내가 1940년 11월과 12월 이타카에 있는 코넬 대학교에서 행한 여섯 차례의 메신저 강좌를 토대로 한 것이다. 그 강좌의 내용을 12장의 책으로 묶어 출판하도록 허락해준 대학당국과 출판부 관계자들에게 깊이 감사드린다. 또한 원고가 매우 늦어진 데 대해 인내심으로 기다려준 점에 대해서도 심심한 사의를 표한다.

내가 이 책을 쓰는 몇 주 동안 코넬 대학교 캠퍼스에서 매우 즐거운 시간을 보낼 수 있었던 것은 더할 나위 없이 큰 은혜였다. 그 기간 동안 내게 커다란 친절로 대해준 대학당국과 교수진, 학생들에게 깊이 감사한다. 또한 직접 나를 초청했던 텔루라이드 연구모임의 명석하고 열정적인 회원들에게 특히 고마움을 전하고 싶다. 나는 여러 날 저녁 우리가 매우 유쾌하고도 진지하게 벌였던 토론을 항상 기억할 것이다.

이 책의 주제는 내가 오랫동안 관심을 가져왔던 것이다. 이러한 주제를 공부하는 데에서 나는 조사이어 메이시(Josiah Macy) 2세 재단의 초대회장을 지낸, 결코 잊을 수 없는 카스트(Ludwig Kast) 박사의 도움을 크게 받았다. 그와 여러 차례에 걸쳐 이런 주제들에 대해 토의했고, 그 결과 조사이어 메이시 2세 재단에서 상당한 연구기금을 받아 이 책을 쓰는 데 필요한 자료들을 얻을 수 있었다. 이 점에 대해 깊은 감사의 뜻을 전하고 싶다.

마지막으로 내 동료들에게도 감사의 마음을 표하지 않을 수 없다. 특히 아케르크네히트(Erwin H. Ackerknecht) 박사는 소중한 조언과 비평을 해주었고, 전에는 내 학생이었지만 지금은 공동연구자인 밀러(Genevieve Miller)는 이 책을 준비하는 데에서 핵심적인 역할을 했다. 또한 트레빙(Hope Trebing)과 브록(Janet Brock)은 출판용 원고를 작성하는 데 도움을 주었다. 꼼꼼히 원고를 읽고 날카롭게 지적하여 원고내용을 충실하게 채워준 뉴욕의 워드(Harold Ward) 씨에게도 감사한다.

1942년 8월
존스홉킨스 대학교 의사학연구소에서
헨리 지거리스트

서론

　메신저 강좌는 **문명의 진화**를 다룬다. 문명진화 과정에서 질병이 중요한 구실을 한 데 대해서는 의심의 여지가 없다. 물질적 과정인 질병과 인간정신의 지고한 창조물인 문명만큼 서로 크게 달라 보이는 현상도 없을 것 같다. 하지만 그 둘 사이의 관계는 매우 명백하다.

　오늘날 우리는 질병을 일종의 생물학적 과정으로 여긴다. 인체는 정상적인 자극에 대해 정상적인 생리반응으로 대응하며, 얼마만큼 조건이 변화해도 매우 잘 적응할 수 있다. 우리는 평지에서도 고산지대에서도, 열대의 열기와 극지방의 매서운 추위에도, 편히 쉴 때나 격렬한 작업을 할 때에도 건강하게 생활할 수 있다. 환경이 바뀌면 인체는 호흡, 순환, 대사 등의 기능을 조절하여 적응할 수 있다. 그러나 적응에는 한계가 있다. 자극이 질적으로나 양적으로 인체의 적응능력을 넘어서는 경우, 인체의 반응은 더 이상 정상적일 수 없게 되어, 비정상적이거나 병리적인 반응을 나타내게 된다. 질병으로 손상된 장기의 기능, 또는 질병을 이겨내려는 방어 메커니즘이 곧 질병의 증상이다. 질병은 비정상적인 자극에 대한 유기체나 그 성분들이 나타내는 비정상적인 반응을 모두 더한 것일 뿐이다.

그렇지만 개개인에게 질병은 생물학적 과정일 뿐만 아니라 경험이기도 하다. 그리고 질병은 사람의 전체 삶에 매우 깊은 영향을 미치는 한 가지 요소다. 사람은 문명의 창조자이므로 질병은 사람의 삶과 행동에 영향을 미침으로써 그의 창조물에도 영향을 미친다.

더구나 질병은 종종 개개인뿐만 아니라 전체 인구집단을 공략하기도 한다. 역병은 일시적으로, 풍토병은 오랜 기간 동안 어떤 집단이나 지역에 강한 영향을 남긴다. 이런 집단들의 문화적 삶에는 질병의 영향이 반영될 수밖에 없는데, 이 책에서 그러한 사례를 많이 보게 될 것이다.

역사시대 초기나 선사시대의 인류와 여러 동물의 자취를 조사해 보면 인류사의 모든 시대에 걸쳐서 질병이 존재했을 뿐만 아니라, 지구상에 인류가 출현하기 오래전부터 질병이 널리 퍼져 있었음을 알 수 있다. 생명체의 적응능력을 넘는 자극이 언제든지 존재했을 터이므로, 질병은 생명 자체의 역사만큼 오래 되었다고 서슴없이 생각할 수 있다. 화석뼈에 대한 조사를 통해 어느 시대든지 오늘날 우리에게 생기는 질병과 본질적으로 같은 질병들이 있었음을 더 잘 알 수 있다. 다시 말해 사람을 비롯한 동물의 몸은 비정상적인 자극에 대해 염증반응, 조직의 성장 등 몇 안 되는 효과적인 대응 메커니즘만 가지고 있을 뿐이다.

질병은 어느 시대든 항상 존재했으므로 사람과 관계되는 모든 것이 어떤 식으로든 질병의 영향을 받았으며, 또 질병을 염두에 두어야만 했다. 법률은 사람과 사람 사이, 사람과 사물 사이의 모든 관계를 조정, 통제하려고 하기에 환자 역시 법률의 중요한 고려대상일 수밖에 없었다. 질병과 고통으로 생겨나는 문제들을 고려하지 않는다면, 종교와 철학은 세계를 설명할 수 없었고, 문학과 예술은 세상을 적절하게 재창조할 수 없었다. 그리고 질병을 극복하는 일은 과학의 발전을 통해 사람이 자연의 주인이 되어가는 과정에서 매우 중요한 부분이었다.

한편 이와 전혀 다른 측면의 문제도 있다. 질병의 발생에는 언제든지 두 가지 요인이 관여한다. 사람과 그를 둘러싼 환경이다. 사람은 누구든지 부모 두 사람의 소산이므로 두 종류의 염색체를 물려받으며, 염색체에는 유전자 또는 유전적 소인(素因)이 들어 있다. 수정되는 순간, 사람은 세상과 맞서 살아갈 유전물질을 받으며 이 유전물질의 절반은 다시 자식들에게 전달될 것이다. 따라서 유전은 사람의 삶에서 극히 중요한 요소다. 유전은 개개인의 신체적 모습을 조절하고, 수명, 지능, 심지어 성격과 습성에도 영향을 미친다. 그리고 유전은 사람이 살아가는 동안 경험하게 되는 여러 가지 질병에도 커다란 영향을 미친다.

하지만 많은 사람이 믿는 것처럼 유전은 냉혹하고 어쩔 수 없는 운명은 아니다. 아니 그 반대다. 사람은 제가끔 유전적인 특성을 물려받지만, 그것을 잘 사용할 수도, 잘못 사용할 수도 있고 그것을 개선시킬 수도 손상시킬 수도 있다. 제한적이긴 하지만 사람은 신체모습을 바꿀 수 있으며, 유전적으로는 뚱뚱한 체질이더라도 식사와 운동을 통하여 체중을 줄일 수도 있다. 사람은 타고난 지능과 소질을 발전시킬 수 있지만 활용을 못한 채 낭비할 수도 있다. 합리적인 생활양식으로 수명을 연장시킬 수도 있지만 무절제한 생활로 생명을 단축할 수도 있다. 타고난 성품 가운데 어떤 것들은 극복할 수도 있다. 예를 들어 생래적인 성급함을 훈련으로 조절할 수 있다. 이렇듯 질병의 발생에는 유전적 소인만이 아니라, 대개 생활양식에 의해 결정되는 후천적 요인도 작용한다.

이러한 점에서 문화적 요인들이 시야에 들어오게 된다. 종교, 철학, 교육, 사회경제적 조건 등 삶에 대한 사람의 태도를 결정하는 모든 것이 질병에 대한 개인의 소인에 커다란 영향을 미친다. 이러한 문화적 요인들의 중요성은 질병의 환경적 원인을 생각하는 경우 훨씬 더 명백하다.

사람은 수정되는 그 순간부터 항상 자연적, 사회적 환경에 둘러싸여 살게 된다. 일정한 물리적 조건을 갖춘 어머니 자궁이라는 좁은 세계 속에서 잘 보호받고 있는 태아는 생명이 시작되는 바로 그 순간부터 어머니라는 또 다른 개인과 사회적 관계를 가지면서 성장한다. 이러한 밀접한 상호관계 속에서 손상을 입거나 감염이 되기도 하는데, 그러한 경우 아기는 선천성("유전성"이 아닌) 질병을 가지고 태어난다.

아기가 자라나면서 아기의 환경은 점차 넓어진다. 최초의 환경은 가정으로, 그것은 가로가 즐비한 도시일 수도 있고 전원으로 둘러싸인 농원일 수도 있다. 아이가 자라 학교에 갈 나이가 되면, 새로운 세계로 들어가게 된다. 가장 기초적인 사회단위인 가족으로부터 점차 독립하면서 사람은 새롭고 강력한 영향력을 가진 환경에 노출된다. 생계를 위해 노동을 시작할 나이가 되면 환경은 다시 확대된다. 시민으로서의 의무를 지게 되며, 새로운 사회단위를 이루기도 한다.

대부분의 질병을 일으키는 데 책임이 있는 사회적, 물리적 환경은 사람의 삶을 크게 변화시켜온 문명에 의해 만들어진다. 우리는 더 이상 해가 뜨면 일어나고 해가 지면 잠을 자는 것과 같은, 자연의 리듬을 따르지 않는다. 어둠을 밝히는 도구를 만들었으며, 한겨울에도 여름과 같은 온도로 집을 난방할 수 있다. 양적으로나 질적으로나 식량을 필요한 만큼 생산하는 법을 배웠으며, 때로는 심지어 계절을 완전히 무시하고 살 수도 있다.

　　우리는 소통속도를 엄청나게 증가시켰고 기록과 인쇄술을 통하여 기억의 한계를 넓혀왔다. 우리는 우리 자신뿐만 아니라 역사에 대해서도 인식하게 되었다. 사람은 대부분 일부일처제 생활을 하며, 일생을 통해 가족과 깊은 유대 속에서 살아간다. 그리고 우리는 항상 성공적인 것은 아니지만 보다 큰 사회집단 안에서 평화롭게 살기 위해 노력하고 있다.

　　문명은 진화과정을 통해 종종 건강에 해로운 조건들을 만들어왔다. 많은 이득을 가져다준 문명은 수많은 질병의 발생과 관련되는 많은 위험을 조장한 책임이 있다. 우리를 따뜻하게 해주고 음식을 조리하는 데 쓰이는 불은 우리가 이룬 것들을 불태우고 파괴하기도 한다. 모든 새로운 도구는 그것을 안전하게 다루는 방법을 터득하기까지는 위험했다. 이렇듯 모든 도구는 이기일 수도, 흉기일 수도 있다.

　　문명은 또한 의학과 공중보건을 창조했다. 의학과 공중보건은 질병과 싸우는 무기를 만들어주었다. 인류가 토양의 자연산출력을 이용하는 방법을 알게 되면서 농업이 탄생했다. 그리고 인류가 인체의 자연치유력을 이용하는 방법을 알게 되면서 의학이 탄생했다.

처음에는 경험에 의존하던 농업이 과학화되었으며, 초기의 치료기술은 과학적 의학으로 발전했다. 문명의 발달로 건강을 해치는 많은 요인들이 제거됨으로써 수많은 질병의 발생률이 크게 감소했으며 사람의 평균수명이 연장되었다.

서론에서 지금까지 언급한 몇 가지 사실만으로도 문명과 질병의 관계가 매우 복잡하다는 점을 보여주는 데 충분하다. 본론에서는 이러한 문명과 질병 사이의 여러 중요한 관계와 또 거기에서 생겨나는 많은 문제점들에 대해 좀 더 깊이 다룰 것이다.

제1장 질병발생 요인으로서의 문명

문명의 나이는 매우 어리다. 인류는 50만 년 동안 수풀 속에서 야수처럼 살았다. 몸은 털로 뒤덮여 있었고 먹이를 찾아 여기저기 헤맸으며 잠은 동굴 속에서 잤다. 이 시기에 인류는 오늘날의 야생동물과 꼭 마찬가지로 각종 사고와 질병에 시달렸음이 틀림없다.

문명은 인간이 불의 사용법을 발견하고 석기를 제작하는 방법을 알고 추위로부터 몸을 보호하기 위해 다른 동물들의 털가죽을 이용하게 되면서부터 시작되었다. 이제 불로 어둠을 밝히게 된 동굴 속에서 사람들은 때때로 황토흙으로 자신들이 사냥해온 순록, 들소 그리고 맘모스와 같은 동물의 모습을 그리곤 했다. 그러한 행위는 자신들이 죽인 동물의 영혼을 달래거나 얼을 빼기 위한 것이었을까? 아니면 그저 재미 삼아 한 것이었을까? 누가 거기에 대한 대답을 할 수 있겠는가?

문명사를 통해 가장 위대한 진보는 구석기시대에서 신석기시대로 넘어오는 동안에 일어났다. 바로 그 무렵 인간은 식량으로 삼기 원하는 식물들을 재배하는 방법과 자신을 대신해 일하고 또 먹을 고기도 제공해줄 동물들을 사육하는 방법을 알게 되었다. 그리고 인간은 버드나무 가지 따위를 엮어 바구니를 만들어 쓰게 되었으며, 찰흙으로 이들 바구니를 더 견고하게 할 수 있다는 사실을 알게 되면서 도기(陶器)도 사용하게 되었다. 연장과 도구가 점점 더 정교해졌으며 그에 따라 사람은 동굴생활에서 벗어나게 되었다.

이제 인간은 나무를 베어 그것으로 오두막을 지을 수 있었다. 속을 들어낸 나무는 바로 작은 보트가 되었으며, 그 보트를 바퀴 위에 얹으면 수레가 되었다. 그리고 이 무렵 인간은 사용하는 단어에 접두사와 접미사를 붙임으로써 명확하게 발음하는 방법을 터득한 것 같으며, 이로써 스스로를 표현하는 더 나은 방법을 얻게 되었다. 또한 씨족들이 결합하여 함께 살며 일하고 일련의 규율을 따르는 조금 더 큰 사회집단이 생겨나게 되었다. 이러한 집단들 사이에 물자교환이 이루어짐에 따라 교역이 발달했다.

이 모든 엄청난 변화와 발전이 우리 조상들의 질병발생에 영향을 미쳤음이 틀림없다. 안정적으로 음식물을 확보하게 되었고 추위와 적으로부터 방어하는 능력도 더 나아지는 등 많은 위험요인들이 줄어들었다. 다른 한편, 점점 더 문명의 이기에 의존하게 됨에 따라 사람의 자연적 저항력이 감소되었으리라 짐작된다.

영양

음식, 의복, 주거, 직업, 사회관계와 같은 요인들은 건강과 질병 모두에 항상 커다란 역할을 해왔다. 음식부터 시작하여 이 요인들에 대해 간략히 살펴보도록 하자.

사람은 생명을 유지하기 위해 산소와 음식물을 필요로 한다. 대기 속에는 거의 무한에 가까울 정도로 산소가 있기 때문에 산소부족이란 아주 특수한 상황에서만 일어날 수 있을 뿐 우리가 산소를 얻어 쓰는 데에는 거의 문제가 없다. 그러나 산소와 달리 유기체들이 필요로 하는 음식물은 양과 형태에서 한정되어 있으며, 따라서 인간은 음식물을 얻기 위해 힘든 노동을 감내하여 왔다. "네 얼굴에 땀이 흐르는 동안만 빵을 먹을 수 있을지니." 개체보존과 종족보존이 생명체의 가장 원초적 본능이기 때문에, 음식물에 대한 갈망과 성적 충동은 언제나 가장 강력한 자극제였다.

기근

사용한 에너지를 보충하는 데 필요한 음식물을 섭취하지 못하면 질병에 대한 사람의 저항력은 감소하며, 그러한 기아상태가 길어지면 결국 죽음에 이를 수도 있다. 기근의 역사는 인류사의 한 가지 비참한 측면이다.[1] 더욱이 기근의 역사는 아직도 끝나지 않았다. 세상은 20억 인구(이 책이 출간된 1943년 무렵의 전 세계 인구—옮긴이)가 필요로 하는 것보다 훨씬 많은 음식물을 생산할 수 있다. 그리고 요즈음의 경작방법과 운송수단 등을 생각할 때 오늘날의 기근을 합리화하고 변명할 여지는 전혀 없다. 기근이 발생할 때마다 문명의 어딘가가 붕괴한다는 것이 역사의 교훈이다.

굶주림이라는 망령이 상존하던 지난 시대는 상황이 달랐다. 오늘날에 비해 소출이 적었으며 수송수단도 느렸다. 식량을 정기적으로

---

1) E. Parmalee Prentice, *Hunger and History, the Influence of Hunger on Human History*, New York and London, 1939를 보라. 통찰력이 부족한 책이므로 주의해서 읽어야 한다.

수입하는 것은 고대 로마와 같이 강력하게 조직된 국가권력이 존재하는 식민제국에서만 가능한 일이었다. 그리고 그러한 식량수입은 종종 정복당한 식민지 사람들의 희생을 대가로 했다. 몇천 년 동안 끊임없이, 온 인류의 운명은 기후에 달려 있었다. 수확이 줄면 직접적으로 식량부족이 초래될 뿐만 아니라, 간접적으로 고용감소와 그 결과 빈곤이 발생하기 때문에 사람들은 고통을 겪었다. 흉년이 들면 언제나 농산물 가격이 올랐으며, 그렇게 되면 일자리를 잃어 더욱 가난해진 빈민계층이 가장 큰 타격을 받았다.

기근은 항상 사회적 혼란을 초래했다. 단순히 자기 보존을 목적으로 사람들은 음식물을 약탈했으며 그것을 살 돈을 훔쳤다. 범죄, 작당 그리고 매춘이 기근으로 초래되는 잘 알려진 사회적 증상이었다. 1921년의 소련 대기근 때 부랑소년 무리들이 큰 문제를 일으켰던 것처럼 가족은 해체되고 어린이는 아무런 보호도 없이 내팽개쳐졌다.

사람들은 굶주림으로 악에 받쳐 기성권위를 때려 부술 채비가 되어 있었다. 자신들은 가장 기본적인 생활필수품도 없어 허덕이고 있는 데 반해, 호화판 생활을 하고 있는 부유층을 보게 되면 빈민들은 날카로운 계급의식을 갖게 마련이었다. 굶주림은 1789년의 프랑스 대혁명에서 혁명적 열기를 분출시키는 데 기여한 한 가지 요인이었다. 로마 제국 황제들은 대중을 침묵시키는 최선의 방책은 그들에게 음식물과 여흥거리를 제공하는 것임을 잘 알고 있었다. 그리고 보통 오락거리가 많을수록 식량은 덜 필요하다는 사실도 말이다. 2세기 로마 제국 영내에 거주하던 사람들 가운데 약 50만 명이 공공자선에 기대어 생활했다.[2] 로마 황제들의 선례는 모든 독재자들이 뒤따르는 바가 되었다.

기근은 언제나 수많은 질병이 자라나는 비옥한 토양을 제공했다. 식량부족은 부종과 그 밖의 특수한 결핍성 질환을 일으킬 뿐만 아니라, 사람의 저항력을 떨어뜨림으로써 모든 종류의 전염성 질병에 쉽게 걸리게 했다. 그리고 기근은 정상적인 생활을 파괴하기 때문에 사람의 생존조건은 더욱 악화되었다. 이가 번식해서 발진티푸스가 창궐하기도 했으며, 상수공급과 식품규제 체계가 문란해져 장티푸스, 이질, 콜레라가 만연하기도 했다.

페스트의 연대기를 보면 흔히 중동이나 중국, 또는 인도에 가뭄과 기근이 들었을 때 대유행이 시작했음을 알 수 있다. 그 과정은 이해하기 어렵지 않다. 우선 가뭄으로 흉년이 들면 들판과 곡식창고는 텅 비게 된다. 그러면 쥐를 비롯하여 설치류들이 사람 주변에 가까이 몰려든다. 그 가운데 페스트균을 지닌 설치류가 있으면 그것이 사람에게 전파될 좋은 기회가 마련되는 셈이었다. 그러고는 페스트가 인간사회에서 요원의 불길처럼 번졌던 것이다.

기근으로 대규모의 인간집단이 이동하기 때문에 사정은 더욱 악화된다. 이러한 점은 이동이 자유롭지 못했던 예전에는 별로 심각하게 여겨지지 않았다. 중세의 농노는 살던 그 자리에서 굶는 것말고는 다른 방도가 없었다. 그러나 최근의 기근, 특히 조금 전에 언급한 소련 기근에서는 사람들이 고향을 떠나 덜 심한 지역으로 이동했다. 그렇게 함으로써 그들은 자신들이 앓고 있던 전염성 질환

---

2) Jérôme Carcopino, *Daily Life in Ancient Rome*, ed. by Henry T. Rowell, New Haven, 1940, p.65.

들을 몽땅 다른 지역에까지 퍼뜨렸다.

　우리는 굶주림 또는 그럴 가능성 때문에 민족대이동이 일어난 예를 많이 찾아볼 수 있다. 나일 강 계곡이나 메소포타미아와 같은 비옥한 지역은 그러한 지역적 혜택을 별로 누리지 못한 민족들의 가나안이었다. 천 년에 한 번씩 아라비아 반도의 셈족은 이웃 민족들의 영토를 침범했다. 예를 들어 아랍족은 식량부족 때문에 무함마드와 그의 후계자들의 지도 아래 결속하여 대규모 정복을 감행했다. 게르만족 역시 5세기에 굶주림에 지쳐 이탈리아의 비옥한 평원을 유린했다. 그보다는 작은 규모지만 우리는 1846~47년의 감자흉작으로 많은 아일랜드 사람들이 미국으로 이주한 사실도 알고 있다.

　유럽의 역사는 수많은 기근을 기록하고 있는데, 어떤 것들은 때때로 국지적이고 또 어떤 것들은 때때로 광범위했다. 대규모 기근의 예로 879년과 1162년의 경우를 들 수 있다. 잉글랜드에서는 1586년의 기근의 결과로 구빈법 체계가 마련되었다. 러시아에서는 혁명 이후 농업이 과학적 방식으로 재조직되기까지 몇 세기 동안 대기근은 10년에 한 번, 흉년은 5년에 한 번 주기로 발생했다. 인구의 5/6가 농사로 생계를 영위하는 인도에서는 약간의 수확감소만으로도 엄청난 영향이 초래된다.[3] 1770년의 벵골 지역 기근으로 그 고장의 인구 가운데 1/3이 사망했다. 1899년부터 1901년에 걸친 대기근으로 100만 명이 사망한 중국에서도 1916년에 이르기까지 식량부족으로 야기된 그보다 더 끔찍한 재앙을 역사 속에서 많이 찾아볼 수 있다.[4]

　샤를마뉴 대제 시절부터 산업혁명기까지 유럽의 인구는 매우 완

---

3) Romesh C. Dutt, *Famines in India*, 1900.

만하게 증가했다. 인구증가는 토지의 생산력에 달려 있었다. 그런데 그러한 사정이 기계의 도입으로 바뀌었다. 수송수단이 발달함으로써 토양의 자연산출력을 넘어서는 인구증가가 가능해졌다. 그때부터 기근은 경영실패, 전쟁, 봉쇄 등 인위적 요인에 의해 발생하는 것이 되었다. 과거에 전쟁은 지배가문들 사이의 권력투쟁이었으며 직업군인들끼리의 싸움이었다. 그러나 나폴레옹 시대부터 전쟁은 국가 사이의 총력전이 되었으며 적국을 기근에 빠뜨리는 것이 가장 널리 쓰이는 전략의 하나가 되었다. 파리는 1871년에, 독일과 그 동맹국들은 1917~18년에 적군에 의한 기근을 경험했다. 지금 벌어지고 있는 이 전쟁(제2차 세계대전─옮긴이)으로 초래될 기근의 범위와 정도는 아무도 예측할 수 없을 정도다.

영양실조

이제 서양문명국에서는 중요한 역사적 사건과 더불어 일어나곤 했던, 그러한 심각하고 급작스런 기근이란 거의 없어졌다. 그러나 가장 선진화된 산업국가에서도 일어나며 가히 세계적 규모라 할 또 다른 형태의 기아가 있다. 그것은 급성으로 번지거나 일시적으로 창궐하는 것이 아니라 마치 풍토병처럼 사람들의 생명을 야금야금 갉아먹는다. 이러한 형태의 기아는 **영양실조**라는 이름으로 점차 만연하고 있다. 영양실조의 원인은 기본적으로 사회적, 경제적인 것이며 부차적으로 교육부족을 꼽을 수 있다. 여러 나라에서 내가 직접 경험한 예를 몇 가지 들어보겠다.

---

4) W.H. Mallory, *China: Land of Famine*, 1926.

전 주민의 70퍼센트를 차지하는 남아프리카 원주민은 반투 족에 속하는 흑인이다. 그들은 농민이자 전사였으며 대규모로 소를 치기도 했다. 그들의 전통적인 식단은 주로 우유, 옥수수 가루, 그리고 여러 가지 야생풀로 구성되어 균형이 잘 잡혀 있었다. 백인들이 땅을 약탈하고 원주민을 착취하게 되면서, 원주민을 대규모 농장의 소작인으로 부렸다. 아니면 보류지의 작은 땅뙈기를 갖도록 했는데 대개 가구당 10에이커도 못 되었다.

반투 족의 경제는 아직도 축우경제로, 어떤 사람의 사회적 지위는 소의 튼실함이 아니라 가진 소의 수에 의해 결정된다. 원주민들에게 땅이 너무 적게 주어졌기 때문에 소를 사육할 수 없었다. 암소는 우유가 안 나오고 황소도 너무 허약하여 밭을 갈 수 없어 옥수수 가루 소출도 충분하지 못했다. 그러한 상황은 정부가 양치기를 권장하면서 더욱 악화되었다. 양들이 풀을 너무 짧게 뜯어먹어 목초지는 황폐해졌으며 그러한 잘못을 알게 되었을 때는 이미 너무 늦었다. 더욱이 원주민들에게 양은 궁핍할 때면 교환수단으로 쓸 수 있는 현금 같은 것이 되었다. 그리고 원주민들이 백인들과 접촉하면서 그동안 먹어왔던 야생풀은 버린 대신, 새로운 야채를 재배하고 조리하는 방법은 채 배우기 전이어서 또 다른 문제가 생겼다.

이런 상황들이 전개된 결과, 남아프리카의 원주민들은 지극히 가난하다. 그러한 경제적인 파국과 더불어 영양실조도 당연한 것으로 그들의 건강상태는 매우 나쁘다. 태어나는 아이의 50퍼센트 이상이 15살이 되기도 전에 죽는다. 원주민 130만 명이 살고 있는 트란스케이안 테리토리에서는 살아남는 아이 둘을 얻기 위해서는 여성이 임신을 12번 해야 한다는 추정자료가 있다. 그 가운데 여덟은 유산되고 태어난 넷 가운데 적어도 둘은 아주 일찍 죽기 때문이다.

몇몇 발칸 국가는 아마도 유럽에서 농사짓기 가장 좋은 땅을 가졌을 터지만 농민들은 예외 없이 가난하고 영양결핍 상태며 건강도 나쁘다. 또한 아래 표에서 볼 수 있듯이 조사망률(粗死亡率)과 영아사망률도 대단히 높다.

	조사망률(인구 천 명당)	영아사망률(출생 천 명당)
1931~35년		
루마니아	20.6명	182명
유고슬라비아	17.9명	153명
그리스	16.5명	122명
헝가리	15.8명	157명
불가리아	15.5명	147명

전쟁 전까지 유고슬라비아 농민들은 양질의 우유, 버터, 치즈, 달걀과 아마도 유럽 최고 품질의 닭고기를 대량생산했을 터지만 막상 그들 자신은 옥수수 빵과 콩을 먹고 살았다. 농민들은 세금을 내기 위해서 자신들의 생산품을 팔 수밖에 없었다. 그러한 농산품의 대부분은 국민대중들의 이익과는 무관한 수입품을 사들이기 위해 국외로 수출되었다. 토지의 배분은 매우 불공평했다. 전체 농민가구의 95퍼센트가 차지하는 땅은 총 경작지의 절반이 되지 못했으며 나머지 5퍼센트가 절반 이상을 차지했다.[5] 한 사람의 최저 생계를 위해서 2에이커의 땅이 필요한데도 땅을 소유한 농민가구는 대부

---

5) A. Štampar, *Public Health in Jugoslavia*, School of Slavonic and East European Studies in the University of London, 1938을 보라.

분 8에이커 이하를 차지했다.

루마니아에서는 인구의 압도적인 다수를 차지하는 농민들이 경제공황이 최악의 상태에 달했을 시기에 한 세대 만에 처음으로 충분한 영양을 취할 수 있었다. 당시 농산물을 내다 팔 수 있는 시장이 없었기에 농민들은 그들이 생산한 음식물을 그대로 먹었다. 그 결과 농민들이 세금을 낼 수 없었고 공황의 주된 피해자는 정부에서 봉급을 받는 피고용인 집단일 수밖에 없었다.

그러한 모든 상황들은 자연적인 것이 아니라 인위적인 재앙의 산물이다. 그것들은 대중의 희생을 대가로 소수를 살찌우는 방향으로 발전해온 문명의 특성에서 생겨난 것이다. 인류가 문명을 이룬 지 5,000년이 넘는 오늘날까지 모든 사람에게 필요한 음식물을 공급할 수 없다는 현실을 지적한다는 것은 서글픈 일이다. 우리는 그러한 목적을 이루는 데 필요한 과학적 지식을 가지고 있다. 우리는 토양을 더욱 비옥하게 만들어 수확을 양적으로나 질적으로 개선하는 방법도 안다. 그러나 식량의 배분문제에 이르면 우리는 과학적 사고를 포기한 채 제멋대로 되도록 내버려둔다. 또는 우리는 굶어 죽지 않을 만큼의 식량을 분배하는 것으로 우리의 책임을 다했다고 생각한다.

음식물은 사람의 가장 기본적인 필수품이다. 그리고 노동을 함으로써 인간사회의 유지에 기여하는 사람은 누구든지 그 신체가 필요로 하는 질과 양의 음식물을 차지할 권리가 있다. 과거에는 기근과 영양실조를 인간의 영역을 벗어나는 거대한 힘에 의한 것이라 생각하여 그러한 현상들을 어쩔 수 없는 것으로 받아들였다. 두 세기에 걸쳐 계몽과 자유민주적 정부를 경험함으로써 그러한 태도는 급격하게 바뀌고 있다.

우리는 풍요 속의 빈곤, 기아, 영양부족 등이 결코 정당화될 수 없다고 인식하기 시작했다. 우리는 이것이 바뀔 수 있고 바뀌어야만 하는 잘못된 사회구조에서 필연적으로 생기는 현상이라는 점을 알고 있다. 심지어 이 책이 씌어지는 동안에도 이 세계는 역사상 가장 큰 위기 가운데 하나를 지나왔다. 그 위기의 핵심은 의심할 바 없이 사회적 안전, 그리고 일하고 먹을 권리를 둘러싼 갈등이다.

식습관

음식물의 부족이 질병을 일으키는 중요한 원인이라면 지나친 음식섭취 역시 건강에 해롭다. 여러분은 종종 과식으로 죽는 사람이 기아로 인한 사망자보다 더 많다는 이야기를 들을 것이다. 그러나 그것은 대개 굶어본 적도 없고 도시슬럼이나 가난한 농촌지역의 참상을 본 일조차 없는 유복한 도시인이 만들어낸 매우 피상적인 이야기일 뿐이다. 의심의 여지없이 과식은 소화기에 해롭고 과체중은 순환기에 부담을 준다. 그러나 과식의 위험에 노출된 사람의 수는 영양결핍으로 고생하는 사람에 비하면 무시해도 될 정도다.

식습관은 특히 1914~18년의 제1차 세계대전 이래 크게 개선되었다. 전시경제에 기인한 음식절제가, 많은 경우 오히려 유익하다는 사실이 밝혀졌으며 영양학의 여러 가설이 입증되기도 했다. 폭음폭식은 더 이상 유행하지 않으며 부유층의 식단은 비만이 부유와 사회적 위엄의 상징이던 지난 세기에 비해 훨씬 단출해졌다.

일반적으로, 그리스인은 부유하더라도 식단이 소박했으며,[6] 공화정 시대의 로마인들은 더욱더 그러했다. 그러나 로마 제국 시대에 들어 고대 세계 도처에서 온갖 진수성찬이 수입됨으로써 사정은 달라졌다.[7] 정찬(正餐)에는 전채(前菜), 세 가지의 앙트레, 두 가지의 고기요리, 그리고 후식 등 일곱 코스가 있었다. 중세에도 많은 수도원과 궁정과 귀족들의 저택이 풍성한 식단으로 유명했다.

여러 세기 동안 과식과 식도락은 비난의 대상이 아니라 부유한 사람들의 특권으로 받아들여졌다. 귀족들은 중산층 사람들이 풍족한 생활을 누릴 수 있게 될 때 서슴없이 따를 본보기를 보여주었다. 농민과 도시의 직공들에게는 결혼식이나 연례적인 축제가 배가 꽉 차도록 또는 터질 정도로 많이 먹을 수 있는 절호의 기회였다. 17세기의 네덜란드 화가들은 풍성하고 잘 차려진 음식을 그리기 즐겨 많은 작품을 남겼다. 1768년 영국의 어느 시골신사의 저녁상에는 다음과 같은 것들이 올라와 있었다.[8]

구운 양고기 어깨죽지와 자두 푸딩, 얇게 저민 송아지 고기, 볶은 감자, 식힌 혀, 햄과 식힌 소고기 구이, 껍질을 까지 않은 달걀. 그리고 마실 것으로는 펀치, 포도주, 맥주와 사이다.

그리고 1774년, 바로 앞의 시골신사, 즉 우드포드(James

---

6) Oribasius, ed. Bussemaker and Daremberg, III, 168ff.

7) Ludwig Friedländer, *Darstellungen aus der Sittengeschichte Roms in der Zeit von August bis zum Ausgang der Antonine*, 9. Aufl. von Georg Wissowa, Leipzig, 1920, vol.II, pp.282~312.——Jérôme Carcopino, *l.c.*, p.263ff.

8) J.C. Drummond and Anne Wilbraham, *The Englishman's Food, A History of Five Centuries of English Diet*, London, 1939, p.251에서 인용.

Woodforde) 목사가 "우아한" 만찬을 열었을 때 식단은 다음과 같았다.[9]

첫 번째 코스는 커다란 대구, 양고기 등심, 수프, 닭고기 파이, 푸딩, 그리고 근채류 등이었다. 두 번째 코스는 비둘기 고기, 아스파라거스, 소스를 듬뿍 치고 버섯을 끼워 넣은 송아지 허벅지살, 구운 송아지 내장, 뜨거운 바닷가재, 살구 타르트 등이었으며, 중간에 와인밀크와 젤리가 나왔다. 우리는 식사 후에 디저트로 과일을 먹었고, 마데이라산(産) 백포도주와 포르투갈산 적포도주를 마셨다.

1890년 8월, 사라토가 스프링스의 어느 미국 호텔의 저녁식사는 다음과 같은 순서로 제공되었다.[10]

껍질을 벌려놓은 굴
프랑스 소우터른산(産) 백포도주
푸른 거북 수프, 올리브 열매
삶은 연어, 바닷가재 소스, 공모양 튀김감자
소우터른산 백포도주
얇게 저민 송아지 내장, 완두콩 요리
프랑스 보르도산 적포도주

---

9) *Iibid.*, p.251
10) Hugh Bradley, *Such Was Saratoga*, New York, 1940, p.203.

소 허벅지 살, 버섯소스

리마콩 요리, 으깬 감자요리

샴페인

로만 펀치

일미(一味) 병아리 요리, 트러플 소스

식용 거북, 사라토가 감자칩

메추라기를 얹은 토스트, 소금 뿌린 아몬드

양상추, 치즈, 크래커

(염소젖으로 만든) 로크포르 치즈, 프랑스 원산 생치즈

아이스크림, 머랭 과자, 과일류

커피, 여송연, 프랑스산 베네딕트 술

오늘날에는 그러한 식사는 대접이 아니라 고문으로 여겨질 것이다. 사람들은 칼로리를 의식하게 되었고 유행은 사람들에게 날씬해지기를 요구한다. 몇백만도 더 되는 빈민들이 세계 도처에서 식량 부족으로 굶주리고 있는 한편, 많은 부유한 사람들이 유행을 위하여 스스로 굶고 있다.

알코올

과식은 큰 사회적 골칫거리는 아니다. 그보다는 중독성 있는 음료를 과용하는 것이, 모든 계층에 더 영향을 줄 수 있기 때문에 사회적으로 훨씬 더 심각한 위협이다.

흥미롭게도 인류가 술을 담그기 시작한 것은 오랜 옛날로 거슬러 올라간다. 양조술은 농업 자체만큼이나 역사가 긴 것처럼 보이며

전 지구상에 걸쳐 자연스레 발견된 기술임이 틀림없다. 엿기름으로 만든 맥주는 고대 이집트와 바빌로니아에서 대단히 인기가 있었으며, 포도로 만든 포도주 역시 이집트와 바빌로니아 시대부터 그러했다. 그리스와 로마의 발효주는 흔히 여러 가지 향료로 맛을 낸 포도주였다. 그리스인들은 묽게 할 뿐만 아니라 단맛을 줄이기 위해 포도주를 물에 섞어 마셨다. 북유럽에서는 포도주가 알려지기까지 야생꿀로 꿀술을 만들었으며 동아시아에서는 쌀을 발효시켜 술을 담갔다.

알코올 음료에 대한 기호, 그리고 어떤 곳에서나 술이 인기를 끄는 데에는 여러 가지 다양한 이유가 있다. 첫째로 술은 음식물로 쓰였다. 빵과 맥주는 고대 이집트에서 빈민들의 식량이었으며 바빌로니아에서는 맥주를 임금의 일부로 지급하기도 했다. 이러한 술들은 맛이 좋기 때문에, 그리고 그 속의 알코올 성분이 사람의 자제심을 풀어 감정을 고조시키기 때문에 기분을 돋우는 음식이었다.

그리고 이러한 발효주는 오시리스 숭배예식에서 디오니소스 축제를 거쳐 마침내 기독교의 예배에 이르기까지 대부분의 종교행사에서 한몫을 차지했다. 술은 사람의 마음에 작용하며, 말이 많아지게 하고, "열정"을 불러일으키는 경향이 있다. 적포도주는 생명을 담은 물질, 즉 피의 빛깔을 띠었으며 그래서 생명의 상징이 되었다.

죽은 식물과 동물의 부위들이 생명체로 전화되는 것은 미스터리로 보였으며 사람의 먹는 행위는 종교의식의 의미를 가졌다. 식사 전에 그리스인들과 로마인들은 신에게 제물을 바쳤으며 기독교인들은 감사기도를 올린다. 종교의식 때 음식을 나누어 먹는 일은 그리스의 **심포지엄**부터 초기 기독교회의 **애찬**(愛餐)에 이르기까지 모든 고대 문명에서 볼 수 있는 관습이었다. 그리고 그러한 의식에서 포도주가 중요한 부분을 담당했다.

알코올 음료가 소비되는 곳에서는 어디서나 종종 과음하는 모습이 나타났다. 대부분의 사회에서는 일반적으로 과음을 허용했으며 당연한 일로 여겼다. 과음을 금지하는 경우라도 도덕적이거나 위생적인 이유보다는 미적인 이유를 내세우는 때가 더 흔했다. 남쪽 지방 사람들은 대개 술을 절제하는 편으로 포도주 산지인 그러한 곳에서는 습관적인 과음이 드물었다. 알코올 중독은 사람들이 증류를 하여 "주정"(酒精)을 뽑아내는 방법을 알고 난 뒤부터 심각한 건강 문제가 되었다. 증류법은 고대 사회에서도 알려졌지만 13세기가 되어서야 비로소 보다 널리 쓰였으며 주로 약제조에 사용되었다. 농축된 알코올 음료, 즉 "증류주"는 억압적이고 불유쾌한 현실세계를 손쉽고 빨리 그리고 비교적 싼값으로 벗어나게 해주는 수단이었기 때문에 위험물이 되었다.

내 생각으로는, 음주에는 두 가지 주요한 이유가 있다. 하나는 사회적, 경제적 이유다. 비참한 신세, 열악한 생활형편, 교육 및 오락 시설의 부족으로 사람들은 음주에 빠져든다. 러시아에서는 1913년에 연간 보드카 소비량이 1인당 8.1리터에 이르렀으며 노동자들은 평균적으로 수입의 1/4 이상을 술에 썼다. 혁명 뒤에 노동자 계급의 처지가 나아지자 1인당 소비량은 꾸준히 떨어져 1931년에는 4.5리터, 1935년에는 3.7리터가 되었다.[11]

사람들이 빈곤감과 억압에 심하게 눌릴 때면 언제나 음주 속에서

---

11) V.M. Molotov, *The Plan and Our Tasks*, Moscow, 1936, p.63.

세상사를 잊으려는 경향이 더 강해질 것이다. 그리고 술에 매달리면 매달릴수록 억압과 빈곤도 더 심해진다. 백인들이 이 세상을 정복하게 된 것은 화기(火器)의 덕만큼 화주(火酒)의 덕도 보았기 때문이다. 아메리카 원주민에 대한 알코올의 영향은 잘 알려져 있다. 원주민들이 애용하던 자극제는 중독성이 없는 담배였다. 백인이 가져온 위스키는 원주민들의 저항력을 꺾어 원주민들은 착취의 손쉬운 희생물이 되었다. 정복과정에서 똑같은 방법들이 세계의 다른 지역에서도 활용되었다.

음주가 해로운 또 다른 이유는 민속적 전통과 집단적 관습에서 찾을 수 있다. 알코올이 억제를 풀어 사람들 사이의 대화를 원활하게 하기 때문에 사람들이 사교목적으로 모일 때면 으레 알코올 음료를 마시는 것이 관습처럼 되었다. 프랑스 사람들이 말하는 이러한 사교용 음주는 교육을 가장 많이 받은 계층에 특히 큰 영향을 미친다. 사교용 음주는 그렇게 큰 문젯거리 같지 않은데도 매우 해로운 결과를 초래한다.

경험을 통해 보면, 알코올 중독은 자칫 음주행위를 미화하기도 하는 금주법으로는 결코 해결될 수 없다. 사회적, 경제적 조건이 개선되어 더 큰 사회적 안정을 이룰 수 있을 때 알코올 중독과 과음의 주된 요인이 제거될 것이다. 또 그럼으로써 음주전통과 관습에도 근본적인 변화가 일어날 수 있을 것이다. 그러한 과정은 비록 진행속도가 느리지만 전적으로 성취 가능한 길이며, 사실상 그것은 이미 시작되었다.

젊은이들은 과거 세대에 비해 더 건강에 신경 쓰고 있으며 신체적 운동도 훨씬 더 즐기고 있다. 사람은 결코 완전해지지는 않을 것이다. 그리고 사람은 건강을 유지하는 것만을 위해 살지 않을 터고 그럴 필요도 없다. 앞으로도 일상생활의 단조로움과 권태를 보상할 수 있는 자극제에 대한 욕구는 여전할 것이다. 그러한 필요성은 적당히 마시면 아무런 해가 없는 맥주나 포도주와 같은 주류를 마심으로써 합법적으로 충족될 수 있을 것이다.

또 세상에는 아편, 대마초, 페요테 등 여러 가지 다양한 마약과 환각제들이 알코올과 비슷하게 해로운 역할을 하고 있다. 그리고 자극효과는 있지만 중독성은 없는 여러 물질, 특히 차, 커피, 담배 등이 세계적으로 인기를 끌고 있다. 그것들도 지나치게 많이 섭취하면 해롭지만, 어떤 것들은 적당히만 사용하면 제법 유익한 효과를 나타내기도 한다. 중국에서는 차를 마시는 것이 매우 보편적인 일인데 사람들은 그렇게 함으로써 많은 위장질환을 예방해왔다.

식이요법
고대에는 식이요법이 매우 발달했다. 『히포크라테스 전집』에 있는 뛰어난 저작들 가운데 몇몇은 식이요법에 관한 것으로 여러 가지 음식물의 성질과 효과에 관해 매우 상세하게 논의하고 있다. 그렇지만 현대적 의미의 영양학은 역사가 매우 짧다. 이 분야의 선구자는 독일의 화학자 리비히(Justus von Liebig, 1803~73)다. 유기화학에 관한 그의 발견들은 인체에 응용할 생각을 가지기 훨씬 전에 농업분야와 소 목축업에서 널리 활용되었다. 1873년 위대한 위생학자 페텐코퍼(Max von Pettenkofer)는 다음과 같은 글을 남겼다.[12]

---

12) "The Value of Health to a City," translated by Henry E. Sigerist,

피터 브뢰겔, 「기아」, 목판화, 1563, 볼티모어 미술관

　오늘날 거의 모든 교육받은 농민은 놀랍게도 자신이 원하는 결과를 얻기 위해서 돼지와 양과 소에게 단백질과 그 밖의 다른 영양소들을 얼마나 주어야 하는지를 정확하게 알고 있다. 농민들은 가축의 상태를 유지하고, 살찌우고, 우유를 만들어내고, 근육을 발달시키기 위해서 가축사료 가운데 어떤 성분들이 필요한지를 안다. 그러나 사람에 대해서는 영양학이라는 떠오르는 태양의 빛이 거의 와 닿지 않고 있다.

식물영양과 동물영양에 대한 연구는 그 이점을 쉽게 파악할 수

Bulletin of the History of Medicine, 1941, vol.X, p.603. Reprinted separately by the Johns Hopkins Press, Baltimore, 1941.

있었기 때문에 널리 장려되었다. 그러나 그러한 연구결과를 사람의 영양문제에 확대적용하려는 데에는 명백한 반대가 있어왔다. 사람은 동물과 달리 지능이 있어 무엇이 자신에게 좋은지를 알기 때문에 그러한 연구는 쓸데없는 것으로 여겨졌다. 인류는 몇십만 년 동안 살아왔으며, 칼로리에 대한 아무런 지식이 없이도 역경을 잘 헤쳐왔다는 것이다. 사람은 누구든지 본능적으로 자신에게 필요하고 자신이 살고 있는 기후에 가장 적합한 음식을 찾아내 왔다. 그리고 많은 사람들은 동물과 사람 사이에 밀접한 공통점이 있다고 하는 것은 사람을 모욕하는 짓이라고 여기기도 했다.

페텐코퍼는 이러한 반론에 대해 매우 적절하고 요령 있게 대답했다.[13] 그는 젖소와 아기에게 젖을 주는 어머니의 영혼 사이에는 엄청난 차이가 있지만, 어머니와 젖소가 만들어내는 젖 자체는 매우 비슷하여 서로 바꿔 먹일 수 있다고 말했다. 우리는 우유로 아기를 키우고 있으며 거꾸로 사람의 젖으로 송아지를 기를 수 있다. 부유한 사람들은 자신들이 좋아하고 원하는 음식을 무엇이든 살 수 있다. 그러나 간신히 생계만을 유지할 수 있을 뿐인 가난한 사람들은 어떤 음식을 구입해야 할 것인가? 그리고 선택의 여지가 전혀, 또는 거의 없는 병사와 죄수와 정신병원 수용인들에게 그들의 건강을 유지하기 위해서 무슨 음식을 주어야 하는가? 페텐코퍼의 결론은 명확한 영양학적 기준을 설정해야 하며 인체에 대한 생리학적 연구만이 그러한 일을 할 수 있다는 것이었다.

리비히의 제자이자 페텐코퍼의 동료인 포이트(Carl Voit)는 이

---

13) L.c., p.604f.

피터 브뢰겔, 「폭식」, 목판화, 1563, 볼티모어 미술관

영역에서 선구적인 역할을 했다. 그리고 포이트의 제자 가운데 하나인 루브너(Max Rubner)가 스승에서 비롯된 연구를 매우 성공적으로 계승했다. 최근에는 영양학이 미국에서 매우 발전하고 있다. 여러 종류의 비타민을 발견한 것이 특히 의미가 컸다. 구루병, 괴혈병, 각기, 펠라그라 등 끔찍한 질환들이 결핍성 질환, 즉 어느 특정한 비타민이 부족하기 때문에 생기는 질환이라는 사실이 밝혀졌다. 그러한 사실을 알게 됨에 따라 결핍성 질환들을 치료하고 예방하는 일도 가능해졌다.

여기에서 우리는 많은 경우가 그러하듯이, 경험이 과학에 선행하는 모습을 볼 수 있다. 괴혈병은 항해에 따르는 저주였다. 괴혈병은 배를 타는 선원들과 여행객들에 발생하여 많은 사상자를 낳았으며 때때로 항해를 아예 좌절시키기도 했다. 비타민 C가 발견되기 훨씬 전에 신선한 과일과 야채가 괴혈병을 치료하고 예방한다는 사실이 알려졌다. 17세기 무렵부터 동인도로 가는 네덜란드 배에는 오렌지를 많이 실었으며[14] 라임 주스는 잉글랜드 배에 싣는 기본식품 가운데 하나가 되었다. 1711년 네덜란드 의사 보가어트(Abraham Bogaert)는 다음과 같이 예언적인 글을 남겼다.[15]

나는 이 병의 치료법에 관해 그토록 장황하게 떠벌리는 내 동료들이 이 점만은 알았으면 하고 바랐다. 들판에 있는 풀이, 비록 보잘것없어 보이지만 그들의 그럴 듯한 지혜나 세상에서 가장 탁월한 만병통치약보다도 이 병을 치료하는 데 훨씬 큰 힘을 가졌다는 사실을.

오늘날 우리는 건강에 좋고 균형 잡힌 식사가 어떠한 것인지를 안다. 이 세상에 아직도 엄청난 규모의 영양부족이 있다면 그것에 대한 일차적인 책임이 있는 사회적, 경제적 요인들과 더불어 교육 태만도 비난받아야 한다. 식습관은 오랜 전통에 의해 형성되며 따라서 매우 견고하여 바꾸기 쉽지 않다. 식습관이 잘못되었다 하여 당장 병에 걸리거나 죽는 것이 아니기 때문에 이 분야의 교육은 특별히 어려운 일이다. 잘못된 식습관은 사람의 건강을 해치고 체력을 저하시켜 병이 생기기 쉽도록 한다. 그렇다고 전통적인 식단을

---

14) M.A. van Andel, "Der Skorbut als niederländische Volkskrankheit," *Archiv für Geschichte der Medizin*, 1927, vol.19, pp.82~91.

15) *Historische reisen door d'oostersche deelen van Asia*, Amsterdam, 1711, p.92ff.

무조건 바꾸어야 한다는 것은 아니다. 우리는 여전히 갈 길이 멀다.

의복

의복의 발달

의복의 역사와 그 의복이 사람의 건강에 미쳐온 영향에 대해 말하는 경우, 우리는 기후조건을 고려해야만 한다. 열대지방에서는 반드시 옷을 입어야 할 신체적인 필요는 없다. 사람들은 옷을 입지 않은 채로 살 수 있기 때문에 그러한 경우 옷을 입는 것은 신체보호를 목적으로 하는 것이 아니다. 반대로 북극지방에서는 신체를 보호하고 체열손실을 막기 위해 옷으로 몸을 완전히 둘러싸야 한다. 우리가 살고 있는 온대지방에서는 여러 가지 다양한 목적으로 옷을 입는다.

성경에서는 다음과 같이 사람이 옷을 입게 된 것을 원죄 탓이라고 한다.[16]

그러자 갑자기 그들의 눈이 밝아져서 자기들이 벌거벗은 것을 알게 되었다. 그래서 그들은 무화과나무 잎을 엮어서 치마를 만들어 몸을 가렸다.
그리고 여호와 하느님은 아담과 그의 아내에게 가죽옷을 만들어 입히셨다.

성경의 이 해석은 애당초 사람이 수치를 몰랐다는 점에서는 맞는

---

16) 「창세기」 3장 7절, 3장 21절.

히게이아와 환자들이 입은 고대 그리스 시대의 의복, 아테네 아스클레피오스 신전의 부조봉납물, 기원전 5세기 말 또는 4세기

말이다. 수치심은 문명의 산물로 이차적인 것이다. 그러나 성경은 수치심이 옷을 입는 행위에서 생겨난 것이 아니라 수치심 때문에 무화과나무 잎으로 몸을 가렸다고 하여 원인과 결과를 뒤바꾸는 오류를 범하고 있다.

자연은 동물세계에서 자주 암컷보다 수컷을 훨씬 더 눈에 잘 띄게 만들었다. 숫사자에는 갈기가 있고, 수탉에는 볏과 멋진 깃털이 있다. 자연이 남성에게 주지 않았던 점을 남성들은 문명의 발달과 더불어 스스로 얻어내었다. 사람은 제대로 된 옷을 입기에 앞서, 여성보다 남성이 먼저 그리고 더 자주 몸에 칠을 하고, 문신을 하고, 장식을 위해 흉터를 내었다. 그 목적은 분명하다. 이성을 유혹하는 성적인 자극제를 제 몸에 만드는 것이었다. 그 밖에 어떤 경우에는 자신의 지위와 계급을 과시하기 위해서, 또는 마술적인 의미에서 그런 치장을 했다.

그 다음 단계로 사람들은 목걸이, 팔찌, 반지 등 장신구들로 자신의 몸을 꾸미기 시작했고 마침내 옷으로 치장하게 되었다. 이러한 물건들은 장식목적으로 사용되었으며, 또 항상 그러한 것은 아니었지만 종종 악령과 사악한 시선으로부터 자신을 보호하는 부적이기도 했다. 옷은 신체의 어떤 부분들을 감춤으로써 사람들의 관심을 끌기 위해 걸쳤다. 그러한 옷들의 일차적인 목적은 성적인 자극을 주기 위한 것이었다.

열대지방 사람들이 처음으로 걸친 의복은 일종의 허리띠로서[17] 나중에 허리춤에 두르는 간단한 옷이나 스커트로 발전했으며 또 그것을 어깨에 두르면 셔츠나 가운이나 망토가 되기도 했다. 사람들이 북쪽으로 이주해가고 그에 따라 옷이 추위로부터 몸을 보호하는 구실을 해야만 하게 되자 아마도 허리옷으로부터 바지가 발달하게 된 것 같다. 그 뒤로 바지는 극지방 등 한대지방의 특징적인 옷이 되었으며, 에스키모들은 남녀 모두 그것을 입어왔다. 열대지방인 아프리카에서는 남성과 여성 모두 허리띠 같은 것이나 스커트를 둘렀다. 그리스와 로마에서는 주로 열대지방 옷을 입었으며, 기본적으로 스커트와 가운, 키톤이나 페플로스 그리고 히마티온, 튜닉과 팔리움으로 이루어져 있었다. 유럽에서는 북쪽에 살던 야만족들만 바지를 입는 것으로 알려졌다.

중세시대 유럽에서 변화가 일어났다. 밖에 나가 활동하는 남성들은 점점 극지방 옷인 바지를 입게 된 반면 집에만 있는 여성들은 여

---

17) C.H. Stratz, *Die Frauenkleidung*, Stuttgart, 1900.

아케르슬루트, 17세기 의복, 목판화, 1628

전히 열대식 의복을 고수했다. 유럽의 복식사(服飾史)는 유럽의 사회경제사를 반영하는 일종의 거울이다. 모든 사람이 태어날 때부터 일정한 사회적 신분을 가지던 중세 봉건사회에서는 신분에 따라 특징적인 옷이 있었다. 사람들은 귀족, 성직자, 전문직, 기능공, 농민 등 각 신분에 걸맞은 옷을 입었다. 각 신분의 옷은 스타일과 재료가 서로 달랐다. 사회적 지위가 높을수록 감이 비싸고 장식도 화려한 옷을 입었다. 군인들에게는 아주 최근까지 대단히 멋진 제복을 입혔다. 그것은 여성들에게 누구보다도 더 멋지게 보이려는 의도가 담긴 것으로서, 군인들이 감수해야 하는 직업적인 위험에 대한 보상의 역할을 했다.

매우 아름다운 민속의상이 소작농들 사이에서 발달했다. 그 가운데 어떤 것들은 궁중의상이나 귀족들의 옷을 나름대로 변형한 것이었으며 또 어떤 것들은 천부적인 예술감각의 소산이었다. 민중들은 그러한 민속의상들을 여러 세기 동안 거의 그대로 입어왔다. 오늘날 많은 나라에서 그러한 민속의상들이 민족의상으로 각광받고 있다. 그것은 민족주의가 발흥한 결과기도 하고 농민들의 사회적 지위가 과거에 비해 향상된 때문이기도 하다.

중간계급의 부상 또한 정확하게 복식에 반영되었다. 프랑스 대혁명기에 두 세계가 충돌했을 때 바지가 각 당파의 상징이 되었다. 귀족들(그리고 부유한 부르주아 계급—옮긴이)은 퀼로트라는 반바지를 즐겨 입어 아예 퀼로트로 불렸으며 반바지 대신 바지를 주로 입은 민중들은 상퀼로트로 불렸다. 중간계급이 승리하고 민주주의가 자리 잡으면서 특권적인 복식제도도 폐지되어 이제는 왕실, 상원, 가톨릭 교회 등 봉건사회의 잔재에서만 지난 시대에 특권지배층이 입던 의복을 볼 수 있게 되었다. 사람들이 입는 옷이 점점 더 공장에서 대량으로 생산하는 기성복이 되어가고 별로 많은 돈을 들이지 않고도 아주 매력적인 옷을 입는 것이 가능해지면서 옷으로 계급과 사회적 지위를 구별하는 일은 거의 사라졌다.

여성들이 점차 해방됨에 따라, 즉 여성들이 과거에는 남성들이 독점하던 영역인 사회적 생산, 스포츠, 그리고 그 밖의 여러 직업에서 활발하게 활동함에 따라 여성들의 의복에도 커다란 변화가 일어났다. 그리하여 여성들은 때로는 전통적인 열대식 복장을 걷어치우고 통바지, 슬랙스, 반바지 등 한대지방식 의복을 입게 되었다.

의복이 더 이상 계급과 신분을 나타내는 상징이 아니게 되자 성적인 기능이 점점 더 뚜렷해졌다. 민주주의 시대가 시작된 이래 성적인 쾌락추구가 다양해짐에 따라 여성패션은 등과 가슴과 팔과 종아리와 허벅지를 노출시켰다 감추었다 하는 노력을 끊임없이 반복한 과정이었다.

여성들이 여성적인 모습을 원하는지 아니면 사내아이같이 보이기를 바라는지에 따라 여성의 2차 성징이 강조되기도 했고 감추어지기도 했다. 마네의 그림들에 나오는 여인네들은 자연적으로 둥그스름한 엉덩이 곡선을 한껏 강조하는 천재적인 장치인 허리받이(스커트의 뒤를 부풀게 하기 위해 허리에 대는 것－옮긴이)를 착용하고 있다. 오늘날에는 실크산업과 고무산업의 발달결과 그것들로 만든 거들을 입어 그 부위를 꽉 조이고 있다.

최근에 파시즘과 같은 반동적 움직임이 기승을 부림에 따라 의복에도 흥미로운 변화가 나타나고 있다. 그것은 여성들을 부엌에 가두기를 원하는 남성들의 짓거리기 때문에 그것의 영향은 남성들의

19세기 의복, 『현대 예술』, 1873

복장에만 나타난다. 사람들을 편제화하고 지배자와 피지배층이라는 두 개의 주된 집단으로 분리하려는 파시스트들의 시도에 따라 획일적인 복장착용 현상이 나타난다. 파시즘은 반(反)민주적이고 위계적인 것이기 때문에 차르 시대의 러시아와 매우 유사하게 가능한 한 많은 사람에게 제복을 입히고 계급장을 달게 하도록 애쓴다. 또한 파시즘이 가지고 있는 민족주의적인 경향 때문에 실제로 농민 계층에서 민속의상이 부활하기도 한다.

건강에 미치는 영향

이제 의복이 건강에 대해 어떤 영향을 미쳐왔고 미치고 있는지에 대해 살펴보도록 하자. 장식목적의 흉터, 문신, 그리고 그 밖에 그것들과 비슷한 장신구들은 그 자체가 해롭지는 않지만 그것이 자극이 되어 결과적으로 피부에 암을 일으킨 경우들이 알려져 있다. 몸에 칠을 하는 것은 피부를 보호하기도 하지만 어떤 경우에는 자극제가 되기도 한다. 신체기형이나 변형을 가져오는 복식관습에는 명백히 해로운 결과가 있었다.

오랫동안 중국에서 소녀들에게 행해져 온 전족은 중국 여성들을 제대로 걷지 못하게 만들어버렸다. 중국 여성들의 해방운동은 이러한 관습에 대한 투쟁으로 시작되었다. 전족은 서양에는 전혀 알려지지 않았지만, 오랜 세월 동안 발이 작아야 여성미가 있다고 여겨져왔기 때문에 흔히 여성의 신들은 지나치게 작고 폭이 좁았다. 그 결과 발과 발가락에 큰 손상을 주어 과거의 중국 여성들은 티눈과 발톱이 살로 파고드는 것 따위 때문에 고생을 많이 했다.

하이힐은 한때 상류계급 남성과 여성들이 비슷하게 애용했다. 하이힐의 목적은 키가 크게 보이려는 것과 위엄 있고 우아한 자세와 걸음걸이를 과시하려는 데에 있었다. 남성들은 프랑스 대혁명 뒤에 하이힐을 버렸지만 여성들은 불편함에도 불구하고 적어도 이브닝 드레스를 위해서 여전히 신고 있다. 하이힐은 발바닥 전체가 아니라 그 가운데 작은 부분으로 몸무게를 지탱해야 한다는 점에서 그 해로운 효과는 명백하다.

서방세계에서는 여성의 발을 옭아매지는 않았지만 대신 오랫동안 여성의 가슴을 옥죄었다. 코르셋은 바로크 시대의 산물이다. 바로크 예술은 그리스 건축물의 기둥에서 보이는 우아한 직선을 깨버리고 대신 나선형 기둥양식을 만들어내었으며, 그것은 나선형, 곡선형, 돌기형 건축술로 발전했다. 여성의 신체 또한 한 시대의 양식을 결정하는 그 같은 원리나 법칙에 영향을 받는다. 높게 부풀린 헤어스타일 또는 그 같은 가발, 짙게 화장한 얼굴, 부풀린 가슴, 조인 허리, 크리놀린을 받쳐 입어 더욱 풍성하게 보이는 폭넓은 스커트 때문에 당시 여성은 넓적한 받침대 위에 놓인 꽃병처럼 보였다.

로마인들의 이상을 지닌 프랑스 대혁명은 여성들을 코르셋에서 해방시켰다. 그 이후 불과 20년에 지나지 않았지만 여성들은 로마 여인들처럼 옷을 입어 그 모습도 그들과 비슷했다. 그러나 왕정복고는 코르셋을 되돌려주었다. 그리고 코르셋은 이제 여성이 여전히 남성에게 봉건적으로 종속되었음을 무의식적으로 뜻하는 한 가지 상징이 되었다.

민주주의가 발달하고 있었다고는 하지만 권리는 오직 남성에게만 주어졌다. 하지만 수만 명의 여성이 코르셋을 하지 않고 공장에서 일하고 있었다. 그러한 여성노동이 있었기에 섬유산업과 그 밖의 많은 산업이 발달할 수 있었다. 그리고 세월이 지나 여성들이 남성과 똑같은 권리를 요구하는 시대가 도래했다. 대체로 여성들이 참정권을 획득하게 된 무렵에 여성들은 코르셋을 확실하게 벗어던졌다.

코르셋은 18세기의 여성들을 많이 괴롭혔던 우울증, 실신, 경련 등의 중요한 원인이었던 것 같다. 코르셋을 조여 입을수록 건강에 대한 악영향은 커졌다. 가슴 아랫부분과 복부근육을 압박함으로써 호흡에 심각한 장애를 일으켰다. 코르셋은 또한 위와 그 밖의 다른 내장장기들뿐만 아니라 간을 압박하고 밀어내어 간에 변형을 초래했다. 그리고 혈관을 압박하여 호흡, 소화, 순환에 나쁜 영향을 미치기도 했다. 코르셋과 연관되지 않는 질병은 거의 없었다. 이것은 과장일지 모른다. 그러나 그 불행을 가져오는 의복이 여성의 전반적인 건강과 체력에 매우 나쁜 영향을 미쳤으며 그리하여 여러 가지 질병발생에 크게 기여한 점은 의심할 여지가 없다. 어쨌든 코르셋은 여성을 더욱 약자로 만들었다.

자연스런 방법으로 옷을 걸칠 수 있는 인체부위는 엉덩이와 어깨 두 군데밖에 없다. 압력을 가하지 않고서 그 밖의 어떤 부위에 옷을 걸치는 것은 불가능하다. 스트로피온(strophion) 또는 마밀레어(mamilare)라고 하는 그리스와 로마 시대의 브래지어는 흘러내리지 않도록 꽁꽁 동여맨 헝겊쪼가리 같은 것이었다. 오늘날의 브래지어는 간편하게 어깨에 걸친다는 점에서 훨씬 발전된 것이다.

중세의 남성용 타이츠는 엉덩이에 걸쳐서 다리 전체를 감싸는 통짜 하의였다. 16세기에 들어 그것은 스타킹과 트렁크 호스(16~17세기에 유행한 반바지─옮긴이)의 두 부분으로 분리되었다. 그리고 스타킹이 흘러내리지 않도록 가터(garter)를 사용하게 되자 한 가지 풀기 어려운 건강상의 문제가 생겨났다. 가터는 무릎 바로 위나 아래를 단단히 조였다. 이에 따라 그 근처의 정맥에 압박이 가해져 정맥류에 걸릴 소인이 있는 사람에게 실제로 정맥류가 잘 생기게 되었다.

튜닉과 망토 등 그리스인과 로마인들이 입던 옷은 종류가 적었으며, 그 옷들은 느슨히 걸치는 것으로 주름이 예쁘게 잡혔고 또 빨기도 편했다. 13세기 무렵부터 맞춤복이 널리 퍼졌고 옷감도 점점 무거워졌으며 한 사람이 입는 옷의 가짓수도 꾸준히 늘어났다. 그리고 옷을 세탁하는 것도 더 어려워졌다. 오늘날에도 그러하지만 더러운 옷은 발진티푸스와 재귀열과 같은 질병을 옮기는 이가 번식하기 좋은 서식처가 되었다.

청결

사람은 걸치는 옷의 수가 적을수록 더 청결한 것이 법칙인 것 같다. 열대 아프리카에 사는 종족들은 대단히 청결하다. 유럽인들은 속옷과 겉옷을 더 많이 입게 됨에 따라 점점 더 불결해져 갔다. 고대 그리스와 로마에서는 거의 모든 신분과 계급이 자주 목욕을 했지만 중세에는 그러하지 못했다. 다시 사람들이 청결해진 것은 극히 최근의 일이다.

최근 1873년에 페텐코퍼는, 많은 사람들이 씻는 물이 하루에 1리터 가량 되면 흡족해 하는데 뮌헨에서는 가정집에 목욕시설이 있는 것이 대단히 예외적인 경우라고 썼다.[18] 페텐코퍼가 살던 시절과

---

18) Max von Pettenkofer, "The Value of Health to a City," *l.c.*, p.607.

그 뒤까지도 사람들은 대부분 일주일에 한 번, 토요일밤이나 일요일 아침 교회에 가기 전에 몸을 씻는 것이 고작이었다. 또한 속옷도 일주일에 한 번만 갈아입을 뿐이었다. 그러한 모습은 독일뿐만 아니라 온 유럽에도 해당되었다. 하지만 영국, 그리고 여전히 영국의 영향 아래 있던 미국의 사정은 뚜렷이 달랐다.

옷을 입는 주된 목적이 치장이라는 사실을 상기할 때 그러한 사정을 쉽게 설명할 수 있다. 불결한 것을 미적 기준으로 여긴 적은 없었다. 사람들은 옷을 가볍게 입고 속살을 많이 노출할 때, 위생적인 이유보다는 미적인 이유 때문에 몸을 씻었다. 그렇지만 옷이 불결함을 감추어주었기 때문에 눈에 띄는 부위, 즉 얼굴과 손을 씻는 것으로 충분하다고 여겼다. 여성의 다리는 속살이 더러울지라도 실크로 감싸면 매력적으로 보였다. 보이지 않는 남성의 셔츠는 칼라나 소매끝동만큼 깨끗할 필요가 없었다. 남성복의 칼라나 소매는 자주 갈 수 있도록 분리되었다.

청결은 19세기와 20세기에 활발해진 위생운동의 주된 과제이자 목표였다. 위생운동은 여러 가지 장애물들을 극복해야만 했다. 특히 비누를 자주 쓰면 피부에 해롭다면서 저항하는 사람들의 주장이 그 가운데 하나였다. 더 심각한 것은 종교적 금기였다. 기독교는 사람들이 옷을 입는 것을 원죄와 결부지었기 때문에 지나칠 정도로 정숙함을 강조했다. 사람은 가능한 한 육신을 옷으로 가려야 한다고 강조함으로써 나체에 대해서는 병적인 의미를 부여했다. 벌거벗는 것은 혼자 목욕을 할 때라도 죄악처럼 여겨졌다. 그리하여 아직도 속옷을 입은 채로 목욕할 것을 여학생들에게 강요하는 가톨릭 학교가 남아 있을 정도다.

몇 가지 기독교 선교활동이 아프리카 원주민들에게 남긴 영향보다 더 서글픈 것은 없다는 생각이 든다. 아프리카에서는 바지가 십자가에 못지않은 기독교의 상징이 되었다. 열대지방 사람들에게 한대지방의 옷을 강요하고 그들에게는 이질적인 정숙관념을 부과함으로써, 도덕심을 향상시키는 것도 아니면서 갈등만을 조장했다. 그러한 것은 참된 기독교 정신이라고 할 수 없다.

옷을 입는 주된 목적이 치장이고 또 일차적으로 신체적 결함을 감추거나 낮게 보이게 하는 것이며 성적 매력을 높이는 것이라 할지라도 온대나 한대 지역에서는 옷이 위생이라는 중요한 기능도 가졌음을 부인할 수는 없다. 옷은 추위, 비 또는 햇볕이라는 환경요인들로부터 우리 몸을 보호한다. 그러한 목적을 적절히 수행하기 위해서는, 옷이 신체의 어떤 생리적 기능도 훼손하지 않도록 지어져야 한다. 또 옷감이 겨울옷은 열전도가 잘 되지 않고 여름옷은 열전도가 잘 되는 것이어야 한다. 옷감의 다공성(多孔性)이나 공기함유 정도는 그러한 점에서 매우 중요하다.

20세기 들어 위대한 진보와 발전이 이루어져 왔다. 패션은 전제군주적일 것이며, 아마 언제나 그러할 것이다. 그러나 스포츠와 점점 더 많은 여성이 한동안 남성의 전유물이었던 생산활동에 참여하게 된 사실, 건강에 대한 관심의 증대와 각성 등에 의해 그 같은 패션의 위력은 상당 정도로 위축되었다. 우리는 조상들보다 훨씬 편한 옷을 입고 활동하고 있다.

옷의 가짓수가 충분치 않거나 질이 떨어지면 유기체는 환경으로부터 손상을 받게 되며 온갖 후유증을 동반하는 감기에 걸리기도 한다. 영양과 마찬가지로 빈곤이 부실한 의복의 주된 원인이다.

의료인의 복장

이러한 문제와 관련하여 마지막으로 한 가지만 더 언급해야 하겠다. 문명은 우리 몸을 옷으로 감싸는 관습을 잉태하고 양육하여 왔다. 옷은 건강을 지키는 데 기여하지만, 또 한편으로는 우리가 보았듯이 질병을 일으킬 수도 있다. 그리고 거꾸로 질병이 새로운 복식을 만들어내기도 한다. 예를 들어, 중세시대에 한센병 환자들은 건강한 사람들이 자신들을 건드리지 않게 옷에 눈에 띄는 표시를 해야만 했다.

1348~49년의 흑사병 대유행 때 어떤 의사들은 자신들을 그 병으로부터 보호하기 위해 마스크와 가운을 고안해내었다. 하지만 당시 그런 복장은 야유와 풍자의 좋은 대상이 되었다. 1910~11년 만주를 엄습했던 페스트 유행과 1918~19년의 인플루엔자 대유행 때에는 마스크가 예방효과를 톡톡히 입증했다.

무균개념이 싹트면서 외과의사들 나름의 특수한 복장이 발달했다. 오늘날 외과의사들은 감염을 방지하기 위해 무균소독이 된 수술복을 입고 수술모자를 쓰며 손에는 고무장갑을 끼고 입과 코를 덮는 마스크를 쓴다. 병원에 근무하는 의사들은 "하얀색으로 뒤덮인 사람"이 되었다.

중세시대에 환자와 부상자를 돌보기 위해 조직된 수도회의 구성원들은 눈에 잘 띄는 특수한 표지를 옷에 부착했다. 예를 들어 예루살렘의 성 요한 병원기사단은 ＊표지를 창설 때부터 사용하여 오늘에 이르고 있다. 현대에는 붉은 십자가가 1863년 뒤낭(Henri Dunant)의 제의로 창립된 국제기구인 적십자사의 상징이 되었다. 세속적 및 종교적 간호단체들 역시 각기 독특한 복장을 고안하여 착용해왔다.

주거

구석기시대인들의 안식처는 동굴이었다. 동굴이 바로 그들의 가정이었다. 그들은 동굴 속에서 안전함을 느꼈으며, 동굴은 그들을 거친 기후와 적으로부터 보호해주었다. 동굴 속에 지핀 불은 석기시대인들에게 밝음과 따뜻함을 가져다주었고, 그 불의 연기는 동굴 입구를 통해 나갔다. 때때로 그림들이 동굴벽을 장식하기도 했다.

주거의 발달

인간문명이 진보하면서 사람들은 더 이상 자연적인 안식처에 의존하지 않았다. 자기들이 살 집을 짓게 된 것이다. 돌과 땅이 무른 곳에서는 인공적인 동굴이나 암굴을 팔 수 있었다. 또 자연동굴 앞쪽에 커다란 돌들을 쌓아 올리고 주변에 벽을 세우며 또 그것들에 나무나 짐승가죽 따위를 덮어씌워 보다 큰 집을 지을 수도 있었다. 이렇게 여분의 방을 만들어 곡물저장소나 창고 등 여러 가지 목적에 이용하기도 했다.

수풀 속에 사는 종족들은 맨땅에 나무토막들을 쌓아 올려 꼭대기에서 그것들을 서로 묶고 또 그 위에 잔가지나 짚 또는 짐승가죽을 덮어 둥그런 오두막집을 지었다. 그런 오두막집은 방이 하나였다. 방이 더 필요하면 아프리카 원시종족이 오늘날에도 그렇게 하듯이 필요한 만큼 오두막을 더 지었다.

신석기시대와 청동기시대에는 직사각형 오두막을 짓기도 했으며 중부 유럽의 호수들에서 그 유적이 발견되고 있다. 그러한 항상주거(杭上住居)는 여러모로 편리했다. 집에 앉아 낚시를 할 수 있었고 오물과 쓰레기 따위를 직접 물에 버릴 수 있었다. 그리고 그것은 침입자들로부터 보호해주는 구실도 하여 그곳에 사는 사람들은 마음이 편했을 것이다. 오늘날에도 태국과 멜라네시아 여러 곳에 그러한 항상주거가 남아 있다.

원시시대에서 벗어난 지 몇 천 년이 지난 오늘날에도 원시적인 오두막집들이 빈민들의 주거지로 남아 있다. 아프리카와 아시아 등에서는 몇 억을 헤아리는 사람들이 석기시대와 별로 다를 바 없는 오두막에서 살고 있다. 남부 이탈리아의 몇몇 지역에는 로마 시대 이전의 둥그런 오두막이 아직도 남아 있으며, 세비야 근교의 알바이킨에서는 집시들이 산에 암굴을 파서 생활하고 있다.

문명의 발달로 유산계급이 성장하면서 새로운 형태의 가옥이 고대 오리엔트 지역에서부터 지어졌다. 한 지붕 아래 방이 여러 개 달려 있는 살기에 편리한 연립가옥이 나타났다. 또한 여러 개의 방문이 로마 시대의 아트리움이나 에스파냐의 파티오같이 안뜰로 향해 열린 정원식 주택도 생겨났다. 그러한 집들이 그 뒤로 동서양을 막론하고 가옥의 원형이 되었다.

돌, 점토를 태양열이나 불을 이용하여 구워 말린 벽돌과 타일, 원목 그대로거나 절단한 통나무 따위가 주된 건축재료가 되었다. 그와 함께 석공과 목수가 집을 짓는 직업으로 등장했다.

가옥은 거친 기후로부터 사람들을 보호하고 그럼으로써 건강을 지켜주는 구실을 하지만, 필요한 조건들을 충족시키지 못하는 경우에는 오히려 건강에 해가 될 수도 있다. 집은 그곳에 사는 사람들이 충분한 공기를 들이마실 수 있고 각자가 공간을 차지할 수 있을 만큼 넓직해야만 한다. 그러려면 부엌, 화장실, 계단 등 부대시설을 제외하고 한 사람당 적어도 10.8제곱미터 내지 13.5제곱미터 가량이 필요하다.

환기

집을 지을 때에는 기본적으로 모순되는 문제가 있어 애를 먹기도 한다. 집은 사람들을 외부의 기후로부터 보호해줌이 틀림없지만 끊임없이 집안공기를 새롭게 갈아주어야 한다. 그렇지 않으면 사람의 생리적인 기능과 여러 가지 활동으로 집안공기가 오염되기 때문이다. 흡연습관은 실내공기를 오염시키는 데에 커다란 역할을 한다. 일년 내내 창문을 열어놓을 수 있고 활동도 대개 집 밖에서 하는 온대기후에서는 환기가 별로 문제되지 않지만, 북쪽 지역에서는 환기가 중요한 문제다.

난방

실내기온은 외부 기온의 변화에 맞춰 조절해주어야 사람들이 별 불편함 없이 생활하고 일할 수 있다. 가장 간단한 실내난방법은 집 안에 화로를 설치하는 것이다. 로마 시대의 농민들은 겨울에는 허름한 집 한가운데에 화로를 지폈으며, 불꽃과 연기는 지붕에 뚫린 구멍을 통해 바깥으로 배출되었다.[19] 굴뚝은 환기를 하는 데에 훨씬 좋은 도구였다. 이 때문에 굴뚝을 도입한 것은 주생활의 진

---

19) J. Carcopino, l.c., p.36.

보였다. 벽난로는 중세시대의 장원에서 주요한 난방도구였으며 영국에서는 아직도 널리 쓰이고 있다. 사실 벽난로는 난방에는 별로 효율적이지 못하다. 그러나 실내공기를 환기하는 데에는 좋은 방법이다.

로마 시대에 도시에서는 주로 놋화로로 실내난방을 했다. 놋화로는 요즈음도 남부 유럽과 오리엔트 지방에서 사용하고 있는데 상당히 원시적이고 불충분한 난방법이다. 나는 2월에 몬테카시노 대수도원의 도서관에서 일주일 동안 작업하던 일을 결코 잊을 수 없다. 그곳에서 손가락이 얼어 뻣뻣해졌을 때 놋화로 위에 손을 얹어 녹이려 했다. 그러나 효과가 별로 없었으며, 나는 심한 감기에 걸린 채 그곳을 떠나야만 했다.

스토브는 고대 로마에서 기원한 것으로 개방형의 벽난로와는 달리 돌이나 벽돌로 된 항아리 속에 불을 지피는 것이었다. 고대에는 스토브가 빵을 굽는 등 요리용으로만 쓰였다. 난방용으로 쓰인 것은 중세 초기 때부터인데 난방이 서서히 되고 그 작용이 오래 지속되는 등 개방형 벽난로에 비해 효과가 훨씬 좋았다. 이른바 네덜란드 타일로 만든 스토브는 9세기 무렵 스위스에 나타났다. 무쇠로 만든 스토브가 처음 쓰인 것은 14세기로, 쇠로 된 둥근 스토브는 값이 싸지면서 가장 인기 있는 난방도구가 되었다.

프랭클린(Benjamin Franklin)은 매우 기발한 스토브를 고안했는데 벽난로를 환기가 잘 되게끔 개선한 것이었다.[20] 쇠로 된 스토

---

20) "An Account of the New-Invented Pennsylvanian Fire-Places," 1744, reprinted in: Nathan G. Goodman, *The Ingenious Dr. Franklin*, Philadelphia, 1931.

브는 매우 빨리 가열되는 장점이 있는 반면 그만큼 빨리 식어버리는 단점도 있었다. 그리고 환기가 충분히 되지 않는 경우 독성이 매우 강한 일산화탄소(이른바 '연탄가스 중독'의 원인물질—옮긴이)를 배출하는 문제도 있었다. 많은 이런 이유로 스토브는 희생자를 내는 주범이기도 했다. 프랑스의 소설가 졸라는 불행하게도 일산화탄소 중독으로 세상을 떠났다.

벽난로나 스토브로 실내난방을 하는 경우 방마다 그러한 난방도구를 갖추지 않으면 안 된다는 커다란 단점이 있었다. 방마다 스토브를 설치하는 것은 비용이 너무 들고 또 대단히 성가신 일이기 때문에 대개는 거실만 난방을 했다. 그러한 결과 당연히 한 집안 내에서도 난방상태가 고르지 않아 집 안에서도 장소를 옮겨 다닐 때마다 심한 온도변화를 끊임없이 감내해야 했다.

아침에 따스한 잠자리에서 일어났더라도 세수물을 얻기 위해서 얼음을 깨뜨려야 하는 일도 흔히 있었다. 그런 조건은 결코 건강에 도움이 되지 않았다. 그 때문에 여러 가지 호흡기 질환과 감기몸살에 잘 걸렸으며 기침도 잦았다. 또 그로 인해 전반적인 저항력도 낮았으며 결핵이환률을 높이는 데에도 어느 정도 기여했다. 그렇듯 효과가 보잘것없는 난로와 스토브를 볼 때 어찌하여 옛날 사람들이 그토록 열광적으로 봄이 오는 것을 반겼는지 알 수 있을 것 같다. 사람들은 자연이 되살아나는 신비 때문만이 아니라 봄이 옴으로써 겨우내 고생하고 불편했던 데에서 자신들이 해방되기 때문에 봄의 도래를 경축했던 것이다.

중앙공급식 난방법의 도입은 매우 큰 진보였다. 그러한 방법으로 온기가 집안 곳곳에 상당히 균일하게 퍼질 수 있게 되었기 때문이다. 흔히 로마인들이 중앙난방을 고안한 것으로 알려져 있다. 비트루비우스(Vitruvius)가 기술한 천재적인 난방방식이 고고학적인 증거들에 의해 확인되었지만 그것은 오늘날의 중앙난방과는 전혀 다르다.

비트루비우스의 난방법은 화덕에서 덥혀진 공기가 방바닥 아래에 설치된 온돌관(hypocaustum)을 따라 퍼져 방 전체를 따스하게 하는 것이었다. 또는 뜨거운 공기가 벽면의 속이 빈 타일을 통해 방에 열기를 전달하는 방식이었을 수도 있다. 어쨌든 그러한 방식은 오늘날의 중앙난방과 원리가 매우 비슷하지만 온돌관 방식은 집 전체를 난방하는 것이 아니라 단지 방 하나, 특히 욕실을 따뜻하게 하는 것이었다.[21] 그러한 난방법은 중세시대까지도 간간이 쓰였다.

중앙의 화로에서부터 집 전체에 열을 전달하는 난방법에 대한 생각은 18세기에 싹텄다.[22] 영국에서 그러한 목적으로 뜨거운 물이 쓰인 것은 1716년부터였다. 그리고 18세기 중엽 러시아와 독일의 여러 왕궁에서는 중앙식 난방에 뜨거운 공기를 사용했다. 1784년에는 와트가 처음으로 증기를 이용한 열기관을 만들었다. 그 뒤 19세기 초 영국에서 주로 퍼킨스(James Perkins)에 의해 중앙난방 장치는 더욱 개선되었다. 그러나 그러한 장치는 매우 비쌌기 때문에 오랫동안 중앙난방은 매우 사치스러운 것으로 여겨졌다. 다음 단계는 여러 건물을 한꺼번에 난방할 수 있는 중앙시설을 마련하는 것이었다. 이것은 1877년 뉴욕 주의 록포트에서 처음으로 이루어졌다.

---

21) Otto Krell, *Altrömische Heizungen*, Munich and Berlin, 1901.——
   Carcopino, *l.c.*, p.36ff.
22) F.M. Feldhaus, *Die Technik der Vorzeit*, Leipzig and Berlin, 1914.

우리는 모두 경험을 통해 증기난방 역시 단점이 있다는 사실을 알고 있다. 증기난방은 강도를 조절하기 어렵기 때문에 특히 미국의 여러 도시에서는 난방을 지나치게 많이 하는 경향이 있다. 그에 따라 아파트나 사무실에서 생활하는 사람들은 뜨겁고 건조한 공기 때문에 호흡기 장애를 겪기도 한다. 미국 사람들의 국민병이라고 할 '부비동염'(축농증)의 발생에 증기식 중앙난방이 어느 정도 관계될지도 모른다. 그런데도 겨울철의 난방은 불충분한 것보다는 지나친 것이 오히려 낫다. 연료값이 비싸기 때문에 집 안을 충분히 난방하지 못하여 추위의 해악에 노출된 채 생활하는 사람이 아직도 매우 많다.

더울 때 건물을 인위적으로 냉방하는 것은 매우 바람직하기는 하지만 난방에 비해서는 중요성이 떨어진다. 더운 기후에서는 사람들이 뜨거운 낮시간에 잠을 자고 대신 이른 아침이나 늦저녁에 활동을 한다. 온대지방에서 더운 여름은 상대적으로 짧고 추운 겨울이 길다. 의심할 바 없이 현대식 에어컨은 실내온도를 낮추고 습도를 조절함으로써 우리의 기분을 쾌적하게 하고 일의 능률도 높여준다. 앞으로 기술적으로 해결될 수 있으리라고 생각하지만 에어컨 냉방은 아직은 경제적인 문제 때문에 쉽사리 보편화되지는 못하고 있다. 과거의 중앙난방이 그랬던 것처럼 에어컨으로 냉방을 하는 것은 소수에게만 가능한 사치스러운 일이다.

조명

실내조명의 개선은 사람들의 생활방식에 매우 깊은 영향을 미쳐왔다. "우리는 깨어 있는 만큼 산다"라고 말한 것은 대(大)플리니우스(Plinius)였다.[23] 그 말처럼 전구는 실제로 우리의 의식적인 삶의 길이를 늘려왔다. 우리가 잘 알고 있듯이 과거에 사람들의 삶의 리듬은 자연리듬을 거의 그대로 따랐다. 요즈음도 대부분 나라의 농민들이 그러하듯이 사람들은 동이 틀 때 일어나 해가 지면 활동을 멈추었다. 고대와 중세 내내 그리고 그 뒤로도 오랫동안 도시인들은 그 점에서 농민과 매우 비슷한 삶을 살았다.

그리스와 로마 시대의 조명은 매우 원시적이었다. 기름램프는 별로 조명구실을 하지 못했으며, 그러한 사정은 18세기 말 스위스 제네바의 아르강(Argand)이 원통형의 램프심지를 고안해낼 때까지 거의 개선되지 않았다. 짐승의 기름이나 밀랍으로 만든 양초는 고대 말에 선을 보였다. 이것은 몇 세기 동안 교회와 부잣집에서나 쓰이는 사치품으로 여겨졌다.

조명은 낮시간에도 문제였다. 유리가 만들어진 것은 기원전 2500년 전후해서인데, 대개는 투명하지 않거나 색유리여서 주로 꽃병이나 그 밖의 다른 용기로 쓰였다. 유리나 돌비늘로 된 창문 두 가지 모두 로마 시대의 주택에서 사용되었지만 오늘날과 같은 통상적인 용도로 쓰인 것은 아니었다. 부잣집의 특별한 방, 예컨대 굳게 닫혀야 하는 욕실 등에 그러한 유리창이나 돌비늘창이 사용되었다. 바깥이 춥거나 아주 더울 때면 나무판이나 바닥깔개로 창을 가렸다. 그렇게 하면 방은 대낮에도 깜깜했다.

중세시대에는 아름다운 스테인드글라스가 만들어졌지만 요즈음과 비슷한 투명유리가 나온 것은 훨씬 뒤의 일이며 그때에도 유산

---

23) *Naturalis Historia*, praefatio 18.

계급들만 집에 커다란 유리창을 많이 낼 수 있었다. 그리하여 몇몇 나라에서는 문과 창문에 세금을 매기기까지 했다. 그 결과 유리값이 싸져서 쉽게 쓸 수 있게 되었는데도 빈민들의 집은 여전히 어둡고 환기가 제대로 되지 않았다.

조명은 거의 할 수 없었기 때문에 특히 기나긴 겨울밤을 지내기는 더욱 어려웠다. 사람들은 필시 오늘날보다 잠을 훨씬 더 많이 잤을 것이다. 과거에는 "야간생활"이란 거의 없었으며 특별히 볼 일이 있거나 밤에 나돌아다닐 방법이 있는 경우를 제외하고는 아무도 집 밖에 나가지 않았다. 그렇게 안온한 생활은 사람들의 건강에 유익했을 것이다. 그러나 조명이 부실한 조건에서 책을 읽거나 일하려고 애쓴 사람들은 눈이 매우 피로했을 것이다.

조명용 가스가 도입된 19세기에 상황이 급격하게 변했다. 조명가스는 우선 가로를 밝히는 데 사용되었다. 1808년 런던의 한 거리에 가스등이 설치되었으며 1814년에는 세인트 마거릿 구 전역에 가스등이 가설되었다. 미국에는 1817년 필라델피아에 이 새로운 조명방식이 도입되었다. 조명용 가스는 점차 가정집에도 보급되었다. 그 결과 집 안이 환해져 매우 편리해졌지만 우리 모두가 알 듯이 위험도 뒤따랐다.

가스사용으로 새로운 화재발생 요인이 생겼을 뿐만 아니라 조명용 가스에는 일산화탄소가 들어 있었기 때문에 가스중독으로 인한 사망자와 환자가 속출했다. 가정에서는 가스조명이 미네랄 오일의 사용으로 성능이 크게 개선된 램프조명과 경합을 벌여야만 했다. 석유램프는 다른 곳으로 옮길 수 있다는 장점을 지녔지만 그만큼 화재의 소지도 있었다. 그러한 무렵, 1879년 미국의 에디슨은 전구를 선보였다. 이제 새로운 조명의 시대가 선포될 참이었다.

오늘날 사람은 어둠을 정복하는 데 성공하여 그 활동을 밤에까지 뻗칠 수 있게 되었다. 자신의 필요와 활동조건에 맞추어 조명을 조절할 수 있는 것이다. 도시는 더 이상 해만 떨어지면 음침하게 변하는 곳이 아니다. 가로등과 네온사인은 도시에 활력을 불어넣는다. 사람들은 시력이 나빠지지 않고도 밤에 사교모임에서 만나고, 쇼를 관람하며, 일하거나 인생을 즐긴다. 인공적인 조명은 우리들이 사는 도시의 안전에 크게 기여했으며 사람들의 활동템포를 빠르게 하는 데에도 한몫 단단히 했다. 그에 따라 도시인들은 과거보다 적게 자며 때로는 잠이 부족하기도 하여 건강에 적신호가 켜지기도 한다.

상수공급과 오물처리

사람들은 생리적 기능과 직업활동의 결과 오물들을 만들어낸다. 많은 사람이 밀집하여 사는 곳에서는 그것들이 매우 빠르게 축적된다. 오물은 그 자체가 반드시 해로운 것은 아니다. 그러나 유기물질이 분해되면서 그것은 사람에게 해로운 미생물들이 번식하는 터전이 된다. 파스퇴르는 세균이 우리 가까이에 엄청나게 많이 있다는 사실을 밝혔다. 소화기 질환을 앓는 환자는 병의 원인균이 섞인 대변을 배설하며, 그리하여 배설된 대변이 전염의 원천이 된다. 따라서 오수와 쓰레기는 거주지역에서 제거되어야 한다. 집도 물론 항상 청결히 해야 한다. 그러기 위해서는 물이 대단히 많이 필요한데 그러한 물을 마련하는 것은 엄청난 사업이다.

로마인들은 많은 양의 신선한 물이 갖는 위생적인 의미를 충분히 깨닫고 있었다. 로마인들이 정착했던 곳 어디에서나 우리는 아직도 거대한 수로의 유적을 발견한다. 실제로 그것들 가운데 많은 것은 아직도 원래의 목적을 제대로 수행할 수 있을 것처럼 보인다.

프론티누스(Frontinus)에 따르면 2세기에 로마 시에는 하루에 약 100만 톤의 물이 여덟 개의 수로를 통해 공급되었다. 카르코피노 (Carcopino)와 로웰(Rowell)의 연구결과에 의하면 가정집으로 직접 공급되는 물은 거의 없었으며 물은 시내의 공공우물이나 샘으로 보내졌다.[24] 사람들은 그러한 우물과 샘에서 물을 길어가거나 물장수로부터 사서 썼다. 그런데도 물은 풍족했으며 수질도 좋았다.

로마인들은 정교한 하수시설도 건설하여 오염된 하수를 티베르 강으로 배출했다. 가장 오래 되고 주된 하수로로서 클로아카 막시마 (Cloaca Maxima)라고 하는 거대한 아치형 건축물은 아직도 남아 있다. 그러나 모든 가정집이 그러한 공공하수로와 연결되었을 것이라는 가정은 상수도에 대한 것과 마찬가지로 역시 오류라고 생각된다.

중세시대 도시의 발달은 사람들의 건강에 나쁜 영향을 미쳤다. 공중위생은 매우 원시적이었다. 물은 대개 우물에서 길어다 썼으며 주거지에서 멀리 떨어진 경우가 적지 않았다. 공중변소는 오물이 넘치는 시궁창과 통하는 경우가 흔했으며 오물을 치우는 사람들이 퍼 가야만 했다. 쓰레기는 거리에 그냥 내버렸다.

그 결과 도시에는 쥐떼가 득시글거렸으며 특히 14세기부터 17세기까지는 흑사병이 창궐하는 등 도시민의 삶은 대단히 위협받았다. 그리고 장티푸스와 이질 등 위장질환은 토착병으로 끊임없이 사람들을 괴롭혔다. 시당국은 그러한 위험을 간파하고 중세 말부터는

---

24) *L.c.*, p.38.

생활환경을 개선하려는 조치를 취했다.

근대에 들어서는 도시가 꾸준히 성장함에도 주민들의 사망률은 완만하나마 감소했다. 아마도 생활수준이 향상되었기 때문일 것이다. 1681년부터 1690년 사이 런던의 연간 평균사망률은 인구 1,000명당 42명이었다. 그러던 것이 18세기에는 35명, 1846년에서 1855년에는 25명, 오늘날(1940년대-옮긴이)에는 대략 12명으로 줄어들었다. 도시주민들의 사망률이 이렇게 감소한 데에는 공중위생, 새로운 상하수도 시설의 건설 등이 중요한 역할을 했다. 그리고 위생 상태를 개선하기 위한 새로운 공중보건 운동이 19세기 중엽부터 영국을 중심으로 활발하게 펼쳐지기 시작했다. 영국의 공중보건 운동은 모범적인 사례가 되어 여러 나라가 그 뒤를 따르게 되었다.

나는 수세식 변소가 시인이자 엘리자베스 1세의 궁정신하인 해링턴(John Harington)이 고안한 것이라는 사실을 덧붙이고 싶다. 수세식 변소는 해링턴의 시 「아이아스의 변신」(Metamorphosis of Ajax)의 부록 가운데 해링턴의 집사 이름 아래 묘사되어 있다. 여왕은 해링턴의 새로운 발명에 깊은 인상을 받아 자신의 리치먼드 궁에 수세식 변소를 설치하고 변소의 "벽에 「아이아스의 변신」 사본을 걸도록"[25] 했다.

수세식 변소는 공중위생에 대단히 큰 공헌을 했지만 여러 도시에 새로운 상하수도망이 건설된 19세기 이전에는 대규모로 가설되지는 않았다. 19세기의 공중보건 운동 시대에 수세식 변소는 그러한

---

25) 다음 책에 있는 스트레치(Lytton Strachey)가 쓴 해링턴에 관한 유쾌한 에세이를 보라. *Portraits and Miniatures*, London, 1931.

새로운 운동의 상징이 되다시피 했지만 전 세계적으로 보아서는 아직도 보편화되지 못했다.

슬럼

주택문제는 특히 도시에서는 어려운 문제다. 시골에서는 농민들이 전문 주택업자의 도움 없이 스스로 집을 지을 수 있다. 개척시대 미국의 개척자들은 스스로 숲 속에는 통나무집, 초원에는 뗏장집(sod huts)을 지었다. 이 집들은 나중에 더 견고한 주택으로 대치되었다. 농장의 규모가 커지면서 농민들은 원래 살던 집을 확장했고 또 헛간과 가축우리 따위를 새로 지었다. 농장의 우물은 이용하는 사람이 적어 비교적 깨끗하게 유지될 수 있다. 그리고 인분은 큰 어려움 없이 땅에 파묻을 수 있다. 쓰레기는 가축의 분뇨 등과 함께 분해되어 거름으로 쓰인다.

사람들이 도시로 몰려오면서 어려움이 시작된다. 고대 그리스와 로마 시대에는 종종 신중하게 마을의 입지를 결정하고는 계획에 따라 마을을 건설했다. 중세의 마을들은 대개 계획 없이 영주의 장원이나 수도원 근처에 세워졌다. 그리고 일단 울타리로 마을의 경계가 정해지면 마을은 더 넓어질 수 없었고 건물은 위로 올라가게 마련이었다. 미국의 많은 도시들은 계획적으로 건설되었다. 예컨대 펜(William Penn)의 필라델피아 건설계획은 잘 알려져 있다.

도시가 서서히 성장하는 동안은 계획이 잘 지켜질 수 있었다. 그러나 그러한 사정은 19세기 들어 급격한 산업화로 변화하게 되었으며 미국의 경우에는 연이은 이민물결이 또 다른 요인이 되었다. 인구증가는 서방세계 전역에서 일어났고 새로 형성된 무산 노동자 계급은

「슬럼」, 「이브닝 선」지, 볼티모어

도시 변두리의 공장 근처에 집단적으로 거주했다.

　농촌에서는 농민들이 대개 자기 집을 가지고 있었지만 도시에서는
부동산이 거래와 투기의 대상인 상품이 되었다. 도시의 주택은 큰 이
득을 가져다줄 수 있는 투자대상이었다. 산업과 도시가 발달하면서
주택에 대한 수요가 증가함에 따라 슬럼의 형편없는 판잣집의 집세

도 천정부지로 올라가기만 했다. 슬럼은 급속도로 팽창했고 그곳에서 수많은 사람들이 끔찍하게 비위생적인 환경을 감내하면서 무리지어 살았다.

이러한 상황에서 채드윅(Edwin Chadwick)은 1842년 『대영제국 노동자 집단의 위생상태에 대한 보고서』(*Report on the Sanitary Condition of the Labouring Population of Great Britain*)를, 엥겔스는 1844년 『영국 노동자 계급의 상태』(*The Condition of the Working Class in England*)를,[26] 프랑스의 비예르메(Louis-René Villermé)는 1840년 『면직, 모직, 견직 공장 노동자들의 신체와 정신 건강상태』(*Tableaux de l'État Physique et Moral des Ouvriers Employés dans les Manufactures de Coton, de Laine et de Soie*)를, 독일의 드론케(Ernst Dronke)는 1846년 『베를린』(*Berlin*)을 각각 펴내었다. 이들 저자들은 모두 19세기 중엽 서유럽에서의 처참한 생활상태를 생생하게 묘사했다.

미국 도시민, 특히 노동자들의 생활상태는 본격적인 산업화가 시작되기 전에도 이미 비참함 그 자체였다.

의사인 맥크레디(Benjamin McCready)는 1837년 뉴욕의 사정에 대해 다음과 같이 기술했다.[27]

---

26) 1845년 독일에서 처음 출판되었고, 영어번역본 제1판은 1886년 뉴욕에서 간행되었다.

27) Benjamin W. McCready, "On the Influence of Trades, Professions, and Occupations, in the United States, in the Production of Disease," *Transactions of the Medical Society of the State of New York*, 1837, vol.III, p.97f. 이 논문은 1837년 뉴욕 주 의학회가 시상한 논문이다.

노동자들과 그들 가족이 건강하지 못한 가장 큰 원천 가운데 하나는 그들이 살고 있는 비좁고 누추하기 짝이 없는 아파트다. 우리 도시가 급격히 성장하고 있지만 주택수의 증가는 인구유입 속도에 전혀 발맞추지 못하고 있다. 주택이 충분하지 않기 때문에 결과적으로 집세는 하늘 높은 줄도 모르게 오르고 있다. 그리고 이러한 문제는 다른 어떤 계급보다 노동자 계급을 무겁게 짓누른다.

한 가지 예를 들자면, 캐서린 가의 형편없이 작은 이층짜리 집의 다락방을 판자때기로 막아 세 가구가 쓰고 있다. 그 다락방으로 오르는 계단은 부서졌고 다락방의 바닥에는 여기저기 구멍이 나 있다. 다락의 천장은 3.6미터나 4.2미터도 안 될 정도로 지나치게 낮아 집 처마에 매달려 있는 꼴이다. 다락의 방들 가운데 가장 큰 것이 15제곱미터 가량 된다. 한 방에만 벽난로가 있는데 그 방의 집세가 주당 1.5달러, 그리고 나머지 두 방의 집세는 각각 1달러와 1.25달러다. 따라서 이 형편없는 다락 전체의 셋값은 연간 무려 195달러에 달한다.

이 집의 지하에도 사람들이 살고 있다. 비좁고 습기가 가득하며 채광시설이라고는 다 깨진 유리창문 하나, 그리고 벽은 벽지도 바르지 않은 기초석으로 되어 있어 끊임없이 습기가 배어 나오는 이 방의 집세는 석달에 65달러인데 그것도 선불로 내야만 한다. 예로 든 이 집만 그런 것이 아니다. 내가 조사한 모든 경우에서 가난뱅이 노동자들은 마찬가지로 누추한 방에 대해 비슷한 집세를 치르고 있었다.

밀집해서 살기 때문에 또 다른 해악이 생기기도 한다. 우리 사회의 빈곤계층이 살도록 지은 집의 상태나 터무니없이 비싼 집세는

현대식 건물로 손꼽히는 볼티모어 미술관

이처럼 이미 상례적인 것이다. 양조장이나 제당공장용으로 지은 커다란 건물을 여러 개의 비좁고 어두침침한 방으로 나누어 가족 단위로 세를 준 경우들도 있었다. 다른 경우들에서, 어떤 탐욕스런 땅주인들은 좁다란 골목에 다닥다닥 붙은 다가구 판잣집들을 지어 싸지도 않은 셋값으로 여러 세대에 세를 주어 막대한 이득을 얻기도 했다. 골목은 폭이 1.8미터도 되지 않는 경우가 종종 있으며 바닥에는 둥그런 돌이 깔려 있어 배수가 제대로 되지 않는다. 그리고 아예 움집 같은 지하실에 사람이 사는 것도 흔히 보는 일이다.

그러한 상태에서 신체적인 병뿐만 아니라 도덕적인 질병, 불건강만이 아니라 부도덕한 모습을 발견하게 되는 것이 어찌 신기한 일일 수 있겠는가? 우리가 그러한 조건 아래 사는 남성들이 건전하고 질서를 잘 지키며, 여성들은 청결하고 집안일에 충실하기를 기대할 수 있을까? 그러한 상황에서 여름 내내 설사병과 이질이 창궐하고 특히 어린이들이 죽어가고 있다. 여러 유형의 연주창(목 부위의 림프절에 생기는 결핵—옮긴이)도 흔히 보인다. 두창, 홍역, 성홍열 따위의 여러 가지 병은 슬럼의 재 속에 잠복해 있다가 창궐할 조건이 마련되면 한껏 기승을 부린다.

슬럼은 지금도 여전히 도시의 암적 존재다. 사람들의 건강을 지켜주어야 할 집이, 많은 경우 질병발생의 주요한 원인이 되어왔다. 많은 도시가 오늘날의 수송수단과 현대적인 위생상의 요구에 걸맞지 않기 때문에 대대적으로 재건축할 필요가 있다. 그러한 점에서 최근 들어 개선이 이루어져 몇몇 최악의 슬럼은 사라졌고 그 자리에 보다 위생적이고 살기에 쾌적한 주택이 들어섰다.

그러나 주택문제 해결은 아직도 요원하다. 비싼 집세를 물 수 있을 만큼 경제적으로 여유 있는 사람들조차 도심 밀집지역에 있는 아파트에 살면서 사생활을 침해받고 이웃집 라디오 소리나 그 밖의 야만적인 소음에 끊임없이 시달리고 있다. 나는 중산층의 이혼 가운데 많은 경우가 집이 비좁아 가족들이 "각자 자신의 방"을 가질 수 없는 데에서 기인한다고 확신한다.

건강이 인간복지에 필수적인 것이라면 주택문제는 가장 중요하게 다루어져야 한다. 그리고 그렇기 때문에 주택은 오늘날 그러하듯이 투기대상이나 이윤의 원천이 되어서는 안 된다. 경쟁적인 사업심리로는 현대 사회의 주택문제를 제대로 파악할 수 없으며 따라서 그러한 문제를 해결할 수도 없다.

병원들

질병발생에 따라 특별한 의복이 개발되었듯이 질병은 특수한 형태의 건축물들을 만들어내었다. 그러한 것들 가운데서도 주요한 것은 병원이다. 근대 이전까지 병원(hospital)은 오늘날의 병원이라기보다는 빈민과 나그네들에게 거처를 제공하는 여관이나 수용소 구실을 했다. 그러던 것이 근대에 들어서 가난한 환자들을 간호하고 그들에게 공짜로 진료를 해주는 곳으로 성격이 바뀌었다. 19세기 이래 의학이 비약적으로 발전하여 무균수술법과 더 정교하고 정확한 진단법 등이 개발되면서 병원은 더 이상 끔찍한 죽음의 장소가 아니라 부자든 가난한 자든 기꺼이 찾는 모든 의료활동의 중심장소가 되었다.

병원은 중세 초기의 수도원에서 환자에게 제공되던 몇 안 되는 방들로부터 중세 말과 르네상스에 이르러서는 커다란 병동을 몇 개씩 거느리는 당당한 건축물이 되었다. 아직도 남아 있는 밀라노의 오스페달레 마조레(Ospedale Maggiore)와 같이 그러한 건물은 도시의 자랑거리였다. 그리고 마침내 병원은 크고 작은 병실, 일광욕실, 진찰실과 수술장, 현대식 장비로 가득 찬 검사실과 연구실험실 등을 갖춘 매우 복잡한 기관이 되었다. 과거에는 모든 사람이 병원에서 죽음의 그림자를 느끼고 침울해했지만 현대식 병원에는 그러한 어두움이 거의 남아 있지 않다. 물론 오늘날에도 병원은 질병과 부상으로 고통받는 사람들로 가득 찬 곳이지만, 생명이 강조되고 있다.

제2장 질병과 경제

자신의 욕구를 충족시키기 위해, 인간은 노동을 해야만 했다. 심지어 열대지방에서도 열매를 따고 물고기를 낚고 사냥을 해야만 했다. 문명이 발달함에 따라 사람의 욕망도 커졌다. 식물을 재배하고 가축을 사육할 수 있게 된 것은 사람에게 커다란 이득을 주었다. 이런 것들이 사람들에게 더 많은 안정을 가져다주었기 때문이다.

그러나 땅을 갈고 거기에 물을 대어 곡물을 경작하여 가을걷이를 하거나 소에 꼴을 먹이기 위해서는 여전히 중노동이 필요했다. 또 몸을 치장하고 보호하기 위한 옷을 짓기 위해서 짐승의 가죽을 벗기거나 실을 자아 옷감을 만드는 따위의 일을 해야 했다.

노동을 하여 오두막을 짓고, 가죽배를 만들고, 돌을 다듬어 연장을 만들고, 불을 지폈다. 점차적으로 원시적인 노동의 분화가 일어났다. 남성은 사냥꾼, 소치기, 전사의 역할을, 여성은 밭일이나 집안일을 담당하게 되었다.

노동의 가치
점차 문명이 발달하고 복잡다단해지자 그에 상응하여 다양한 욕구가 생겨나고 또 그에 따라 노동의 강도도 강화되었다. 우리는 종종 현대인들은 자신들의 욕구를 충족시킬 수단을 얻기 위해 대부분의 시간을 일하면서 보내지만 막상 그러한 수단을 실제로 활용할 시간은 거의 없다는 이야기를 듣는다. 그러나 그러한 말은 의식적이든 아니든 간에 현대 문명인들의 최대의 가치는 창조적이며 사회적으로 유용한 일을 하는 것이라는 사실을 간과하고 있다는 점에서 오류라고 할 만하다. 이 사실이야말로 문명사회의 진정한 척도다. 사람은 자기 중심적인 고립된 개체가 아니라 서로 협동하는, 사회의 유용한 구성원이기 때문이다.

농민은 자신의 노동으로 자기 자신과 가족을 부양하고 몇 가지 필요한 물건을 살 수 있을 만큼의 이득을 남긴다는 점에서만 만족하는 것이 아니다. 농민의 만족은 또한 자신이 자연에 대해 지배력을 갖고 있다는 것, 즉 흙을 더욱 비옥하게 만들고 거기에 작물을 경작할 수 있다는 데서 나온다. 봄에는 들판에 새싹이 돋고 여름에는 무거운 이삭이 가을걷이를 기다리는 모습을 보면서 농민은 그러한 것이 자연의 섭리일 뿐만 아니라 자기 노력의 대가라는 사실에 긍지를 가지는 것이다.

농민은 비옥한 토양을 사랑한다. 농민의 사회적 의식이 깨어 있다면 흙에 대한 자신의 노동이 사회의 기본적 요구를 충족시키는 일이라는 사실도 깨닫게 된다. 고장난 자동차를 고치는 기술자는 그 일로 돈을 벌기 때문만이 아니라 자신의 기술을 시험해보고 그 기술이 만족스럽다고 느끼기 때문에 자동차의 시동소리를 들으면서 만족감을 느끼는 것이다.

진실로 노동은 인류에게 부과된 저주나 고통이 아니라 가장 큰

광산의 건강장애, 16세기(게오르크 아그리콜라, 『금속에 관하여』, 1530)

축복이다. 노동은 사람을 고귀하게 하며 삶에 의미와 가치를 부여
한다. 노동은 그것이 없다면 인생이 살 만한 보람이 없을 물질적이
고 문화적인 가치를 창조한다. 인류사회가 진보해왔다면 그것은 바
로 사회구성원 모두의 협동과 노력 때문이다.

　노동은 일상적 삶의 균형을 잡아주고 그 리듬을 고르게 해준다는
점에서 건강에 매우 중요한 요소다. 사용하지 않는 근육은 곧 위축
되며 머리를 쓰지 않으면 우리의 정신은 황폐해진다. 실업자들은
실업으로 인해 생활수준이 악화되기 때문만이 아니라 강요된 나태
로 삶의 리듬이 깨짐으로써 신체적, 정신적 균형이 무너지기 때문

탄광의 노동환경, 19세기(『탄광과 탄갱에 관한 어린이 고용문제위원회 보고서』, 런던, 1842)

에 원래 몫 이상으로 건강상 부담을 지게 된다.

　인류의 역사는 사람의 탐욕과 어리석음이 노동의 가치를 얼마나 훼손하고 모욕해왔는지를 여러 증거를 통해 생생히 보여준다. 즉 너무나 자주 노동은 사람에게 건강을 가져다주는 대신 질병을 떠안겼다. 노동은 양과 질의 두 가지 측면에서 해로울 수 있다. 휴식과 여가활용으로 적절히 보상받지 못하는 지나친 노동은 사람의 신체와 정신을 갉아먹어 타고난 저항력을 약화시킨다. 다른 한편, 부적절하고 위험한 작업환경과 조건 때문에 해로운 직업도 많이 있다.

　모든 고대 문명에서는 소수의 사람들이 토지와 그 밖의 생산수단을 독점했다. 전쟁포로는 노예가 되었으며 고대의 경제는 대체로 이들 노예들에 의한 노예경제 체제였다. 잦은 전쟁으로 혼란한 시절에는 노예를 별 어려움 없이 얻을 수 있었기 때문에 개개 노예들의 삶은 전혀 고려의 대상이 되지 않았다.[1]

산업의학의 창시자 베르나르디노 라마치니(1633~1714)

우리는 어떤 문명을 평가할 때 예술적 성취를 기준으로 삼는 경향이 있다. 많은 예술품이 여러 세기를 지나는 동안에도 살아남아

---

1) H.E. Sigerist, "Historical Background of Industrial and Occupational Diseases," *Bulletin of the New York Academy of Medicine*, 1936, 2nd Series, vol.12, pp.597~609를 보라.

당시만큼이나 생생한 인상을 우리에게 주기 때문일 것이다. 예를 들어 이집트의 피라밋은 위대한 창조정신과 매우 발달한 기술을 잘 보여주지만, 우리는 너무나 쉽게 몇만 명도 넘는 노예들의 피와 땀으로 그것들이 세워졌다는 점을 간과한다. 우리는 이집트의 벽화와 부조에 묘사되어 있듯이 노예들이 채찍을 맞아가면서 일을 했다는 사실을 알 수 있다. 도시노동자들의 삶도 노예들보다 크게 낫지 않았다. 흔히 볼 수 없는 한 이집트 문서는 다음과 같이 반란의 소리를 우리에게 전해주고 있다.[2]

나는 여태껏 사신(使臣)처럼 품위 있게 구는 대장장이나 주조공을 본 적이 없다. 그동안 내가 본 것은 자신의 작업장에서 일하는 금속공이다. 그는 고로(高爐) 앞에서 엄청난 열에 그대로 구워질 지경이다. 또 석공들은 온갖 악천후와 위험에 노출된 채 벌거숭이 상태로 일한다. 그들의 팔은 심한 노동으로 기진맥진하고, 그들이 먹는 음식은 먼지와 그 밖의 온갖 잡동사니로 뒤섞여 있다. 그 초라한 음식말고는 먹을 것이 없어 배가 고프면 애꿎은 손톱을 물어뜯는다. 이발사들은 주린 배를 채우기 위해 자신의 팔이라도 부러뜨려 먹을 판이다.

가내수공업에 고용된 직공들의 사정은 집안일을 하는 여인네들보다도 못하다. 그들은 무릎이 배에 닿을 정도로 웅크리고 일하기 때문에 숨도 제대로 쉴 수 없다. 선창에서 일하는 세탁부들은 악어떼와 이웃 사촌이다. 염료공들은 산란한 물고기 같은 악취를 풍

---

2) *Papyrus Sallier*, 2, 4, 6, and f.

긴다. 그들은 눈이 완전히 풀린 채 끊임없이 손을 놀려 일해야 한다. 그들은 진종일 떨어진 옷을 꿰매야 하기 때문에 옷이라면 지긋지긋하다.

산업재해와 직업병

그리스인들이 만든 우아한 청동조각들은 여전히 우리를 즐겁게 한다. 그러나 우리는 청동을 주조하는 데 필요한 구리, 주석, 석탄이 좁디좁은 지하갱도에서 지열과 매연에 거의 질식된 채 하루에 열 시간 이상 일하는 노예와 죄수들이 파낸 것이라는 사실은 곧잘 잊는다.

고대의 공장은 대개가 소규모였다. 숙련공들은 유럽 이외의 지역에서는 요즈음도 그렇듯이 바깥에서 일하는 경우가 흔했다. 따라서 작업시의 위험은 후대에 비해 별로 심각한 문제가 아니었다. 그런데도 직업병이 발생했다. 『히포크라테스 전집』에는 납중독 사례가 기술되어 있으며,[3] 플리니우스는 납, 수은, 유황이 그것들을 다루는 노동자들에게 매우 큰 해를 끼친다고 언급했다.[4]

마르티알리스(Martialis), 유베날리스(Juvenalis), 루크레티우스(Lucretius)와 같은 시인들도 몇 가지 직업에 따르는 위험을 언급하고 있으며, 유황노동자[5]와 대장장이[6]에게서 특별히 보이는 질병, 점쟁이의 정맥류[7]와 금광노동자의 가혹한 운명[8] 등에 대해 묘

---

3) *Epid*. IV, 25; ed. Littré V, 164~166.
4) *Nat. Hist*. XXXIV, 50; XXXIII, 40.
5) Martial, *Epig*. XII, 57, 14.
6) Juvenal, *Sat*. X, 130.
7) Juvenal, *Sat*. VI, 397.

사하고 있다. 그러한 사정에도 불구하고 노동자들 스스로 조심하는 것 이외에는 어떤 보호조치도 취해지지 않았다. 플리니우스에 따르면[9] 연단공(鉛丹工)들은 얇은 막이나 오줌보로 마스크를 만들어 얼굴에 썼다. 의사의 진료를 받을 수 있었던 이들은 당시 사람들에게 유흥거리를 보여주는 검투사들뿐이었다.

중세시대 말과 르네상스 시기에는 금속에 대한 수요가 상당히 증가했다. 교역이 활발해지면서 결제수단으로 금이 더 많이 필요하게 되었다. 또 14세기 무렵부터 화약무기의 사용이 늘어나면서 많은 양의 납, 구리와 철이 쓰였다. 이렇듯 새롭게 발달하는 산업에 쓰일 원료의 수요가 증가했다. 여러 노천광이나 야트막한 광산에 매장되어 있던 광물들이 고갈되자 좀 더 깊이 파들어 가야 할 필요가 생겼다. 광산이 깊어질수록 광업은 점점 더 위험한 일이 되었다. 지하수, 가스, 기계적인 손상 따위가 주된 위험요인이었다.

광원(鑛員)들에게 잘 생기는 직업병에 대한 단행본이 16세기에 처음 씌어진 것은 우연한 일이 아니었다. 실제로 광산촌에서 많은 체험을 한 파라셀수스(Paracelsus)가 그러한 종류의 문헌을 펴내는 첫 작업을 했다. 파라셀수스의 『광원병과 그 밖의 산악병들에 대하여』(Von der Bergsucht und andern Bergkrankheiten)[10]가

---

8) Lucretius VI, 811.

9) Nat. Hist. XXXIII, 40.

10) On the Miners' Sickness and Other Miners' Diseases. Translated from the German, with an Introduction by George Rosen. In: Four Treatises of Theophrastus von Hohenheim Called Paracelsus, edited, with a preface by Henry E. Sigerist, Baltimore, The Johns Hopkins Press, 1941, pp.43~126.

처음 출판된 것은 1567년이지만 아마 1533~34년 무렵에 씌어진 것으로 생각된다. 그 책은 그러한 주제에 대한 최초의 본격적인 저서다. 그리고 1556년에 발간된 아그리콜라(Agricola)의 『금속에 관하여』(*De re metallica*)[11]를 필두로 광산에 관한 책에는 한결같이 광원병에 관한 장이 마련되었다.

광업은 이 시기에 가장 기본적인 산업이었고, 또한 가장 위험한 업종이기도 했다. 그 밖의 산업들도 그보다 덜 해롭기는 했지만 각각 독특한 위험요인을 안고 있었다. 금 세공업자들은 증기와 매연에 노출되었다. 이 문제에 대해서는 아우크스부르크에서 활동하던 독일인 의사 엘렌보크(Ulrich Ellenbog)가 일찍이 1473년 『산업 위생과 독성학에 대하여』(*Von den gifftigen besen tempffen und reuchen*)[12]라는 소책자로 펴내었다. 이것은 필사본 형태로 관련 업자들 사이에 회람되다가 1524년 무렵에는 정식으로 출판되었다.

산업혁명 이전 시기, 각종 산업과 여러 가지 직업에 나타나는 건강상태와 건강에 대한 위험은 1700년에 처음 출판된 라마치니(Bernardino Ramazzini)의 고전적 명저 『노동자들의 질병에 관하여』(*De morbis artificum diatribe*)[13]에 잘 묘사되어 있다. 그러

---

11) 후버 부부(Herbert C. and Lou Henry Hoover)가 번역한 영어판은 1912년 런던에서 출간되었다.

12) *On the poisonous wicked fumes and smokes*. A facsimile of the German original was published by Franz Koelsch and Friedrich Zoepfl in Munich, 1927.

13) 영어판 초판은 1705년 다음의 제목으로 출간되었다. *A treatise of the diseases of tradesmen, shewing the various influence of particular*

한 책이 바로 그 시기에 씌어진 것도 결코 우연이 아니다.

17세기는 기계론의 시대였으며 당대의 많은 저명한 의사들은 의역학자(醫力學者)였다. 라마치니는 그러한 경향을 두고 "오늘날에는 의학이 거의 전적으로 역학(力學)으로 변해버렸다. 의학교에서는 자동인형에 대해 끝도 없이 떠들고 있다"[14]라고 했다. 의사들은 인체의 장기와 기계를 끊임없이 비교했기 때문에 기술자들이 사용하는 기계와 연장에 관심이 많을 수밖에 없었다.

라마치니는 우연한 기회에 노동자들의 질병에 관심을 가지게 되었다.[15]

나는 노동자들의 질병에 대해 이러한 책을 써야겠다는 생각을 처음으로 갖게 된 사건에 대해 언급할 것이다. 규모에 비해 인구가 많은 이 도시에서는 자연히 집이 다닥다닥 붙어 있을 수밖에 없으며 또 층도 높아지게 마련이다. 그리고 삼 년에 한 번씩 차례차례 각 집을 손보고 가로를 따라 여러 방향으로 달리고 있는 하수도를 청소하는 것은 이 도시의 관례다.

마침 우리 집에서 이러한 일을 하게 되었으며, 나는 인부 가운데 한 사람이 죽은 자를 저승으로 건네주는 뱃사공 카론(Charon)을

---

trades upon the state of health ; with the best methods to avoid or correct it, the useful hints proper to be minded in regulating the cure of all diseases incident to tradesmen. 1713년의 개정 라틴어판은 1940년 라이트 (Wilmer Cave Wright)의 영어번역과 각주로 시카고 대학교 출판부에서 출간되었다.

14) Ed. Wright, p.11.

15) *L.c.*, pp.97, 99.

만난 듯이 거의 죽을 상으로 일하는 모습을 보았다. 그는 수심에 가득 찬 듯이 보였으며 전력을 다하고 있었다. 나는 그렇게 지저분한 일을 하는 그가 가여워서 왜 그렇게 힘들게 일하는지, 중노동에 따르기 마련인 피로를 피하기 위해서는 쉬엄쉬엄 일해야 하는데 왜 그러지 못하는지를 물었다. 그 불쌍한 인부는 근심이 가득한 눈을 힘겹게 올려 뜨고는 나를 바라보며 말했다. "이러한 일을 해보지 않은 사람은 이런 데서 네 시간 이상 일하게 되면 어떤 일이 생기는지 짐작도 안 갈 거예요. 장님 되기 십상인 걸요."

나중에 그 인부가 시궁창에서 올라왔을 때 눈을 면밀히 관찰했더니 눈에는 심하게 핏발이 섰고 초점도 흐릿했다. 나는 하수구 청소부들이 이러한 눈병에 대해 규칙적으로 받는 특별한 치료가 있는지를 물었다. "그저 이럴 뿐이지요." 인부가 대답했다. "일이 끝나면 제가 이제 그렇게 할 것처럼 곧장 집으로 가지요. 그러고는 어두침침한 방에 드러누워 한나절을 보내지요. 때때로 미지근한 물로 눈을 씻기도 하구요. 그렇게 하면 눈 아픈 것이 조금 나아지기도 한답니다."

나는 계속 물었다. 목구멍이 화끈화끈하거나 그 밖에 다른 호흡기 증상이 있는지, 또 갑자기 골치가 쑤셔오는 일이 있는지, 시궁창 속의 악취 때문에 콧구멍에 이상이 생기거나 구역질을 심하게 하지는 않는지. "뭐, 이런 일을 하다 보면 눈에 이상이 생기는 게 문제지 다른 거는 괜찮아요. 그렇지만 이런 짓을 조금만 더 오래 하면 다른 사람들이 그런 것처럼 저도 곧 눈이 멀 거예요." 그렇게 말한 뒤에 그 인부는 나에게 인사를 하고 눈에 손을 꼭 댄 채로 집으로 돌아갔다. 이런 일이 있은 뒤에 나는 반쯤 또는 완전히 장님이 되어 마을에서 거렁뱅이 노릇을 하는 몇몇 하수구 청소부들을 목격했다.

라마치니는 마흔한 가지 직업의 노동조건과 건강상 위해에 대해 조사하여 그 직업들에 특이한 질병, 그리고 각각의 치료법과 예방법에 대해 기술했으며 거기에 '지식인들의 질병'이라는 항목을 덧붙였다. 라마치니는 제2판에서는 그 밖의 열두 가지 직업에 관련되는 질병을 추가했다.

라마치니는 직업병을, 취급하는 재료와 물질에 기인하는 것과 노동행위에 발병원인이 있는 것 등 크게 두 가지 범주로 나누었다. 그것은 그야말로 탁월한 발상이었으며 그 뒤로 그러한 문제에 관심을 갖는 대부분의 의사들에게 받아들여졌다. 라마치니는 매우 겸손하게도 자신의 저서를 "불완전한 시도"라고 했지만, 그 책은 곧 높은 평판을 얻어 판을 거듭했고 여러 나라 말로 옮겨졌다. 그리고 산업혁명이 일어나 새로운 상황이 벌어질 때까지 그 책에 기술된 것 외에 더 추가된 것은 거의 없었다.

미국에서 직업병에 관한 의학문헌이 나온 것은 1837년 맥크레디가 『뉴욕 주 의사회 잡지』에 논문[16]을 게재한 때부터인데, 맥크레디의 그 논문은 우수논문상을 받았다. 당시의 미국 경제는 여전히 농업경제였다. 그리하여 맥크레디는 미국이 공업을 발전시키는 대신

---

16) "On the Influence of Trades, Professions, and Occupations, in the United States, in the Production of Disease," *Transactions of the Medical Society of the State of New York*, 1836~1837, vol.3, pp.91~150; new edition by Genevieve Miller, in preparation.

농업국가로 남는 것이 더 나은 건 아닌지 하는 문제를 매우 심각하게 제기했다. 그 무렵에 대운하와 첫 번째 철로가 건설되고 있었다.

뉴잉글랜드 지방에는 주로 수력에 의존하는 직물산업이 있었을 뿐 나머지 산업은 수공업 상태에 머물러 있었다. 따라서 맥크레디가 묘사한 상황은 라마치니가 기술한 것과 크게 다르지 않았다. 맥크레디는 수많은 노동자들이 건강하지 못한 것은 직업 자체보다도 전반적인 작업환경과 생활조건의 열악함, 가게의 불량한 환기상태, 오물, 운동부족과 폭음 등 방탕한 생활에 기인한다고 주장했다. 몇몇 공공사업에서는 노동자들이 임금의 일부로 하루에 위스키 다섯 잔을 받기도 했다.

원문 그대로 옮길 가치가 있을 정도로 흥미로운 글에서 맥크레디는 미국인들이 건강하지 못한 것 가운데 많은 부분이 지나치게 부를 추구하는 데에서 기인한다고 했다.

다른 나라에 비해 미국의 인구가 많다는 것은 걱정스러운 부분이다. 모든 계급들은 부를 갈망하거나 체면을 유지하기 위해 노력한다. 우리 모두에게 내재되어 있고 아마도 각기 처한 조건의 정도에 따라 활발해질 모방의 원리로부터 가난한 사람들은 부유한 사람들의 습관이나 생활양식을 따라하려고 한다. 식료품의 가격이 낮고 집세가 쌌던 과거에는 같은 수입으로 오늘날에 비해 상대적으로 안락하고 풍족하게 가족들을 부양할 수 있었다. 노동자들은 자신들이 과거에 누렸던 안락함과 현재 상태를 비교한다.

모든 사람이 성공적인 투기로 짧은 시간에 거대한 부가 쌓이는 모습을 지켜보았기에, 그러한 투기에 대한 격정이 온 사회의 모든 계급을 휩쓸었다. 이런 이유로, 그리고 아마도 우리의 정치체제의 특성 때문에, 또한 투기열풍의 영향으로, 우리는 근심걱정으로 초췌해진다. 지금 이러한 현상이 산업과 경제에는 도움이 될지 몰라도 건강에는 해독을 끼치지 않을 수 없다.

해로운 효과가 얼마나 클지를 계산하는 것은 불가능하다. 하지만 한 개인의 차원에서는 큰 문제가 아닐지 모르지만 국민 전체를 생각할 때에는 중차대한 문제라는 점은 파악할 수 있다. 그리고 부모들의 전반적인 건강을 해쳤던 요인들이 자식들에게도 그대로 전해질 수 있다는 점을 생각할 때, 그 문제는 매우 중요한 것 가운데 하나가 된다. 나 개인적으로는 국민들의 창백하고 건강하지 못한 모습이 이 나라에 급격한 경제성장과 예를 찾아볼 수 없는 번영을 가져온 바로 그 요인들에 기인한다고 확신한다.

산업혁명은 초창기에 사람들의 건강에 매우 나쁜 영향을 미쳤다. 새로운 산업은 아이와 여성 등 숙련되지 않은 노동자들을 많이 양산했다. 유럽의 인구가 급속히 증가했고, 또 많은 이민자들이 미국의 도시 주변으로 몰려들었다. 그들은 불결한 위생환경에서 오랜 시간 일했고 위생설비 없이 최저 소득으로 슬럼에서 살았다. 경제위기가 생길 때마다 사회적으로 유용한 집단인 이들은 더욱 가난해졌으며 생존을 위해 자선에 더 의존해야 했다.

사회가 혼란스러워지면서 상황은 더욱 나빠졌다. 병든 노동자들은 사회 전체의 건강에 대한 위협으로 여겨졌다. 1831년 영국 웨스트요크셔 주의 리즈에서 일하던 의사 태크라(C. Turner Thackrah)는 소책자를 발간했다. 책 제목은 『주요한 기술직, 노무직, 전문직,

116

그리고 도시상태와 생활습관이 건강과 수명에 미치는 영향』(*The Effects of the Principal Arts, Trades, and Professions, and of Civic States and Habits of Living, on Health and Longevity*)으로, 이에 대해 상세히 묘사하고 있다.

1821년 공업도시 리즈에서 55명 중 1명이 죽은 반면에 시골지역에서는 74명 중 1명이 죽었다. "공장의 해로운 환경과 인구밀집, 나쁜 생활습관으로 리즈에서 한 해 동안 적어도 450명이 사망한다"라고 태크라는 결론을 내렸다(1832년, 제2판).

우리는 인위적으로 만들어진 사회구조 때문에 자연이 나누어준 목숨을 빼앗기는 희생자를 매일 한 명, 때로는 두 명씩 본다. 리즈에서는 해마다 450명이 죽어 나가지만 이를 불쌍히 여기지 않고 하찮은 일로 생각한다. 또한 생존자 10명 중 9명에게서 보이는 손상된 건강, 가벼운 질병, 정신적 및 신체적 붕괴에 무관심하다. 이런 고통스러운 현상이 단지 리즈에만 있는 것은 아니다. 런던, 셰필드, 맨체스터, 버밍햄 같은 도시들의 사망률은 매우 높으며, 그러면서도 인구는 과도하게 증가하고 있다. 공업화, 도시화, 직업과 관련된 폭력으로 영국 전역에서 해마다 5만 명이 죽는다고 가정한다면, 이는 실제보다 매우 축소된 것이라고 확신한다. 우리는 그러한 과도한 사망률, 그러한 인간생명의 소모를 무덤덤하게 볼 수 있을까? 도시의 상태와 일자리에 대해 과학적이고도 인간애적인 검토가 절실하다.

태크라는 "이 문제에 대해 대중의 관심을 불러일으키기 위해" 용감하게 책을 썼다. 그는 이러한 주제를 좋아하지 않는 상류계급들을 각성시켰으며 환경이 개선될 수 있고 또 개선되어야 한다고 설득했다.

이러한 주제에 관심 있는 사람은 대부분 노동환경이 건강에 대단히 나쁘다는 사실에 동감할 것이다. 그러나 그들은 우리가 위험에 대항할 수 없으며 위험에 대한 연구는 단지 고통과 불쾌함만을 가져올 것이라고 믿는다. 내가 관찰한 바에 따르면 많은 직업에서 위험요인들을 없애거나 줄일 수 있다. 위험은 존재하기 때문에 고통스럽다. 하지만 위험을 줄이는 방법을 우리는 알 수 있고, 또 적용할 수 있다. 무관심과 무지가 유일한 장애물이다. 적절한 해법을 바로 찾을 수 없더라도 관찰과 토론을 통해 해결할 수 있을 것이다. 끈기 있는 탐구와 결단성 있는 노력이 없다면 인간정신이 공정하다고 할 수 없다.

태크라의 관찰은 채드윅이 1842년 출판한 『대영제국 노동자 집단의 위생상태에 대한 보고서』(*Report on the Sanitary Condition of the Labouring Population of Great Britain*)로 더욱 확고해졌다. 또 1831년부터 시작된 아시아 콜레라가 전 유럽으로 번져 나가 노동자들을 휩쓸고 전 인구를 위협한 것도 태크라의 주장을 뒷받침했다.

개선은 서서히 이루어졌다. 1802년 영국에서 제정된 '견습노동자들의 건강과 도덕에 대한 법'은 면직공장에서 아동들의 노동시간을 12시간으로 제한했다. 1833년의 법은 12세 이하 어린이들의 노동시간을 하루 8시간 넘지 못하게 금지했으며 13~18세는 12시간 이하로 금지했다. 공장감독관들이 임명되어 법을 지키는지 감시했다. 그런데도 불법적인 행위는 근절되지 않았다. 1842년에는 10살 이하의 어린이와 여성들이 지하갱도에서 일하지 못하도록 조치했고 1847년에는 여성과 소년들의 노동시간이 하루 10시간으로 제한됐다. 그러나 영국의 공장들에서 10살 이하 어린이의 고용은 1874년까지 허용되었다.

위생환경은 1848년 세계 최초로 '공중보건법'이 발효된 이후 개선되었다. 또한 영국에서 1824~25년 무렵부터 노동자들은 노동조합을 만들 권리를 획득해 나갔다. 그 뒤 100년이 넘는 투쟁을 통해 노동자들은 노동환경과 생활환경을 점차 개선하게 되었다.

영국은 산업화의 모든 영향을 처음으로 경험한 나라로 유럽 대륙이나 미국에 비해 성숙되지 않은 상태에서 산업화가 진행되었다. 나라마다 상황은 달랐지만, 곧 모든 나라가 노동법을 제정하여 노동자들을 보호하게 되었다.

오늘날 대부분의 서방국가는 공업화된 사회다. 공장에서 많은 종류의 생활필수품이 대량생산되며 농업조차도 기계화되었다. 우리가 이러한 발전을 좋아하든 그렇지 않든 우리는 이것을 사실로 받아들여야 한다. 중세의 수공업 시대로 되돌아갈 수는 없다. 현대의 기계화된 산업은 계속 존재할 것이다. 그것은 삶의 수준을 높이고 복지와 대중의 건강을 높이는 데 기여했다. 다른 한편, 그것이 건강에 유해한 새로운 요소를 만들어냈다는 것도 의심의 여지가 없다. 노동자들은 지속적으로 매우 위험한 물리적, 화학적 요소들을 다루고 있다. 게다가 노동과정의 극심한 분화로 노동은 단조로워졌고 노동자들이 중요하고 창조적인 과정에 참여하는 것은 어려워지고 있다.

국가의 부는 주로 공업, 농업 노동자들에 의해 만들어지므로 사회는 그들에게 생길 수 있는 위험을 줄이는 데 모든 수단을 동원해야 한다. 기계화의 목적은 사람의 복지를 증진시키는 데 있음을 항상 명심해야 한다. 또한 그 목적은 인간이 해왔던 위험한 일들을 기계가 대신해내는 것이다. 노동자 보호를 위해 과학적인 연구를 하고 기준을 설정해야 하며 이를 위해 법을 제정해야 한다. 산업재해와 직업병은 노동자에게 대가를 지불해야 하는 고용자의 책임이며, 임금삭감이나 장애에 대해서 적절한 보상이 이루어져야 한다.

1910년 뉴욕과 밀라노에 처음으로 산재병원이 문을 열었다. 노동자에 대한 보상은 1883년 독일에서 전반적인 사회보장제도의 한 부분으로 처음 마련되었다. 영국에서는 산재보상법이 1897년 처음 통과되었고, 1906년의 개정으로 31개의 직업병이 대상에 포함되었다. 산업이 엄청나게 발전한 미국은 노동자들에 대한 산업재해 보상을 도입한 마지막 나라들 가운데 하나다. 1900년부터 관련 법안들이 통과되어 오늘날 한 개 주를 제외하고 발효 중이다. 그러나 여전히 많은 주에서는 직업병에 대해 보상하지 않는다.

사회가 필요로 하는 많은 직업이 가장 좋은 위생환경에서 일한다 하더라도 건강에 유해하다. 직업병의 나쁜 영향을 제거하는 가장 좋은 방법은 휴식과 재충전을 위한 유급휴가를 제공함으로써 노동시간을 줄이는 것이다. 사실, 휴가만으로는 충분치 않다. 1년 내내 분진을 들이마시는 광원들, 뜨거운 금속을 끊임없이 다루는 제련공들, 직조공장에서 하루 종일 베틀 앞에 서 있는 여성들, 불타는 태양 아래에서 과일을 따는 농업노동자들에겐 연중 한 차례 이상의 휴가가 필요하다.

그들은 또 적절한 의료서비스가 필요하다. 우리는 기계를 정기적으로 정밀검사한다. 이는 기계가 영구히 고장나기 전에 수리를 하는 것이 더 경제적임을 알기 때문이다. 똑같은 원리를 왜 인력관리에는 적용하지 않는가? 예방의학 프로그램은 휴식과 재충전을 위해 노동자들에게 정기적인 휴가가 필요하다고 말한다. 또 그들이 심각한 병에 걸리기 전에 정기적인 건강검진과 가벼운 병을 치료하는 시설이 필요하다고 말한다.

산업의 성장은 여성들의 협력 없이는 불가능했다. 여성노동력은 사실상 섬유산업을 창조했고 결과적으로 여성들의 사회적, 경제적인 해방에 공헌했다. 여성들은 생산과정에 참여함으로써 여성 자신의 소득을 올리고 남성들과 똑같은 권리를 요구했다. 그러나 여성은 항상 임신이라는 사회적인 역할과 부담을 안고 있다. 그러므로 사회는 일하는 여성들의 건강을 보호하기 위해 특별한 규정을 만들어야 한다. 여성들은 특별히 위험하거나 신체적으로 격렬한 작업에 투입되지 않아야 하며 출산 전후에는 적절한 보호를 해주어야 한다. 또한 여성들의 어린 자녀들을 위한 탁아시설을 마련하고 그 밖의 보호조치를 취해야 한다.

산업화는 전 세계적으로 사회구조를 크게 바꾸었다. 대부분의 서방국가들은 100년 전만 하더라도 주로 독립적인 자영업자들로 이루어져 있었다. 오늘날 사람들은 대부분 노동시장에 의존해 품삯이나 월급을 받아 살고 있다. 자본주의 생산의 불안정성은 사람들의 생활수준과 건강에 깊이 영향을 미친다. 노동자들은 노동을 의무로 받아들였다. 이제 그들은 정당하게 노동을 권리라고 주장할 법하다. 가장 위생적인 환경에서의 안정된 고용, 노동과 휴식, 재충전과 임금의 올바른 조화야말로 남부럽지 않은 삶을 보장한다. 이것이야말로 공중보건의 기본적이고 의미 있는 요소들이다.

질병의 경제적 요인과 사회적 분포

어떤 사회에서든 질병발생률은 주로 경제적 요인에 좌우된다. 이 가운데 몇 가지는 앞에서 서술한 바 있다. 낮은 생활수준, 식량과 의복과 연료의 부족, 열악한 주거환경, 그 밖에 빈곤의 다른 증상들은 질병의 중요한 원인이다.

적어도 서방세계에서 보건환경은 크게 개선되었으나 인구집단의 다양한 계층들에게 똑같이 혜택이 돌아간 것은 아니었다. 건강상태의 개선은 대체로 다음과 같이 진행되었다. 결핵과 말라리아와 같은 질병이 전체 인구를 마구잡이로 공격했다. 문명화가 진행됨에 따라 생활수준과 의료서비스가 개선되었다. 고소득자들이 먼저 혜택을 입어 질병에서 벗어났지만 저소득자들은 여전히 병에 걸리고 있다. 질병발생에서 이러한 경제적 편향성을 보여주는 예는 여러 가지가 있다.

결핵에 의한 사망률이 줄어든 것은 대단한 발전이다. 결핵으로 인한 사망률은 1857년 매사추세츠 주에서 10만 명당 약 450명이었다. 이는 꾸준히 떨어져 1938년에는 35.6명이 되었다. 미국 전체로는 1900년 190.5명에서 1938년 48.9명으로 감소했다. 그러나 이것은 평균치일 뿐이다. 이 수치를 분석해보면 사회계층에 따라 뚜렷한 차이가 있음을 곧 알게 된다. 몇 세대 전만 하더라도 질병은 모

든 계층에서 발생했다. 오늘날 질병은 주로 저소득층, 특히 비숙련
공 및 그 가족들과 관계된다. 그래서 미국에서 백인보다 흑인에게
결핵이 훨씬 많다.

프랑스 파리의 구역별 결핵발생을 분석한 자료를 보자. 1923~
26년에 부유층이 사는 16구역의 평균사망률은 10만 명당 130명으
로 노동자들이 주로 사는 20구역의 340명에 비해 현저히 낮았다.[17]
1926년 한 해 동안에는 그 차이가 훨씬 심해서 8구역의 사망률은
75명, 13구역은 306명이었다. 이는 미국의 백인과 흑인의 결핵발
병 비율인 1대 4와 비슷한 수치다. 1924년 파리 17구역에는 인구
18만 5,000명에 4,290개의 집이 있었으며 사망률은 480명이었다.
즉, 1924년 파리 17구역 시민들의 사망률은 1857년 미국 매사추세
츠 주의 사람들보다 높았다.

미국 통계학자인 브리튼(Rollo H. Britten)은 1934년 질병에 대
한 경제력의 영향을 도표로 잘 보여주었다.[18] 10개 주의 25세에서
44세까지 인구집단별 10만 명당 폐결핵 사망률은 다음과 같았다.

전문직	28.6명
사무직	67.6명
숙련노동자	69.0명
비숙련 노동자	193.5명

이런 현상은 결핵보다는 차이가 덜 뚜렷하지만 다른 질병에서도

---

17) 이 통계와 다음 통계는 R. Pierreville, *L'inégalité humaine devant la mort
et la maladie*, Paris, 1936에서 인용.

18) *Public Health Reports*, 1934, vol.49, pp.1101~1111.

나타난다. 같은 연구에서 폐렴에 의한 사망률은 아래와 같다.

전문직	5.8명
사무직	6.5명
숙련노동자	7.2명
비숙련 노동자	9.4명

이러한 고르지 않은 분포는 조사망률(粗死亡率)에도 반영되어 있다. 전체 유급노동자 1,000명당 연간 사망자 수는 8.7명인데, 직종별로는 다음과 같다.

전문직	7.0명
사무직	7.4명
숙련노동자	8.1명
비숙련 노동자	13.1명

사이덴스트리커(Sydenstricker), 휠러(Wheeler), 골드버거(Goldberger)의 조사보고서 「사우스캐롤라이나 주 7개 면방직 공장 지역주민들의 가구소득과 질병」(Disabling Sickness among the Population of Seven Cotton Mill Villages of South Carolina in Relation to Family Income)에 따르면 성인남성의 2주간 소득과 1916년 5~6월 주민 1,000명당 질병발생률 사이의 관계는 다음과 같다.[19]

---

19) *Public Health Reports*, 1918, vol.33, pp.2038~2051.

6달러 미만	70.1명
6~7.99달러	48.2명
8~9.99달러	34.4명
10달러 이상	18.5명

우리는 때때로 저소득층에서 질병발생률이 높은 이유가 경제적인 문제가 아니라 그들 집단의 체력부족이나 유전적인 문제와 관련 있다고 들어왔다. 이 때문에 그들은 저소득 상태에 머물러 있으며 질병발생률이 높다고 말한다. 미 공중보건국(PHS)이 최근의 경제 불황 동안 실시한 '건강과 불경기에 대한 연구'에서 그러한 주장은 사실이 아님이 밝혀졌다.[20] 그 조사에서 1만 2,000가구의 4만 9,000명이 다양한 질병으로 고통받고 있다고 밝혔다. 조사는 1929년에서 1933년까지 4년 동안 8개의 대도시에서 각각 소규모 지역사회 두 곳을 대상으로 시행되었다. 조사대상자들의 평균소득은 1929년 1,650달러, 1932년 870달러였다. 결과는 매우 흥미로웠다. 그 내용은 아래와 같이 요약할 수 있다.

1. 전체 질병발생률은 48퍼센트로, 1932년에 취업자가 한 명도 없는 가구는 취업자가 있는 가구보다 질병발생률이 높았다.
2. 상당히 부유하게 살던 가구가 구호대상으로 전락한 경우 질병발생률은 73퍼센트로, 4년 동안 부유한 생활을 유지한 가구보다 높았다.

---

20) G.St.J. Perrott and Selwyn D. Collins, "Relation of Sickness to Income and Income Change in 10 Surveyed Communities," *Public Health Reports*, 1935, vol.50, pp.595~622.

3. 부유하게 살던 가구가 중간정도로 생활수준이 낮아진 경우 질병발생률은 10퍼센트로, 부유한 생활을 유지한 가구보다 높았다.

4. 중간정도로 살던 가구가 빈곤계층으로 떨어진 경우 질병발생률은 17퍼센트로, 중류생활을 유지한 가구보다 높았다.

5. 부유하게 살던 가구가 빈곤계층으로 전락한 경우 질병발생률은 9퍼센트로, 원래 빈곤한 가구보다 높았다.

이러한 증거들은 질병의 발생이 경제적인 상태와 매우 밀접한 관련이 있음을 잘 보여준다. 선진국에서조차도 저소득자들은 질병의 창고역할을 하고 있다.

발전의 다음 단계는 각 나라들이 질병을 얼마나 완전하게 극복하느냐 하는 것이다. 선진국의 어느 특정한 지역에서 질병을 완전히 없앴다 하더라도, 그 질병은 나라의 빈곤한 지역 어디엔가 계속 남아 있으며, 특히 전염병들이 그러하다.

18세기 이래 서방세계에서는 페스트가 사라졌지만 여전히 아시아와 아프리카에는 남아 있다. 1896년 아시아에서 시작된 페스트는 유럽에까지 미치지 못했다. 1903년부터 1921년까지 인도에서만 1,000만 명이 페스트로 사망했다. 그렇게 전염력이 매우 높은 질병조차도 사회경제 계층에 따라 다르게 영향을 미친다. 인도에서 페스트에 의한 인구 100만 명당 사망자는 다음과 같다.[21]

---

21) Victor C. Vaughan, *Epidemiology and Public Health*, St. Louis, 1923, vol.II, p.781.

힌두교 하층민	53.7명	유대인	5.2명
브라만	20.7명	파시 교도	4.6명
이슬람 교도	13.7명	유럽인	0.8명
유라시아 족	6.1명		

콜레라, 황열, 발진티푸스와 같은 전염병은 선진국에서는 비슷한 식으로 추방됐지만 이 질병들이 완전히 근절된 것은 아니다. 후진국에서 질병들이 계속 만들어지고 있어, 후진국은 언제든 위협적인 존재가 될 수 있다. 전쟁과 혁명과 같은 큰 사건은 공중보건에 관한 통제를 약화시키며 질병은 국경을 넘어 격렬하게 부활할 수 있다. 제1차 세계대전은 중세 이래로 볼 수 없었던 전 세계적인 전염병 유행을 가져왔다. 1941~42년 겨울 동안 발진티푸스가 소련군과 독일군이 대치한 동부 전선에서 이미 기세를 올리기 시작하고 있다.

이러한 사실들을 통해 확인된 결론은 명백하다. 모든 나라에서 질병은 이용 가능한 모든 수단을 동원해 사람들을 공격하는 것이 분명하며 저소득층에서 가장 널리 퍼지고 있다. 교통수단의 발달로 세계는 더욱 좁아지고 있다. 우리는 질병을 한 나라가 아니라 국제적인 규모로 생각해야 한다. 건강문제에서 결코 무시해서는 안 되는 것이 인간적 연대다. 오늘날 의학의 진보에도 불구하고 주로 아시아와 아프리카에서는 10억 명 이상의 사람들이 과거 서방세계가 경험했던 최악의 보건상태에서 살고 있다. 그러므로 우리의 과업이 해결된 것이 결코 아니다. 이것은 단순히 의료문제라기보다는 광범위한 사회적, 경제적 조치들을 요구한다. 이렇듯 공중보건의 문제는 궁극적으로는 정치적인 것이다.

질병의 경제적 영향

이 장에서 다룰 또 다른 문제는 질병의 경제적인 영향이다.

질병은 고통을 가져올 뿐 아니라 경제적인 손실도 동반한다. 아픈 사람은 일을 할 수 없고 돈을 벌 수 없다. 종종 병은 사람을 영원히 일하지 못하게 하거나 오랜 시간 동안 일할 수 없게 한다. 가장이 실직하면 그 결과 가족들의 사회적인 지위도 떨어진다. 그리하여 병은 가난을 만들어내고 가난은 다시 병을 부른다.

질병으로 환자는 노동력을 일시적으로 또는 영구적으로 빼앗기며 그에 따라 경제적인 재앙이 생기므로 환자와 그 가족들은 전적으로 사회에 의존하지 않을 수 없게 된다. 덧붙여 말하자면, 모든 나라에서 생활필수품의 부족이나 질병으로 수많은 사람이 어른이 되기 전에 사망한다. 적절히 치료하거나 예방했다면 죽지 않았을 사람들이다. 그러한 죽음은 국가적으로도 큰 경제적 손실이다. 이와 같이 질병은 사회의 노동력을 파괴하고 개인과 집단의 생존수단을 앗아가기 때문에 사회의 경제생활에 직접적으로 관여한다. 사회가 기금을 만들어 질병의 희생자들을 돌보는 경우에는 손실이 증가한다. 구호기금 가운데 많은 비율을 질병으로 궁핍해진 사람들을 지원하는 데 써야 한다.

많은 질병은 예방할 수 있고 또 치료할 수 있다. 그러나 예방과 치료에는 돈이 든다. 사회는 의사, 공중보건 담당자, 치과의사, 간호사 등 의료종사자들의 생활을 보장해주어야 한다. 이들은 모두 교육기관에서 돈을 들여 훈련시켜야 하며 이들이 실제 치료에 필요한 지식을 습득하기까지 많은 비용이 든다. 의료행위에서 점차 중요한 역할을 하고 있는 병원의 비용지출도 지속적으로 높아져 왔다. 마지막으로 약이나 의료기구와 같은 의료물자의 공급이 급속히 증가해야 할 필요가 있다.

공적 기금이나 자선, 박애기금들을 통해 진료가 제공되기도 하지만 이런 서비스의 대부분은 개인적으로 감당해야만 한다. 그리고 대개 이러한 경우 병 때문에 경제적으로 어려움을 겪는다. 병에 대한 위험은, 개인별로는 예측하기 어렵더라도 집단적으로는 비교적 정확하게 계산할 수 있다.

수많은 사람들의 위험을 분산하기 위해 그들의 자산을 채워넣는 것과 같은 자발적인 보험의 원리가 중세 길드의 상호부조 기금으로부터 근대 소비자들의 건강조합까지 적용되어왔다. 임금노동자를 대상으로 하는 의무적 의료보험 제도는 1883년 독일에서 처음 나타난 이래 다른 서방국가들로 퍼져 나갔다. 1864년 러시아의 농촌지역에서는 세금으로 진료를 제공했으며 현재 소련은 모든 의료서비스를 "사회화"했다.

특정 지역이나 국가를 대상으로 한 유의미한 조사가 등장하기까지 누구도 질병으로 야기되는 막대한 경제적 손실을 깨닫지 못했다. 1873년 페텐코퍼는 자신의 고향인 뮌헨에서 보건의 경제적 가치를 계산해보았다.[22] 당시 뮌헨의 인구는 17만명이었고 1,000명당 33명이라는 아주 높은 조사망률을 보였다. 다시 말해 이 도시에서는 해마다 5,610명이 죽었다.

페텐코퍼는 사람들이 병으로 앓아눕는 평균날짜가 연간 20일이

---

22) *The Value of Health to a City*, Two Lectures Delivered in 1873 by Max von Pettenkofer. Translated from the German, with an Introduction by Henry E. Sigerist. Baltimore, The Johns Hopkins Press, 1941.

라는 사실을 이용해서 병으로 허비되는 날이 총 340만 일임을 계산했다. 이것을 다시 돈으로 환산할 경우, 하루당 임금손실과 치료에 드는 비용은 아주 적게 계산해도 1플로린이었다.[23] 그러므로 뮌헨은 질병 때문에 해마다 340만 플로린이라는 엄청난 금액을 손해 보고 있었다. 또한 시민들은 질병으로 총 노동시간의 5퍼센트를 빼앗기고 있었다. 이것은 조기사망으로 인한 경제적 손실을 포함하지 않더라도 어마어마한 수치다.

페텐코퍼는 그 다음으로 뮌헨의 사망률을 33명에서 당시 런던의 사망률인 22명으로 낮출 경우 손실이 얼마나 줄어드는지를 계산했다. 그는 해마다 1,870명의 생명을 구하고, 6만 3,580건의 질병발생을 줄이고 노동손실일도 127만 1,600일을 줄일 수 있음을 보여주었다. 이것은 시민들의 지출을 127만 1,600플로린만큼 절약할 수 있음을 의미했다. 이자율을 5퍼센트로 계산한다면 2,543만 2,000플로린의 수익이 있는 것이다. 페텐코퍼는 이렇듯 시민의 건강상태를 개선함으로써 뮌헨의 경제적 부를 증가시킬 수 있다는 결론을 내렸다.

그로부터 60년 뒤 미국의 의료재정위원회는 1929년 미국이 의료비로 다음과 같이 36억 달러를 지출했다고 보고했다.

---

23) 당시 1플로린(florin)이나 1굴덴(gulden)의 교환가치는 약 40센트였지만, 실제 구매력은 그보다 훨씬 컸다.

I. 인건비   (단위: 100만 달러)

   1. 의사   1,090
   2. 치과의사   445
   3. 간호사
      (a) 정규간호사   142
      (b) 간호보조원   60
   4. 보조인력
      (a) 조산사   3
      (b) 안경사   50
      (c) 발 관리사   15
   5. 기타 시술자   125
   총 인건비   1,930

II. 병원
   병원운영비   656
   설비비   200
III. 민간검사실 비용   3
IV. 소모품
   1. 약제   665
   2. 안경   50
   3. 정형외과 보조기   2
V. 공중보건   121
VI. 기타 서비스 비용   29
   ─────────────────
   총 의료비용   3,656

물론 질병에 따르는 경제적 손실은 36억 달러보다 훨씬 많다. 따라서 의료비용에 임금손실, 조기사망으로 인한 경제적 손실이 더해져야 한다. 여건이 매우 좋은 미국에서도 질병 때문에 100억 달러 정도의 손해를 보고 있는 것으로 추정되었다.[24]

---

24) I.S. Falk, *Security Against Sickness*, New York, 1936.

제3장 질병과 사회생활

　아무도 혼자 살 수는 없다. 친척이나 친구가 한 명도 없는 아주 궁핍한 사람조차도 권리와 책임이 부여된 집단의 일원이며 사회의 일원이다. 우리는 지능, 기술, 능력을 철저히 잘 활용할 수 있는 고도로 전문화된 사회에 살고 있다. 내 사무실을 청소하는 잡역부나 우편배달부의 경우 특별한 지식이나 훈련 없이도 맡은 일을 잘 해낼 수 있다. 하지만 우리는 그들의 도움 없이는 일을 할 수 없다. 그들은 그렇게 사회적으로 유용한 일을 하므로 남부럽지 않고 건강한 생활을 누릴 기회를 갖는 것이 마땅하다.

　이상적인 협동사회란 각 개인이 자신에게 가장 잘 맞는 일을 맡아 능력에 따라 사회의 복지에 공헌을 하고 필요에 따라 대가를 받는 사회다. 오늘날 그러한 사회는 유토피아인 듯하다. 교육수준, 전반적이고 정치적인 수준 등 모든 부분에서 우리가 아직 도달하지 못했다고 생각되기 때문이다. 또한 그러한 사회는 우리가 갖추지 못한 엄청난 경제력을 필요로 한다. 하지만 인류문명이 아직은 미숙하더라도 지금의 경쟁사회에서 우리가 이루어지길 기대하는 협동사회로 발전하지 못할 이유는 없다.

시대에 따른 환자의 사회적 지위의 변화

우리가 본 대로 사람은 중한 병에 걸리면 곧 사회에서 쓸모가 없어진다. 그는 사회에서 낙오되고 심지어 주위 사람들에게 부담스런 짐이 된다. 사회가 더 분화될수록 개인의 건강이 사회에 미치는 영향은 더 커진다. 그러나 협동사회에서는 장애인에게도 의미 있는 일거리가 주어진다. 소련이 경한 장애인들에게 일을 할 수 있도록 배려하고 숙련된 기술자들이 질병 때문에 비숙련 노동자로 전락하지 않도록 노력하는 모습은 보기에 흥미롭다.

나는 많은 공장에서 맹인들이 숙련된 작업을 하는 모습을 본 적이 있다. 또 다른 공장에서는 신체적으로 장애가 있는 사람들을 위해 컨베이어 벨트의 속도를 그들의 능력에 맞게 조절하는 문제에 대해 특별 워크숍을 열기도 했다. 장애인은 숙련공들의 조력자로 조직된다. 우리의 관점에서 볼 때 이 모든 것은 비경제적이다. 장애인들의 생산성은 장애가 없는 사람들에 비해 낮을 것이 자명하기 때문이다. 그런 일은 사회 자체가 고용주인 사회에서만 가능하다. 경쟁사회에서는 조금이라도 장애가 있는 사람들은 건강한 노동자를 따라잡을 수 없기 때문에 쉽게 영구적인 실업자가 될 수 있다.

의학의 목표는 질병을 치료하는 것만이 아니다. 오히려 사람들을 사회의 의미 있는 일꾼으로 되돌려주는 것, 또는 질병이 환자를 덮쳤을 때 재정비해주는 작업이 필요하다. 의학의 임무는 환자의 신체적인 회복만을 뜻하는 것이 아니라 그들이 병이 나기 전에 누렸던 사회적인 위치에 복귀하거나 필요하다면 새로운 자리를 찾을 때까지 계속되어야만 한다. 이것이 바로 의학이 기본적으로 사회과학인 이유다.

환자에 대한 사회의 태도, 그리고 건강과 질병에 대한 가치평가는 역사에 따라 변화해왔다. 어떤 시대든 질병은 환자들을 고립시켰다. 환자들의 삶이 건강한 사람들과 다르기 때문이다. 환자들은 일상적 생활의 리듬에서 떨어져 나갔으며 활동에 제한을 받았고 다른 사람들의 도움 없이는 어떤 일도 할 수 없었다.

사회에서 환자들의 현재 위치는 매우 복잡한데, 그 주제에 대해 명료한 관점을 가지려면 역사발전의 결과를 간략히 분석해야만 한다.[1]

전 세계에는 몇 안 되는 원시부족이 남아 있다. 수마트라의 쿠부 족은 그들을 면밀히 연구했던 동겐(van Dongen), 하겐(Hagen), 볼츠(Volz)와 같은 인류학자들의 견해에 따르면 이러한 연구에 적합한 모델이다.[2] 쿠부 족은 원시적인 산림지에서 산다. 피부발진이나 골절과 같은 가벼운 질병과 부상은 흔히 발생한다. 이러한 병으로 고생하는 사람들은 다른 사람들과 별로 다르게 취급되지 않는다. 그들의 척도는 신체적인 것이 아니라 사회적인 것이다. 구성원이 부족 내에서 생활을 계속 영위하는 한, 그의 상태는 사회적으로나 개인적으로나 반응을 불러일으키지 않는다.

그러나 보다 심각한 질병, 예컨대 두창과 같이 부족을 위협하는 전염병에 걸린다면 얘기는 달라진다. 이러한 병은 흔하지 않다. 그

1) H.E. Sigerist, "Die Sonderstellung des Kranken," *Kyklos*, 1929, vol.2, pp.11~20, and *Man and Medicine*, New York, 1932, chapter II를 보라.
2) A.W. Nieuwenhuis, "Die Anfänge der Medizin unter den niedrigst entwickelten Völkern und ihre psychologische Bedeutung," *Janus*, 1924, vol.28, p.42ff.

런 환자들은 부족의 생활에 참여할 수 없다. 그는 무능력해지며 종족뿐 아니라 친척들 사이에서도 버려지는 모진 일이 벌어진다. 모두가 그를 죽은 사람처럼 외면하며, 그로써 그는 사회에서 완벽하게 격리된다. 신체적인 죽음이 찾아오기 전에 그는 사회적으로 죽은 사람이 된다.

쿠부 족은 질병의 원인을 탐구하지 않는다. 그들은 폭우나 천둥을 받아들이는 것과 마찬가지로 어떤 설명도 없이 질병을 받아들인다. 그러나 그보다 문명화가 더 진행된 부족사회에서는 질병의 원인을 알려는 욕망이 강하게 나타난다. 환자는 희생자로 간주된다. 무엇인가가 그에게 작용했기 때문에 그가 다른 사람들처럼 살 수 없는 것이다. 적이 그에게 무슨 짓거리를 해서, 마법을 통해 환자의 몸속으로 이물질을 집어넣거나 삶에 필수적인 무엇인가를 빼앗아 그를 홀리기 때문이라고 여긴다. 또는 질병은 그를 괴롭히는 영혼이나 악마며, 그것들이 그에게 들어가 그의 신체를 지배하게 되었다. 그러므로 환자는 주위 사람들의 관심과 도움을 필요로 하는, 사회에서 특별한 지위를 누린다. 그는 신비로운 힘의 죄 없는 희생자며, 이 사실이 주술의사에 의해 확인되어 따로 격리된다.

만약 우리가 더 문명화된 고대 오리엔트의 셈 족 사회를 면밀히 관찰한다면, 환자는 죄 없는 희생자가 아니라 자신이 저지른 죄악에 대한 죗값으로 고통을 겪는다는 견해를 보게 될 것이다. 질병은 이때 죄에 대한 처벌이 된다.

이러한 관점은 고대 바빌로니아에서 그 모습이 보이며『구약성서』에 분명히 표현되어 있다. 신은 자신의 계율을 다음과 같이 드러냈다. 자신을 따르고 섬기는 사람들은 긍휼히 여겨 행복하게 살게 할 것이지만 자신의 뜻을 어기는 자들에게는 벌을 내릴 것이다. 질병과 고통은 개인이나 가족, 또는 친족들에게 형벌을 내리는 수단이다. 이것은 무자비한 논리와 너무나도 단순한 개념이었다. 이러한 냉혹한 교의에 따르면 죄 없이 고통받는 『구약성서』의 정직한 욥과 같은 경우는 더욱 비극적이었다.

앞서 언급한 바와 같이 환자들은 스스로 상당한 악평을 감수해야 했다. 환자는 마땅히 받아야 할 벌로써 고통받는 것이었다. 그의 병은 모든 사람에게 그의 죄를 알려주는 징표가 되었다. 그는 온갖 부담을 짊어진 채 여러 가지 혹독한 방법으로 사회적으로 고립되었다. 그렇지만 질병은 형벌만이 아니라 죄를 보상하는 방법, 이를테면 속죄의 수단이었다.

고대 그리스 사회에서 환자들의 처지는 꽤 달랐다. 그리스 세계는 건강함과 건전함의 세계였다. 기원전 5세기 무렵부터 그 뒤 오랫동안 그리스에서는 건강이 최고의 미덕으로 등장했다. 그러므로 질병은 엄청난 저주였다. 이상적인 사람이란 정신과 신체, 고상함과 아름다움이 완벽하게 조화를 이룬 사람이었다. 질병은 이런 완벽함을 빼앗아감으로써 사람을 열등한 존재로 만들었다. 환자, 장애인, 병약자들은 그들의 상황이 개선될 때까지 사회의 존중을 받을 수 없었다. 병약자들이 받아들인 가장 현실적인 방법은 자살이었으며 그에 따라 자살은 매우 자주 일어났다.

고대인들은 장애인을 조직적으로 돌봐야 한다는 생각을 하지 못했다. 충분히 성숙한 사람으로 다시 간주되고자 한다면 장애가 있는 사람이나 질병에 걸린 사람은 회복되어야만 했다. 의사는 이 목표를 이루게 하기 위해 환자를 도왔다. 그 목표, 즉 건강이 최고의 가치였기 때문에 의사는 매우 존경받는 장인 가운데 하나였다. 그러나 환자가 회복될 가능성이 없다면 의학적인 처치는 의사와 환자 모두에게 의미가 없는 것으로 여겨졌다. 결코 그 목표에 도달할 수 없기 때문이다. 그리스 의사들은 가망이 없는 환자를 치료하는 것은 오히려 비윤리적이라고 생각했다.

이와 같이 그리스 시대의 환자들은 죄악이 아니라 열등함이라는 또 다른 짐을 지고 있었다.

환자에 대한 사회의 태도에서 가장 혁명적이며 가장 결정적인 변화를 도입한 것은 기독교였다. 기독교는 환자의 치유, 구세주의 재림이라는 기쁜 복음, 그리고 속죄를 앞세우며 세상에 다가왔다. 기독교는 헐벗은 자, 고통받는 자, 환자에게 신체적, 정신적인 치유를 약속하고 설교했다. 그리스도 스스로 고통받는 환자들을 치료하지 않았던가?

질병은 불명예가 아니고 고통받는 자와 그 밖의 다른 이들을 심판하는 형벌이 아니며, 환자들은 더 이상 열등한 존재가 아니다. 반대로 고통은 정화를 의미하며 축복이 된다. 질병은 고통이고 고통은 고통받는 사람을 완전하게 한다. 질병은 영혼의 친구이자 정신적인 힘을 북돋고 하느님을 대면하는 직접적인 방법이다. 이렇게 질병은 환자가 그리스도를 따라 주인이신 하느님에게 다가가는 십자가가 된다.

환자와 고통을 나누고 그들에게 동정을 베풀고 보살펴줌으로써 건강한 사람도 고통의 축복을 나눠가질 수 있다. "내가 병들었을 때에 너희가 나를 돌보아주었다. 너희가 여기 내 형제 중에 지극히 작은 자 하나에게 한 것이 곧 내게 한 것이니라." 이것은 기독교인이 환자와 가난한 사람들에게 봉사해야 하는 의무가 되었다. 세례를 받아 기독교인이 되면 그때부터 어린이가 자기 집에서 갖는 것과 같은 모든 의무와 특권이 부과되었다. 그리하여 기독교가 국가의 공식적인 종교가 되었을 때 기독교 공동체는 사회 전체를 보듬었으며 그때부터 사회는 병들고 고통받는 이웃들을 돌보는 책임을 갖게 되었다.

이와 같이 환자들의 사회적인 지위는 이전 시대와는 근본적으로 달라졌다. 환자는 자신이 누렸던 것보다 더 특별한 지위를 갖게 되었다. 공동체를 기반으로 환자를 돌보는 것은 20세기 초부터 조직화되어 지금까지 지속되고 있다. 시대에 따라 그 동기는 변화해왔다. 초기에는 기독교의 자선이 그 동기였으나 18, 19세기에는 점차 인본주의적인 박애주의가 동기로 작용했다. 오늘날 우리는 현실적인 이유로 가난한 환자를 돌본다. 전체 사회구성원에게 위협적 존재인 환자와 장애인들이 크게 늘어나면 사회에 심각한 문제가 된다는 사실을 깨달았기 때문이다.

기독교 시대 이전의 환자에 대한 사회적 인식이 완벽하게 극복된 것은 결코 아니다. 중세시대와 르네상스 시대에는 역병이 매우 자주 일어났으며, 사람들은 인류에 대한 신의 심판으로 생각했다. 사람들은 최근까지도 여전히 정신병을 무질서한 생활에 대한 형벌로, 성병을 당연한 응징으로 생각했다. 환자들은 죄악이 되는 짓을 저질렀기 때문에 벌을 받는다는 것이다. 이렇게 질병을 보복의 관점으로 보는 오래된 생각은 그들의 고통이 부당하다고 여기는 환자들이 갖는 자괴감에서도 표현된다.

환자들은 특수한 처지에 있기 때문에 사회가 부과하는 여러 가지

의무에서 해방된다. 병에 걸린 아이들은 자동적으로 학교에 가지 않아도 되며 아픈 어른들은 출근하지 않아도 되는 등, 사회가 건강한 사람들에게 부과하는 의무에서 당연히 면제된다. 우리는 책임을 덜어주는 개념이 입법과정에서 어떻게 크게 변화했는지 다음 장에서 살펴보게 될 것이다.

환자에게 주어지는 특혜가 많아질수록 질병을 삶의 투쟁으로부터 벗어나는 피난처로 삼으려는 경향이 더욱더 뚜렷해졌다. 이것은 블로일러(Eugen Bleuler)가 지적한 대로 흔히 히스테리라 부르는 질병의 원인이다.[3] 히스테리 환자는 명백한 신체손상이 없는데도 갑자기 귀가 멀거나 앞이 안 보이거나 다리를 절게 됨으로써 불쾌한 현실에서 벗어나려 한다. 히스테리는 정상적이지 않은 개인이 회피라는 메커니즘으로 자신의 신체를 이용하는 질병이다. 이것은 꾀병과 어느 정도 비슷하다. 의무에서 벗어나고 싶은 사람은 누구나 병에 걸린 척하거나 병을 만들어내거나 병에 걸린 기간을 연장해서 환자에게 부여된 특별한 지위를 누리게 된다. 그러나 환자는 병적인 상태에서 그런 행동을 한다. 꾀병은 적어도 보통의 경우에는 정상적인 심리 메커니즘이 아니다.

한센병 환자

질병은, 모든 종류의 질병은 늘 개인의 사회생활에 영향을 미친다. 우리는 이제까지 질병의 일반적인 사회적 결과를 살펴보았다. 이제 어떤 특수한 질병들이 사회구조 속에 있는 환자의 지위에 어

---

3) E. Bleuler, *Lehrbuch der Psychiatrie*, Berlin, 1916, p.378ff.

떤 영향을 미치는지 간략하게 알아보아야만 한다.

역사상 한센병(나병 또는 문둥병이라고 했음—옮긴이)만큼 환자의 삶을 비참하게 만든 질병은 없었다. 한센병은 매우 천천히 진행되는 만성병으로 환자는 수십 년 동안 그 병과 더불어 고통스런 삶을 살다가 마침내 죽음에 이르게 된다. 한센병은 결핵만큼 전염성이 높은 병이 아니다. 전염성 자체만을 놓고 보면 사회가 왜 한센병 환자들에게 그렇게 폭력적이었는지를 설명할 수 없었다. 여기에는 다른 이유가 있음이 틀림없다. 그것들 중에서 가장 중요한 이유는 아마도 한센병이 무시무시한 정도로 환자들의 신체를 훼손하기 때문일 것이다. 살이 썩어 문드러지고 반점이 생긴 곳에서 고약한 냄새가 나며 더 진행되면 더할 나위 없이 흉칙한 모습으로 변한다.

사회는 언제나 환자의 신체적인 외양에 매우 강경하게 반응한다. 결핵에 걸린 사람들의 수척해진 모습은 동정심을 불러일으키지만 피부병은 혐오감을 초래한다. 비교적 해롭지 않은 피부병에 걸려도 취직하기 어려우며 간단한 뾰루지도 여성들의 사회생활을 위태롭게 할 수 있다. 다른 더 심각한 병들이 표면적으로는 감춰지는 데에 반해 피부병은 모든 이들에게 자신이 병에 걸려 있음을 드러내는 것이다. 더욱이 한센병의 경우는 (얼마 전까지도—옮긴이) 불치병으로 알려져 있었기 때문에 혐오감과 공포가 더욱 심했다.

한센병은 열대병이며, 열대지방에서는 여전히 유행하고 있다. 중세 초기에 이 병이 서유럽을 덮쳤을 때 특히 가난한 사람들에게 번져 나갔고 14세기에 정점에 이르렀다가 급격히 감퇴했다. 한센병은 그 뒤로 유럽의 동쪽과 북쪽 일부를 제외하고는 점차적으로 사멸했다.

중세 초기에 한센병이 사회의 재앙이 되었을 때, 사람들은 한센병에 격렬하게 반응했다. 어떠한 치료법도 알려지지 않았으며 의사는 전혀 도움이 되지 못했기 때문에 사회적인 수단만이 병에 대처하는 유일한 방법이었다. 그래서 교회가 한센병과의 투쟁에서 선봉에 섰다. 교회는 『구약성서』「레위기」를 무기로 삼았다. 「레위기」 13장에는 아래와 같이 한센병에 관한 구절이 있다.

1절. 야훼께서 모세와 아론에게 일러 가라사대,

2절. 사람의 피부에 무엇이 돋거나 딱지가 앉거나 색점이 생겨서 그 피부가 문둥병같이 되거든 곧 제사장 아론에게나 그 자손 중 한 제사장에게로 데리고 갈 것이요.

3절. 제사장은 그 피부의 병을 진찰할지니 환처(患處)의 털이 희어졌고 환처가 피부보다 우묵하여졌으면 이는 문둥병의 환처라 제사장이 진단하여 그를 부정하다 할 것이요.

45절. 문둥병 환자는 옷을 찢고 머리를 풀며 윗입술을 가리고 외치기를 부정하다 부정하다 할 것이요.

46절. 병 있는 날 동안은 늘 부정할 것이라 그가 부정한즉 혼자 살되 집 밖에 살지니라.

같은 규칙이 중세에도 적용되었다. 한센병 환자를 평생 동안 격리하는 것이 사회를 보호하기 위한 유일한 수단인 듯했다. 한센병 환자로 의심되면 당국에 신고해야만 했다. 일단 한센병 환자로 판명되면 환자에게는 평생격리라는 엄중한 사회적 조치가 취해졌기 때문에 그런 사람들은 진찰을 받았다. 그리고 이러한 조사에는 한

명이 아닌 여러 명의 의사가 참여하여 책임을 나누었고 또 특별히 격식을 갖춘 환경에서 수행되었다. 이탈리아에서는 병의 진단에 따라 법적인 조치를 취해야 했기 때문에 법률가도 조사에 관여했다. 조사에 앞서 환자와 의사들은 서약을 했다.

의사들은 최대한 사려 깊게 조사해야만 했다.[4] 의사들은 한센병의 증상을 여러 차례 암기하고 숙고한 뒤 한 가지 증상만이 아니라 여러 복합적인 증상에 대해 충분히 고려하고 또 한센병의 특징적이고 고유한 증상과 비특이적이고 일반적인 증상들을 구별해서 주의 깊게 판단을 내려야만 했다. 그리고 환자에게 병은 그의 영혼의 해방을 의미하며 인간사회는 병에 걸린 이들을 추방하지만 그리스도는 그런 사람들을 결코 버리지 않는다고 말해주었다.

진단이 확실치 않으면 환자는 일시적으로 마을에서 멀리 떨어진 곳에 격리되었다가 나중에 재조사를 받았다. 한센병이 확실한 것으로 판명되면 평생 동안 격리되었다. 그는 인간사회에서 추방되고 시민권을 박탈당했다. 어떤 지역에서는 한센병 환자로 판명받은 사람들을 위한 위령곡을 울리기도 했다. 이것은 사회적으로 사망했음을 선포하는 셈이었다. 환자들은 마을성벽 외곽에 있는 레프로사리움(leprosarium), 즉 한센병 환자수용소에서 살았고, 생계는 오직 자비에 의존했다. 트레베스 시에서 한센병 환자들에게 내린 지침은 다음과 같다.[5]

---

4) 이 문단과 다음 문단에 관해서는 *Examen Leprosorum* in Conrad Gesner, *Scriptores de chirurgia optimi*, Zurich, 1555, fol. 391 b를 보라.
5) O. Schell, "Zur Geschichte des Aussatzes am Niederrhein," *Archiv für Geschichte der Medizin*, 1910, vol.III, pp.335~346.

환자들은 절대로 교회, 시장, 방앗간, 빵집에 들어가서는 안 되고 어떠한 모임에도 참석해서는 안 된다.

우물에서 손을 씻어서는 안 되고 물을 마실 때는 반드시 자신만의 컵이나 물병에 받아 마셔야 한다.

외출할 때는 문둥병 환자복을 입어 다른 사람들이 알아볼 수 있도록 해야 하며 맨발로 집 밖에 나가서는 안 된다.

사고 싶은 것이 무엇이든, 지팡이 이외의 것으로 건드려선 안 된다.

여관이나 그 밖의 다른 집에 묵어서는 안 되며 포도주를 살 때는 자신만의 병에 담아가야 한다.

어떤 여자와도 성관계를 맺어서는 안 되고 아내와도 마찬가지다.

누군가를 길에서 만나 질문을 받으면 바람이 불어오는 방향에서 비켜서서 대답해야 한다.

다리를 건널 때 장갑을 끼지 않은 채 난간을 잡아서는 안 된다.

아이나 청소년들을 만지면 안 되고 그들에게 무언가를 주어도 안 된다.

환자 아닌 다른 사람과 식사를 하거나 술을 마셔서는 안 되고 문둥병 환자들끼리만 식사해야 한다. 그리고 죽더라도 교회에 묻힐 수 없다는 사실을 명심해야 한다.

한센병 환자들은 2차 감염의 위험성이 아주 높다. 1348년과 1349년에 유럽 인구의 4분의 1을 희생시킨 흑사병이 찾아왔을 때 한센병 환자들이 가장 먼저 희생양이 되었다. 1349년 이후 많은 한센병 환자수용소가 수용인원이 적어 문을 닫았으며 그때 이후 한센병은 급격히 소멸됐다.

오늘날에도 기독교가 지배적인 종교인 곳은 어디에서든 한센병 환자들은 여전히 격리되고 있다. 사회는 결핵에 대해서는 비교적 너그러운 반면 한센병에 대해서는 가혹한데, 본질적으로는 기독교 전통 때문이다. 한센병 환자를 격리해야 한다는 의학적인 근거는 없다. 이와 반대로, 가족들은 한센병 환자가 발생하면 그를 잃지 않기 위해 환자를 숨기는 경향이 있기 때문에 격리조치는 오히려 해가 되기도 한다. 이렇게 함으로써 그들은 환자가 의학적인 치료나 관리를 받을 기회를 빼앗는 셈이 된다. 일본이나 그 밖의 기독교가 우세하지 않은 다른 나라들에서는 한센병 환자는 격리되지 않은 채 치료를 받고 있다.*

격리시키는 데에는 경제적 이유도 있다. 한센병 환자는 대부분 가난해서 그들을 레프로사리움에서 공동관리하는 편이 각자의 집에서 개별적으로 치료하거나 거지로 떠돌아다니게 하는 것보다 더 싸게 먹혀 더 효율적이다. 게다가 환자들은 레프로사리움에서 처지가 비슷한 동료환자들과 함께 살며 병이 심해지면 필연적으로 그들에게 들이닥칠 사회적인 모멸로부터 벗어난다. 많은 현대적 시설들이 교육적이고 재활을 돕는 설비들을 잘 갖추고 있다. 그리고 치료법이 발전함에 따라 병의 진행이 억제되고 석방되는 환자도 생겨난다.

이로써 세상에 많은 변화가 만들어진다. 레프로사리움에 환자를

---

* 지거리스트의 이 말은 사실과 다르다. 일본은 식민지 조선의 소록도 수용소를 비롯하여 수많은 수용소에 환자들을 격리시켰고 환자들에 대한 처우 역시 어느 나라에 못지않게 가혹했다.

격리하는 것은 사회적 삶이 끝났다는 사형선고가 더 이상 아니며 환자들에겐 아직까지 희망이 있다. 이외에도, 많은 나라들이 격리에 관한 규정을 완화시키고 있다. 환자의 경제적인 처지가 일정한 위생기준을 충족시킨다면 강제로 수용되지 않고 의학적인 감시만 받으면 된다. 그런데도 한센병은 아직도 인류의 재앙 가운데 하나며 많은 병 가운데 가장 심각한 사회적인 결과들을 낳는다.

성병환자

성병환자들에 대한 사회의 태도는 지난 몇 세기 동안 매우 특별한 방식으로 획기적으로 변화했다. 유럽에서 매독이 어떻게 기원했는지에 대해서는 나도 잘 알지 못하기 때문에 논의할 수가 없다. 매독이 중세시대에 유럽 내에서 발생했는데도 병으로 인지되지 않았을 가능성이 있다. 반면 신대륙으로부터 매독이 유입되었을 가능성도 상당히 높다. 이 문제는 여전히 뜨거운 감자며 결론이 나지 않았다.[6]

어떻든 간에 매독은 유럽에서 15세기 말엽에 확실히 인지되었다. 당시 매독은 널리 퍼졌으며 오늘날보다 훨씬 심각한 증상을 보였다. 매독은 새로운 병으로 간주되어 많은 논의를 불러일으켰으며, 이에 대해 기술한 책도 점차 많아졌다.[7]

초창기에는 매독의 감염경로가 불확실했다.[8] 매독은 다른 전염

---

6) G. Sticker, "Entwurf einer Geschichte der ansteckenden Geschlechtskrankheiten," *Handbuch der Haut- und Geschlechtskrankheiten*, Bd.23, Berlin, 1931. — E. Jeanselme, "Histoire de la Syphilis," *Traité de la Syphilis*, vol.I, Paris, 1931.
7) Karl Sudhoff, "The earliest printed literature on syphilis," Florence, 1925, *Monumenta medica*, vol.III.

니콜라스 마누엘 도이치,
「한센병의 초기와 말기」,
16세기 초, 바젤 미술관

병들처럼 재앙으로 받아들여졌다. 어떤 사람들은 매독의 원인을 자연적인 발생, 음습한 기운의 방출, 우주적인 힘의 작용, 지구의 특정한 배열 때문이라고 생각했다. 다른 사람들은 하느님의 형벌이라고 여겼다. 사람들은 다른 역병들처럼 하느님에 대해 불경스런 짓을 저지른 사람들에게 하느님이 병을 보내어 천벌을 내리는 것이라고 생각했다. 그리고 그 병은 매우 빠르고 광범위하게 전파된다고 여겼으며, 그러한 전파를 다른 나라의 탓으로 돌리기도 했다. (한센병과는 달리—옮긴이) 매독과 관련된 낙인은 없었고 매독과 싸

---

8) 이 문단과 다음 문단에 관해서는 다음의 매우 뛰어난 연구를 보라. O. Temkin, "Zur Geschichte von 'Moral und Syphilis,'" *Archiv für Geschichte der Medizin*, 1927, vol.XIX, pp.331~348.

우기 위한 많은 노력이 이어졌다. 15세기 말엽에 프랑크포르트 시는 매독환자들을 무료로 치료해주었고 치료를 받는 동안 세금을 면제해주는 것과 같은 특별한 혜택을 제공하기도 했다. 매독은 피부 증상을 동반했기 때문에 외과의 영역으로 여겨졌고 수은으로 치료를 했다. 외과의사들은 수은연고를 다량으로 사용했는데, 치료효과가 있었을지라도 환자들은 통증 때문에 그것 자체를 고문으로 생각했다.

1520년에서 1530년의 10년 동안 매독이 성관계에 의해 전파된다는 사실이 밝혀지면서 이 질병에 대한 사회의 태도는 성에 대한 관점에 의해 결정되었다. 혼외성관계가 사회적으로 지탄받지 않는 한 매독은 확실히 단지 운 나쁜 사고로 여겨졌을 뿐 아무도 도덕적인 비난을 받지 않았다. 르네상스 시대는 성에 대해 매우 관대했다. 창녀촌은 제도적으로 허가되었고 아무도 자신이 매독에 걸렸다는 사실을 숨기지 않았다. 황제나 왕, 귀족, 평신도나 성직자, 학자와 시인 등이 매독으로 고생했다고 알려져 있었다.

인문주의자인 울리히(Ulrich von Hutten)는 우아한 라틴어로 자신의 병에 대해 아주 상세히 서술한 책을 썼다.[9] 그는 자신의 경험을 다른 사람들과 공유하길 바랐다. 그는 매독으로 엄청난 고통을 받았을 뿐 아니라 수은치료 때문에도 고통에 시달렸다. 그는 구아이악(guaiac) 나무추출물을 이용하는, 아메리카 대륙에서 수입된 새로운 치료법을 극찬했다. 구아이악 수입업으로 유명한 아우크스부르크의 푸거스 집안은 매독이 아메리카에서 전래되었다는 설

---

9) *De guaiaci medicina et morbo Gallico liber unus*, Mainz, 1519.

1745년경 베들레헴 병원의 병동(D.H. 투크, 『영국 정신병 환자의 역사』, 런던, 1882)

을 열성적으로 퍼뜨렸다. 그래서 아메리카에서 산출된 약만이 아메리카 기원의 매독을 치료할 수 있다는 주장은 명확한 듯 보였다. 구아이악은 새로운 병, 즉 매독에 관심이 많은 내과의사들이 즐겨 사용하던 치료약이었다.

더럽고 잔인한 방법인 도유(塗油)요법은 일반 민중들을 치료하는 외과의사들은 좋게 여긴 반면 학식 있는 내과의사들은 나쁘게 보았다. 르네상스 시대는 매독에 대해 상당히 차분하며 사실에 입각한 태도를 보여 매독이 고통스럽기는 하지만 근본적으로 다른 질병과 다르다는 생각을 하지 않았다. 성병환자는 다른 사람들보다 더 좋은 사람도 더 나쁜 사람도 아니었다.

상류계층에게 매독은 신사들의 하찮은 사건으로 여겨지게 되었다. 매독의 증상은 르네상스 시대에 비해 약화되었고, 수은을 알약으로 만들어 사용하면서 치료법도 개선되었다. 성이 자유롭고 개방된 세기에 매독은 불가피한 작은 사고로 취급되었다. 매독은 비너스 여신이 쏜 화살에 의해 생기고 머큐리(수은) 신이 치료하는 기사들의 병이었다. 매독에 대한 농담이나 간단한 노래가 사람들 입에 오르내렸다.

상황은 중간계급의 등장으로 급속히 변화했다. 매독에 대한 새로운 태도가 18세기 중에 발전했고 19세기에는 지배적인 것이 되었다. 중간계급은 역사무대에 등장할 때부터 문란한 성행위를 비난하고 가족의 신성함을 강조했다. 이에 따라 적어도 눈에 보이는 한에서 정절이 요구되었다. 이러한 태도로써 부르주아지는 귀족에 비해 자신들이 더 훌륭하다고 주장했고 그리하여 권력을 거머쥐었다. 그러나 또한 이것은 봉건제도의 폐허 위에 새로 세워지고 있던 경제체계의 잔혹성을 은폐하는 구실이 되기도 했다.

흔히 성병은 혼외관계에서 생긴다. 그러므로 성병의 희생자는 규율을 깬 성적으로 문란한 사람으로 낙인 찍혔다. 자신의 명예가 떨어지는 것은 물론 가족들도 치욕을 느꼈다. 매독과 임질은 여느 질병이 아니었다. 환자들은 부끄러워했으며 양갓집에서는 이를 드러내놓고 말하지도 못했다. 성에 탐닉하다 병에 걸린 젊은이들은 병을 숨겼다. 적절한 의학치료를 받을 만한 돈이 없다면 아버지에게 도움을 청하기보다는 돌팔이 의사를 찾아갔다. 결혼 전에 남편 될 사람의 건강상태에 대해 묻는 것은 관습적으로 금기였기 때문에 많은 젊은 여성들이 신혼여행 동안 남편으로부터 임질에 감염되었다.

종교적인 영역에서는 성병을 신이 내린 형벌로 보는 견해가 널리 확산되었다. 1826년 로마 교황 레오 12세는 신성한 하느님의 계율을 거역하는 행위기 때문에 콘돔사용을 금한다고 선포하고 이를 어긴 죄인들은 벌하겠다고 밝혔다.[10] 20세기 초반까지만 하더라도 에를리히(Paul Ehrlich)의 살바르산(페니실린이 등장할 때까지 매독의 특효약으로 널리 쓰인 약—옮긴이) 발견에 대해 크게 혼란스러워 하는 성직자들이 있었다.

이런 견해가 우세한 곳에서 성병환자들은 사회에서 특수한 처지에 있었고, 사람들이 의학분야에서 이러한 병과 싸우는 것은 극히 어려웠다. 오늘날까지도 우리가 미국에서 잘 볼 수 있듯이 청교도적 전통이 강한 중간계급들이 헤게모니를 장악하고 있는 나라들은 이러한 견해를 완전히 극복하지 못했다. 그 결과 이들 나라에서는 새롭고 더 건강한 태도로 성병을 대하는 나라에 비해 성병의 발생률이 훨씬 높다.

이러한 새로운 태도는 사회의식이 성숙됨으로써 발전했다. 성병은 개인만이 아니라 사회 전체의 재앙으로 인식되었다. 성병은 개

---

10) G. Vorberg, *Zur Geschichte der persönlichen Syphilisverhütung*, Munich, 1911, p.21.

인과 국가의 생명을 좀먹는 전염병이다. 성병을 "선악"의 문제로
대하는 태도는 마구 비판받았다. 미국에서는 해마다 6만 명의 아기
들이 선천성 매독이라는 장애를 가지고 태어난다. 많은 나라에서
사회는 이런 위험성을 절감했고 사회적인 힘으로 성병을 방지하려
고 노력했다.

덴마크, 소련, 독일은 성병을 퇴치하기 위한 엄격한 법률을 제정
했다. 무료로 제공되는 성병치료는 환자의 의무며 이를 지키지 않는
사람은 법을 위반했으므로 누구나 처벌을 받는다. 더 나아가 다른
사람에게 성병을 감염시키는 사람도 역시 유죄다. 1927년에 제정된
독일 법에 따르면 성병을 퍼뜨린 자에게는 3년형이 부과될 수 있다.
이러한 태도를 발전시킨 이들 나라에서는 성병이 빠른 속도로 사라
지고 있다. 많은 사람이 우려하듯, 이런 태도는 국민들의 도덕에 영
향을 미치지 않을까? 대답은 명백하다. 사회의식 수준이 높아져 성
병에 대해 사회적 책임을 강하게 자각하는 국가가 되면, 국민들의
도덕을 유지하기 위해 성병을 이용할 필요가 없다.

결핵환자

한센병은 온대지방의 서방국가들에서는 거의 사라졌다. 사회적
으로 발전된 국가에서 성병은 급속히 줄어들어 결핵처럼 과거의 질
병으로 물러날 시기가 머지않았다. 결핵의 발병에는 세 가지 요인
이 있다. 코흐(Robert Koch)가 1882년에 발견한 결핵균, 개인의
유전적인 요소, 사회환경이다. 앞 장에서 언급했듯이 지난 50년 동
안 결핵의 발병은 계속 감소했으며 이것은 주요하게는 사회환경이
개선된 결과임이 확실하다.[11]

결핵이 사람들에게 미친 영향은 매우 다양하다. 결핵은 한센병처럼 흉칙한 병이 아니고 성병처럼 도덕적인 비난을 받지도 않았다. 결핵환자들은 다른 환자들보다 비극적인 모습으로 여겨졌고, 특히 인생의 한창 때 병에 걸리는 경우가 많았다. 결핵은 만성병으로 대개 천천히 진행된다. 환자의 정신능력은 손상되지 않고 열이 약간 오르면서 오히려 아마 정신능력이 고조되기도 했을 것이다. 성적인 충동 또한 높아지는데 열 때문인지, 이 병의 화학적인 특성 때문인지는 알 수 없다. 쇠약과 기침으로 서서히 죽음에 다가가지만, 그래도 환자들은 희망의 끈을 놓지 않으며 언제나 미래에 대한 계획을 세우고 있다.

비범한 재능을 가진 남성과 여성 중에 결핵으로 고통받은 경우가 많았다는 것은 널리 알려진 사실이다.[12] 이로 인해 결핵이 환자들에게 창조적인 능력을 주었다는 우스꽝스러운 믿음이 생겼다. 질병이, 원래 있지도 않은 천재를 만들어내는 것은 아니다. 반면에 결핵의 고통은 의미심장한 경험으로 창조적인 예술활동을 심화시키는 것은 의심할 나위가 없다. 이 문제에 대해서는 나중에 보다 상세히 검토하도록 하자.

결핵환자를 요양소에 수용하여 치료함에 따라 환자에 관련된 사회학적 논의에 새로운 전기가 마련되었다. 요양소에서 환자는 자못 비현실적 분위기 속에 산다. 환자들은 낯익은 환경을 떠나 아름다운 풍경과 나무, 산으로 둘러싸인 새로운 환경으로 옮겨진다. 이곳에서

---

11) 다음의 뛰어난 연구를 보라. Georg Wolff, "Tuberculosis and Civilization," *Human Biology*, 1938, vol.10, pp.106~123, 251~284.
12) Lewis J. Moorman, *Tuberculosis and Genius*, Chicago, 1940.

환자들은 일할 필요가 없으며 사회적인 의무도 없고 치료와 간호와 보살핌을 받는, 대체적으로 보통사람들보다 좋은 처지에서 지낸다.

다시 말해 이들은 환자에게 부여되는 특별한 지위를 누린다. 의학적으로 문제가 있다고 판명되면 그 사람은 요양소에서 사회의 손님처럼 산다. 각별한 주의를 받으며 회복되기를 원하는 분위기에서 살아가게 된다. 많은 경우에 전체 가족들이 환자가 치료받을 수 있도록 돈을 모아 요양소로 보내곤 했다. 환자는 오직 병에 걸렸다는 사실 때문에 어떤 중요성을 지닌 사람이 되었다. 요양소의 모든 환자는 똑같은 병으로 고통받고 있으며, 이 점에서 결핵요양소는 일반적인 병원과 분위기가 많이 다르다.

환자에겐 회복이라는 단 한 가지 책무만 있다. 회복은 요양소에서 환자의 존재이유이자 목표다. 그는 다시 건강해져 가족에게 돌아가기를 바란다. 그러나 무의식적으로는 환자들은 회복되는 순간 특별한 지위를 잃어버려 더 이상 중요한 존재가 아니게 될 것이며, 똑같은 의미는 아니지만 일상의 고역으로 돌아가야 할 것이라는 점을 느낀다. 이와 더불어 미래에 대한 아주 뚜렷한 공포가 다가온다. 결국 회복될 수 있을까? 일자리는 찾게 될까? 의사들은 폐쇄적이지 않은 공간에서 가벼운 일을 하라고 권고한다. 그러나 그러한 일자리로 가족들을 남부럽지 않게 부양하게 될까?

이 모든 경우들은 의사들이 고려해야만 하는 방해물을 양산한다. 의사의 임무는 환자를 신체적으로 회복시키는 것뿐이 아니다. 의사는 또한 심리적으로 재충전되도록 환자를 준비시키고 북돋워주어야 한다. 결핵은 극히 사회적인 질병으로, 아무리 좋은 치료법이라도 사회적 수단과 결합되지 않으면 별 소용이 없다. 환자를 치료해

슬럼으로 돌려보내기만 한다면 의미가 없다. 이후의 조치가 요양소의 치료만큼이나 중요하다. 사회적 수단과 연관을 갖고 교육과 환자의 조기발견을 시작으로 환자를 완전하게 사회에 복귀시키는 것이 치료의 궁극적 목표다.

영국의 팝워스 빌리지는 환자들의 치료와 사회복귀를 병행하는 결핵요양소다. 이곳에서 환자들은 가족과 함께 살면서 사회의 유용한 일원으로서 다양한 직업에 종사한다. 이는 현재의 사회구조에서도 충분히 의미심장하다. 그러한 시설이 아직 많지 않다는 사실이 유감일 뿐이다.

정신병 환자

정신병으로 고통받는 환자들의 역사는 의학의 사회사에서 슬픈 이야기다. 여러 세기 동안 정신질환자들은 혐오스러운 존재로 취급되었기 때문에, 또 그런 이유로 정신의학이 의학분야에서 여전히 가장 뒤떨어져 있기 때문에 가슴이 아프다. 미국에서 전체 병원병상의 50퍼센트(50만이 넘는다)는 정신질환자가 차지하고 있다. 또한 시설이 부족하여 수천, 수만 명의 정신질환자가 적절한 치료를 받지 못하고 있다. 다른 어떤 질병도 그렇게 많은 입원수를 기록하지 못할 것이다. 이는 대부분의 정신병에 대해 의학이 여전히 별 도움이 되지 못함을 의미한다.

심리학도 다른 학문들처럼 발전해왔다. 오늘날 우리는 정상인 마음과 병에 걸린 마음에 대해 50년 전보다 훨씬 많은 것을 안다. 그래서 과거에는 치유 불가능한 희망 없는 신경쇠약증 환자들에게 적절한 조치를 해줄 수 있다. 그러나 감염이나 중독으로 생기는 정신질환을 다루지 못한다는 점에서 정신병에 관해 우리는 여전히 무능하다. 감염과 중독으로 생기는 다양한 병을 다루고 있는 것과 비교해보라. 정신병은 종종 유전적인 소인을 토대로 진행될지 모른다는 점을 보여주는 증거가 있다. 그런 점에서 환자를 치료하는 것이 더 어려울 수 있다.

정신병들은 환자들의 사회생활에 깊이 영향을 미친다. 환자들은 정상인과 확실히 차이가 있다. 그들은 정상인과 다르게 인지하고 느끼고 생각하고 행동하며 반응한다. 이것은 그들을 고립시키며 때때로 아주 심할 정도기도 하다. 긴장병(緊張病, 정신분열병의 일종—옮긴이) 환자들은 세상으로부터 완벽하게 격리되어 오랜 기간 동안 꼼짝하지 않고 살 수 있다.

정상과 정신이상 사이에 명확한 경계가 있는 것은 아니다. 대부분의 정신병 환자들은 신체적으로 거의 정상으로 보이며 이것은 자연스럽게 환자들에 대한 사회의 태도에 영향을 미쳤다. 의학은 일차적으로 신체의 병과 관련이 있다. 겉으로 정상처럼 보이는 사람들이 비이성적인 행동을 하더라도 의사에게 보여야 한다고 생각하지 않았다. 그와 반대로 영혼의 의사인 성직자에게 보내는 것이 더 논리적인 것 같았다.

많은 정신병 환자들이 의심할 바 없이 사원에서 치료를 받았음에도 그리스 의학에서는 정신이상을 의사들이 담당해야 할 질병으로 인식했다. 남에게 해를 끼치지 않는 환자들은 가족들의 보살핌을 받거나, 여전히 오리엔트 지역에서 그렇듯이 거지가 되어 길거리를 떠돌아다녔음이 틀림없다. 많은 환자들이 치료도 받지 못한 채 죽어나간 것이 확실하다.

그리스 정신의학은 중세시대까지 살아남았고, 의학문헌들에 반영되어 있다. 그러나 이 시기에는 종교가 우세했으며, 종교는 정신이상에 대해 모질게 대처했다. 다른 사람과 다르게 말하거나 생각하는 사람들은 악마에 의해 사악한 영혼을 가진 것으로 보였다. 당시 치료는 자연히 악마를 물리치는 주문이나 그 밖의 다른 방법으로 영혼을 고치는 것으로 이루어졌다. 예수 그리스도가 그렇게 했고 그의 제자들에게도 같은 힘이 부여되었다. 정신병을 치료하는 것은 온통 예수 그리스도식으로 이루어졌다.[13]

영혼에 악마가 씌우는 것은 불의의 사고지 범죄는 아니었다. 예수 그리스도는 귀신 들린 사람을 벌하지 않고 악마를 쫓아냄으로써 치료했다. 그러나 중세시대 사람들은 마녀를 악마의 부추김을 받거나 악마와 계약을 한 사람으로 여겼다. 마녀들은 이단이었으며, 그 이단이라는 것이 그들의 죄였다. 그들은 이단이므로 치료가 아니라 처벌을 받았다. 처벌은 화형이었다. 『마녀의 망치』(*Malleus Maleficarum*)가 1489년에 출판되었고 이 책에 따라 여러 세기 동안 수천 명의 정신질환자들이 고문을 당하고, 거룩하신 주님의 이름으로 화형에 처해졌다.

마녀의 망치라는 광풍이 강하게 불었음에도 결코 많지는 않은 몇몇 철학자와 의사들은 정신병에 대해 다른 견해를 보였다.[14] 16세기 에스파냐의 위대한 인본주의자고 심리학자이자 사회개혁가인

---

13) 구체적인 치료에 대해서는 다음을 보라. *ad demoniosos* in: H.E. Sigerist, "The Sphere of Life and Death in early mediaeval manuscripts," *Bulletin of the History of Medicine*, 1942, vol.XI, pp.292~303.

14) See Gregory Zilboorg, *A History of Medical Psychology*, New York, 1941.

비베스(Juan Luis Vives)는 정신질환자에게는 부드럽고 온정적인 치료가 필요하다고 주장했다. 의사 파라셀수스는 마녀의 존재를 부인하지는 않았지만 정신병은 자연적 원인으로 생기는 질병이라고 인식했다.

바이어(Johann Weyer)는 자신의 책 『악마의 계략』(*De Prae-stigiis Daemonum*, 1563)에서 마녀사냥에 대해 반대하는 입장을 취했다. 바이어는 정신병에 관심이 많았으며 마녀로 박해받는 여성들이 사실은 정신질환자며 의학적인 치료가 필요하다고 생각했다.

수가 줄어들기는 했지만, 18세기 말엽까지 마녀들은 계속 말뚝에 묶여 화형당했다. 합리주의의 등장은 마녀사냥을 극복하는 데 도움이 되었다. 그러나 희생당하지 않은 환자들에 대한 치료는 충분치 못했다. 돌봐줄 가족이 없거나 공동체 사회에서 재앙으로 여겨진 환자들은 공공구빈원, 사설구빈원에 수용되거나 감옥에 갇혔다. 이들은 야생동물처럼 벽에 매달린 사슬에 묶이거나 난폭한 감시자들에게 채찍질을 당하며 살았다. 정신병자로 판정된 사람들을 수용하는 특별 시설이 중세 말엽 여러 나라에서 세워졌으나[15] 이곳은 감옥과 별반 다르지 않았다.

박애주의 운동의 영향으로 사회는 서서히 정신병에 대한 책임을 자각하게 됐다. 프랑스 대혁명 때 피넬(Philippe Pinel)이 파리의 비세트르 수용소에서 환자들의 족쇄를 풀어주는 사건으로 정신병자들의 사슬은 극적으로 사라졌다. 영국에서는 퀘이커 교도들이 여

---

15) George W. Henry, "Mental Hospitals," in: Zilboorg, *l.c.*, pp.558~589 를 보라.

러 방법으로 인본주의적인 노력을 기울였다. 상인인 투크(William Tuke)의 제안에 따라 1796년에 요크 치료소를 설립하고 정신질환자들에게 온정적인 치료를 시작했다.

19세기 들어 여러 나라에서 정신질환자들을 묶었던 사슬이 사라졌다. 그러나 사슬은 대부분 환자복으로 대체되었다. 폭력은 폭력으로 치료되지 않는다는 사실을 우리가 터득한 것은 오래 되지 않는다. 난폭한 치료는 여전히 치료소의 뒤편에서 이따금씩 일어나지만, 이제는 사회적으로 비난을 받는다. 과거에는 그들을 "미치광이"로 여겨, 해를 끼치지 않으면 놀림감으로 취급하고 폭력적이면 경멸했지만 이제는 그렇게 대하지 않는다. 어휘도 변화했다. 더 이상 "정신나간", "광인수용소" 같은 부정적인 단어는 쓰이지 않는다.

과학은 정신병이 불법적인 수난이 아니라, 원인이 있는 질병임을 보여주었다. 정신질환자들은 서서히 합리적인 치료가 필요한 환자로 인식되고 있으며, 치유가 되지 않더라도 인도적인 조치를 받았다.

과거에는 많은 정신박약아들이 치료를 받지 못하고 자식을 낳을 수 있는 나이에 이르기 전에 죽었다는 것을 추측할 수 있다. 스파르타에서는 허약한 아이나 장애아들을 돌보지 않는 것이 공식적인 정책이었음을 앞에서 언급했다. 이들은 살아남기 위한 투쟁을 하기에는 태생적으로 부적당하다고 여겨져 제거되었다. 종교적인 관점의 영향 아래 이와 다른 태도가 발전했다. 이를테면, 영혼의 윤회를 믿는 힌두교나 불교에서는 인간과 동물, 살아 있는 모든 것에 대한 측은지심을 강조한다. 서양에서는 영혼의 불멸, 삶의 목적은 구원이라는 점, 자선의 개념에 관한 기독교의 믿음이 있었으며 훗날 이것들이 박애주의가 된다. 이러한 사상들은 모두 비슷한 결과를 낳았다.

결과적으로 오늘날 모든 국가에서는 현재의 사회에서 아무 일도 할 수 없는, 때때로 살아 있는 것조차 자각하지 못하는 선천적인 장애와 질병을 지닌 사람들에 대해 많은 부담을 갖고 있다. 독일은 지난 10년 동안 유전질환이 있는 사람들을 대상으로 불임시술 프로그램을 시행해왔다. 나치주의자들은 비과학적이고 인종차별적인 이데올로기로 이러한 일을 벌였는데, 이 같은 사회생물학적인 실험은 주의 깊게 감시해야 한다.

제4장 질병과 법률

질병과 법률은 서로 동떨어진 것처럼 보일지 모르지만, 역사의 과정 중에서 여러 가지 방식으로 그 관계가 나타나는 것은 의심할 여지가 없다. 나는 법률에 대해서 아는 것이 많지 않아서 이 장은 아마추어같이 서투르게 보일 것이다. 어쨌든, 나는 단지 과거에 많이 간과되어왔던 한 흥미 있는 분야의 연구를 자극하려는 이유로 약간의 밑그림을 그리려고 한다.

사회생활에는 늘 사회적 규제가 따르기 마련이었다. 가족, 씨족, 부족 또는 국가이든 간에, 구성원들이 같이 모여 사는 이상 사람들은 행위에 대해 어떤 규칙을 준수해야만 했다. 동물들에게도 사회생활이 있으며, 동물들도 어쨌든 본능적인 것이지만 확고한 규칙을 따른다. 사람들이 숲에서 동물처럼 산 오랫동안, 사람들을 규율했던 준칙은 다른 고등동물들의 것과 비슷했다.

문명이 발달함에 따라, 어쨌든, 사람과 사람 사이의 관계와, 사람과 사물과의 관계가 점점 복잡하게 되었고, 사회적인 충돌을 막고 해결하기 위하여 규칙이 필요하게 되었다. 금기와 계명은 사람들의 생활을 규제했다. 그러한 규칙들은 강제성을 띠었고 죄를 지은 사

람은 그 집단에서 권력을 가진 사람, 즉 어머니, 아버지, 샤만 또는
족장에 의해 처벌받았다. 원시인의 종교적인 터부로부터 유스티니
아누스 1세의 로마법 대전까지는 매우 긴 기간이었지만 원시적 터
부와 문명화된 법전은 대단히 유사하다.

법적 대상으로서의 환자

우리는 앞 장에서 질병이 사회생활을 중대하게 혼란시킨다는 점
을 잘 보았다. 질병에 걸린 구성원은 자신이 고통을 받을 뿐 아니라
다른 사람에게 악영향을 미친다. 사회는 환자의 노동력을 잃을 뿐
만 아니라, 전염병의 경우에 환자는 동료들의 건강에 직접적인 위
협이 된다. 따라서 사회는, 그 자신을 보호하기 위해 질병에 걸린
구성원들을 법률의 직접적인 대상으로 만들었다.

많은 원시종족들은 어떤 질병의 전염성에 대해 아주 명확한 개념
을 갖고 있었고, 죽은 사람에 대한 터부와 비슷하게 병에 걸린 사람
들도 터부시했다. 모든 고대 의식에서, 불순함과 불결함은 전염의
조건으로 간주되었다. "불결한" 사람을 만진 사람은 누구나 그 자
신도 불결하게 되어, 정화의식을 거치지 않고는 신전에 들어갈 수
없었다. 불결함은 월경, 출산, 그리고 사망과 같은 생리적인 과정의
결과였고 또한 병적인 상태였다. 한센병 환자는 불결했으며, 「레위
기」에 의하면 요도에서 고름이 나오는 사람도 그러했다. 그런 사람
의 침대, 안장, "앉았던 모든 것"이 불결하다고 간주되어,[1] 그는 마
을에서 떨어져 지내야 했다.[2]

---

1) 「레위기」 15장 2절.
2) 「민수기」 5장 2절.

우리는 한센병과 싸우기 위해 중세시대에 대규모로 적용된 「레위기」의 규정들을 본 바 있다. 서혜부(鼠蹊部) 림프선종과 폐렴성 페스트인 흑사병이 14세기에 서양을 침범해서 매우 참혹한 피해를 야기했을 때, 페스트를 피하기 위한 규정이 제정되었다. 이러한 오래된 중세의 규정은 여전히 현대적 역학(疫學)수단의 토대다. 그러한 질병이 있다고 여겨지는 환자들은 당국에 보고되어야 했고, 세기가 지날수록 보고해야 하는 질병은 늘어났다. 그러한 질병들은 더 이상 개인의 사적인 문제라고 생각되지 않는다. 그것들은 그 질병들에 의해 사회가 위협을 받은 이래 공적인 문제가 되었다.

　　시민들에게 경고하기 위해 중세시대 때 그러했던 것처럼, 오늘날에도 전염병 환자들이 사는 집에는 표시를 한다. 그러한 환자들의 치료는 사회의 이익을 지키기 위한 방어적인 수단이다. 중세시대에 페스트로 고통받는 환자들은 시의 의사들에게 치료받았다. 오늘날 대부분 문명국가에서는 전염병 환자들은 경제적인 상태와 관계없이 공공병원에서 무료로 치료받는다.

　　환자가 사망하면, 그가 살던 집을 말끔히 소독하는데, 중세시대에는 투박한 방법으로 행해졌다. 의복과 침구류는 불태우고 가구는 비누로 철저히 씻어 햇볕에 말렸고 방은 훈증소독을 했다. 오늘날 우리는 그러한 질병을 일으키는 세균에 대해 알고 있으며 그것들을 죽이는 효과적인 약품과 실제적인 방법들을 가지고 있지만 기본적인 관점은 동일하다.

　　페스트는 외부로부터 공동체로 밀어닥쳤다. 따라서 전염병이 돌 때에 도시는 교통로를 폐쇄하고 주변을 조심스럽게 감시했다. 매우 주의 깊게 조사 받기 전에는 아무도 도시로 들어오지 못했다. 도시로 들어오는 우편물도 훈증소독되고 동전과 그 밖의 다른 물건들도 식초에 담가졌다. 페스트의 근원지가 동양이며 교통로 특히 바닷길을 통해 퍼진다고 알려져 항구도시가 감시의 대상이 되었다.

1377년 7월 27일 이탈리아 라구사의 시의회는 페스트가 유행하는 지역에서 오는 여행객들에게 인근 메르카나 섬에서 한 달 동안 지내 청결해지지 않으면 시내로 들어오지 못하도록 했다. 베네치아도 그 본보기를 따라서 외지에서 오는 여행객들을 산 라자로 섬에 격리했다. 기간은 종국에는 30일에서 40일로 늘어났다. 이에 따라 검역(quarantine, 40이라는 숫자에서 나왔다−옮긴이)이란 단어가 중세시대에 마련된 가장 중요한 역학적 수단 덕에 생겨났다.

밀라노는 16세기에 성 고타르트 도로를 지나는 여행객들을 검사하기 위해 스위스 관할지역에 관리를 두었다.[3] 이것은 다른 나라의 통치권에 대한 중대한 침범이었지만, 페스트에 대한 두려움이 대단해서 그러한 과감한 수단까지 쓰게 되었다. 17세기에 잉글랜드는 터키와 이집트의 항구에서 출항하는 모든 선박에 대해 건강증명서를 요구했다.

19세기 동안 아시아에서 시작한 콜레라가 서양에 몇 번씩 침입하자 역학적 감시망이 대규모로 조직되었다. 국제적인 협력을 확보하기 위해 1851년 12개국이 참여하여 파리에서 열린 국제회의는 특히 해상검역에 대해 논의했다. 그 회의에서 상설기구를 만드는 데는 실패했지만, 비슷한 회의가 그 뒤에도 계속 열렸다. 그 가운데 하나

---

3) Arnold Treichler, *Die staatliche Pestprophylaxe im alten Zürich*, Zurich, 1926, p.40ff.

가 황열에 대해 중점적으로 토의한 1881년의 워싱턴 회의다. 마침내 1909년에 54개국이 참여한 국제공중위생국이 파리에서 설립되었다. 역학적인 감시가 국제공중위생국의 주된 기능이었으며, 1921년부터는 국제연맹 사무국의 보건부서와 기능을 나누어 맡았다.

페스트, 콜레라, 황열, 그리고 인플루엔자는 갑자기 많은 사람들을 감염시켜 불과 몇 해 안에 수백만 명의 목숨을 앗아가는 급성전염병이다. 그것들은 발생할 때마다 강력한 도전세력이 되어 전쟁 때처럼 한 사회가 활용할 수 있는 모든 힘을 동원하게 한다. 이보다는 조금 덜 심각한 질병들이 있다. 장티푸스, 이질과 같은 질병과 오물, 오염된 물, 상한 음식, 일반적인 비위생적 환경으로부터 생기는 질병들이다. 이러한 질병들 역시 위험하여 마찬가지로 국가적인 대책이 필요하다. 환경을 위생적으로 처리하는 것은 예전이나 지금이나 국가의 중요한 기능이다.

공중보건 기구는 점점 더 중요한 정부부서가 되었다. 법률과 규정들이 제정되었고 경찰과 법원이 이를 강제적으로 집행했다. 의사는 입법과정의 조언자와 행정관료라는 두 가지 역할을 수행해야 했다. 사람들의 건강을 보호하고 질병을 근절하는 일은 매우 막대한 일이어서 국가권력 없이 달성될 수 없다. 공중보건은 세기가 지날수록 그 영역을 확대해왔고, 예방의학과 치료의학의 경계를 허물어뜨리면서 국가의료로 점차 발전하고 있다.

정부의 공중보건 활동은 항상 두 가지 요소에 영향을 받아왔다. 의학의 수준과 정치철학이다. 질병의 원인, 특징과 치료에 대해 더 잘 알게 될수록, 정부는 더 효과적으로 대처할 수 있다. 그러나 정부가 그러한 지식을 어떻게 활용할 수 있는지를 좌우하는 것은 정치철학이다.

서방세계에서는 16세기부터 19세기 초까지 두 가지 경향이 나란히 발전했다. 프랑스, 프로이센, 오스트리아, 러시아와 같은 절대왕정 국가에서 공중보건 행정은 중앙집권적이고 가부장적이었는 데 반해, 영국과 같이 자유주의 정치철학이 지배하던 민주국가에서는 지방정부도 공중보건에 관한 권한을 많이 가졌다.

절대국가에서는 절대군주가 신하들의 조언을 받아서 법률을 제정했다. 군주와 백성은 가정에서 아버지와 아들의 관계와 같았다. 건강문제에서 군주는 사람들에게 좋다고 생각하는 것을 명령했고 나쁘다고 생각하는 것을 금지했다. 프로이센의 프리드리히 2세, 오스트리아의 요제프 2세 또는 러시아의 예카테리나 2세와 같은 개명 군주들은 그 당시 뛰어난 철학자들, 과학자들 그리고 의사들과 가까이 했다. 그들은 조언에 귀기울였고 그들이 가진 권력으로 원대한 개혁을 실행할 수 있었다. 물론, 백성들에겐 자신들의 군주가 개명된 군주일지에 대한 어떤 보증도 없었다. 예카테리나 2세의 왕좌는 반 미친 아들인 파벨 1세에 의해 계승되었고 요제프 2세는 뒤에 반동의 길을 걷게 되는 동생 레오폴트 2세에게 왕위를 넘겼다.

이러한 공중보건 운동의 대표적인 옹호자는 프랑크(Johann Peter Frank, 1745~1821)였다. 그는 대여섯 군주들에겐 조언자였고, 큰 꿈을 가진 의사이자 위생학자였다. 그는 자연적, 사회적 환경이 사람들의 건강에 미치는 영향에 대해 연구했고, 그것을 종합하여 『의사(醫事)경찰학 체계』(*System einer Vollständigen Medicinischen Polizey*)라는 여섯 권으로 된 책을 펴냈다. 그는 계몽철학을 신봉했지만, 자신의 거의 모든 인생을 절대군주들을 보필

하는 데 바쳤다. 그는 사람의 건강상태를 결정하는 데 사회적, 경제적 조건이 중요하다고 확신했는데,[4] 그의 태도는 그런데도 가부장적이었다. 그는 경찰력으로 보건에 관한 법률을 강제로 집행하는 체계를 이상적인 것으로 생각했다.

영국에서 주권은 국왕, 귀족, 그리고 시민들이 공유하고 있었다. 그리고 의회는 공중보건에 관련된 법령을 많이 제정했다. 19세기에 이르러 서방세계 전역에서 우세하게 된 자유주의적인 태도에는 개인의 자발성과 토론을 장려하는 큰 이점이 있었고, 전제적인 권력으로부터 대중들을 보호했다. 자유주의는 개인의 사적 자유를 되도록 침범하지 않으면서 건강을 증진시키기 위해 노력했다. 이러한 철학적인 기초 위에서 영국의 공중보건 운동은 이미 19세기 중반 무렵까지 공중보건 분야에서 훌륭한 업적들을 거두었다.

흔히 독일식 방법은 경찰력을 통해 보건을 강제하는 한편, 영국식 방법은 교육과 설득을 통해서 행해진다고 한다. 그 말은 맞긴 하지만 사실을 너무 과도하게 단순화하는 것이다.

사실, 영국의 공중보건 운동도 행정력을 최대한 활용했다. 1870년 무렵 독일보다 오히려 영국에서 주택이 거주에 부적절하다는 이유로 철거하기 더 쉬웠다. 영국의 지역사회는 많은 자율을 누렸지만, 중앙정부는 필요하다면 지역사회에 압력을 가하는 데 주저하지 않았다. 그러므로 1870년에는 최소 300명의 납세자가 거주하는 모든 지역사회를 대상으로 다음과 같은 법이 제정되었다. 지난 7년간

---

4) 예를 들면 그의 연설 "The People's Misery: Mother of Diseases," translated from the Latin, with an Introduction by Henry E. Sigerist, *Bulletin of the History of Medicine*, 1941, vol.9, pp.81~100을 보라.

제노아의 한센병 환자수용소(존 하워드, 『유럽의 대표적인 라자레토에 대하여』, 와링턴, 1789)

평균사망률이 인구 1,000명당 23명이 넘는 경우에는 납세자의 10분의 1 이상이 자신들의 건강상태에 문제를 제기하는 즉시 매우 정밀한 건강조사를 받도록 한 것이다. 그리고 그 결과에 따라 지역사회는 특정한 조치를 취해야만 했다.[5)]

다른 한편, 독일에서는 파우스트(Bernhard Christoph Faust, 1755~1842)가 『건강문답』(*Catechism of Health*)을 펴내는 등 보건교육에 커다란 진보적 성과를 거둘 수 있었다. 파우스트의 책은 영어로 번역되어 영국에서 제5판, 미국에서 제4판까지 발간되었다.

자유주의적인 태도는 공중보건 분야에서 심각한 한계를 지니고 있다. 그것은 당시 대부분의 사람들이 갖추지 못했던 교육수준과

---

5) Max von Pettenkofer, *The Value of Health to a City*, Two Lectures Delivered in 1873. 독일어로부터 영역한 것으로 지거리스트의 서문이 실려 있다. Baltimore, The Johns Hopkins Press, 1941, p.51.

제너의 우두접종을 풍자한 그림, 1801

사회적 책임의식을 전제하는 것이기 때문이다. 다른 나라보다 영국
에서는 돌팔이들이 더 활개를 쳤다. 독일에서는 1869년 이전까지
면허를 가진 의사들만 합법적으로 진료할 수 있었다. 그해에 상공
조례가 새로 만들어지면서, 누구든지 의사라고 자칭하지 않는 한
치료를 하고 치료비를 받는 것을 허용했다. 단지 면허를 받은 의사
만 의사라는 칭호를 사용할 수 있었다. 이렇게 이상하고 그 당시부
터 많은 비판을 받았던 규정은 대부분 피르호(Rudolf Virchow)의
자유주의 철학에 근거를 둔 것이었다. 피르호는 개인이 자신의 치
료자를 선택할 자유를 가져야 한다고 선언함으로써 자신의 생각을
정당화했다. 그는 사람은 지성적이므로 진짜 의사와 돌팔이를 구별
할 수 있다고 덧붙였다.

　자유주의의 한계는 앵글로-색슨 국가와 스위스 연방의 몇 개 주
에서 예방접종법의 제정에 대한 저항에서 명백하게 나타났다. 자유

주의자들은 자신과 타인들을 심각한 질병으로부터 보호하기 위하여 불과 며칠 동안 미약할지라도 개인에게 인위적으로 병을 앓게 하는 것은 개인의 사적 자유를 심각하게 위협하는 것이라고 주장했다. 그러나 예방접종으로 얻는 이익은 대단히 큰 반면 그로 인한 손실과 불편함은 매우 적어서 사회적으로 발전된 주민들은 예방접종을 당연한 것으로 받아들일 것이다.

잘못 해석된 자유주의는 강제적인 성병치료에 대한 반대에도 책임이 있다. 그 결과는 성병발생률이 모든 사람에게 무료로 강제치료하는 나라보다 훨씬 높다는 것이다.

자유는 무질서와 자주 혼동된다. 우리가 살고 있는 매우 전문화된 산업사회에서 우리는 서로서로에게 의존하고 있으며, 우리는 본질적인 것을 지키고 보호하기 위해 작은 자유를 희생하는 태도를 배워야만 한다. 공중보건에서 교육은 확실히 가장 중요한데, 그것은 우리에게 어떻게 살 것인가 뿐만 아니라 대중의 건강을 지킬 법률을 어떻게 통과시키고 준수해야 하는지 가르쳐주기 때문이다.

보상법

법률은 건강상실에 대한 보상이나 배상을 보장하는 구실도 해왔다.

원시부족 사회들과 모든 고대 문명에서 남에게 손상을 입힌 사람은 처벌을 받았다. 가장 원시적인 배상방법은 동태복수법, 즉 "눈에는 눈, 이에는 이, 손에는 손, 발에는 발"이었다.[6] 복수는 앙갚음에 대한 욕망을 충족시켰다. 그것은 상실한 장기를 대신하거나 그

---

6) 「출애굽기」 21장 24절.

것을 실질적으로 보상하지 못했다. 그러나 모세 율법이나 함무라비 법전에서 그것은 사회정의를 이룰 수 있는 가장 적절하고 용인할 수 있는 방법으로 채택되었다. 만약 피해자가 사회적으로 낮은 계층이라면, 돈으로 배상도 가능했다. 함무라비 법전에는 다음과 같이 기술되어 있다.[7]

제196조. 자유인의 눈을 멀게 하면, 가해자의 눈을 멀게 한다.

제197조. 자유인의 뼈를 부러뜨리면, 가해자의 뼈를 부러뜨린다.

제198조. 평민의 눈을 멀게 하거나 평민의 뼈를 부러뜨리면, 가해자는 은화 1미나를 지불해야 한다.

제199조. 노예의 눈을 멀게 하거나 노예의 뼈를 부러뜨리면, 가해자는 노예주인에게 그 노예 값의 절반을 지불해야 한다.

제200조. 같은 계층사람의 치아를 부러뜨리면, 가해자의 치아를 부러뜨린다.

제201조. 평민의 치아를 부러뜨리면, 가해자는 은화 3분의 1미나를 지불해야 한다.

모세 율법에서는 자신의 노예를 다치게 한 사람은 그 노예를 풀어줌으로써 배상해야만 했다.[8]

그리고 만약 어떤 사람이 자신의 남자노예나 여자노예의 눈을

---

7) *The Hammurabi Code and the Sinaitic Legislation*, by Chilperic Edwards, London, 1921, p.38.
8) 「출애굽기」 21장 26~27절.

세게 때려서 실명시키면, 그는 그 대가로 노예를 풀어주어야 한다.

또 자신의 남자노예나 여자노예의 치아를 때려서 부러뜨리면, 그 대가로 노예를 풀어주어야 한다.

돈으로 배상하는 것은 사회적으로 동등한 사람들 사이에서 점차 규칙이 되었으나, 지불해야 하는 돈은 사회적 신분에 따라 달랐다. 예컨대 히타이트 법전에서 자유인의 손이나 발을 부러뜨린 사람은 은화 20세켈을 지불해야 하지만, 피해자가 노예일 경우에는 그것의 절반이었다. 자유인의 코를 부러뜨린 행위에 대한 벌칙은 은화 1미나고, 노예의 경우에는 3세켈이었다.[9]

살인이나 과실치사에 대한 처벌은 원칙적으로 죽이는 것이었다. 그러나 심지어 이런 경우에도 보상은 매우 이른 시대부터 받아들여졌고, 노예는 역시 다른 노예로 대체될 수 있었다. 히타이트 법전에 따르면 어떤 노예를 고의가 아니었으나 죽게 한 사람은 대신 다른 노예를 줌으로써 대체할 수 있었으나, 고의로 살인한 경우에는 노예 두 명을 주어야 했다. 자유인을 살인한 사람에 대한 처벌은 노예 네 명이었고, 과실치사인 경우는 노예 두 명이었다. 이 법전에는 이미 어떤 지역에서는 돈으로 배상하는 것이 관습이라고 언급되어 있다.[10] 보복 대신에 배상금을 지불하는 것은 중세의 많은 법전들에서도 찾아볼 수 있다.

어떤 원시적인 종족에서는 다른 종족의 일원을 죽인 사람은 사형

9) Heinrich Zimmern, *Hethitische Gesetze aus dem Staatsarchiv von Boghazköi*, Leipzig, 1922, p.7을 보라.
10) *Ibid.*, p.5.

에 처해지지 않고 희생자의 부족에 속해야만 했다. 살인자는 따라서 희생자를 대신했다.[11]

많은 고대의 법전들이 배상요금표를 수록하고 있다. 살리카 법전과 앵글로-색슨 법뿐만 아니라 고대 로마의 12표법에서도 그것들을 찾아볼 수 있다. 그것들은 여러 신체부위에 따라 상대적인 가격을 보여준다는 점에서 흥미롭다. 예컨대 함무라비 법전에서 뼈를 부러뜨리거나 눈을 다치게 한 데 대한 처벌은 은화 1미나인데, 치아를 부러뜨린 경우는 3분의 1미나다.[12] 히타이트 법전에서 귀를 자른 데 대한 배상은 12셰켈인데, 손이나 발을 다치게 하면 20셰켈이다. 코를 자른 데 대한 배상액은 1미나 또는 60셰켈인데,[13] 아마도 희생자의 용모를 심히 상하게 했기 때문일 것이다.

앵글로색슨 법에는 매우 복잡한 배상액표가 있다. 여기에는 애설스탠(Æthelstan) 왕의 법령에 나오는 상해들을 배상액수에 따라 정리했다.[14]

1실링: 멍이 듦, 손톱이 빠짐, 안쪽 어금니가 손상됨.

3실링: 갈비뼈가 부러짐, 뼈가 드러남, 첫 번째 어금니가 손상됨, 엄지손톱이 빠짐, 얼굴에 작은 흉터가 생김, 귀가 뚫림.

4실링: 뼈의 손상, 가운데 손가락이 잘림, 눈이나 이가 손상됨.

11) A.S. Diamond, *Primitive Law*, London, 1935 and E. Sidney Hartland, *Primitive Law*, London, 1924를 보라.

12) *L.c.* §198 and §201, p.38.

13) *L.c.* §15, §11, §13, p.7.

14) Albert Kocourek and John H. Wigmore, *Sources of Ancient and Primitive Law*, "Evolution of Law," vol.1, Boston, 1915, pp.516~517.

6실링: 팔이 부러짐, 목뼈가 부러짐, 무명지가 잘림, 앞니가 손상됨, 팔이 찔림, 귀가 절단됨, 코에 구멍이 뚫림, 얼굴에 큰 흉터가 생김.

8실링: 집게손가락이 잘림.

9실링: 코에 구멍이 뚫림.

10실링: 엄지발가락이 잘림.

11실링: 새끼손가락이 잘림.

12실링: 넓적다리가 부러짐, 복부를 다침, 귀가 잘림, 말하는 데 장애가 생김, 입이나 눈이 다침.

20실링: 턱뼈가 부러짐, 엄지손가락이 잘림, 배가 뚫림.

25실링: 한쪽 귀가 잘리고 다른 쪽은 듣지 못함.

30실링: 어깨를 못 쓰게 됨.

50실링: 발이 잘림, 눈이 빠짐.

신체를 손상당한 피해자가 가해자에게 피해에 대한 소송을 제기하고, 불법행위에 대해 배상받을 수 있다는 원칙은 일찍부터 널리 받아들여졌다. 그것은 관습법뿐만 아니라 로마법에 기초를 두고 있었다. 그러나 산업발달과 함께 새로운 문제가 19세기에 급격히 부각되었다. 우리가 앞의 장에서 논의한 바와 같이, 산업생산의 새로운 방식은 과거에 비해 노동을 더욱더 위험한 것으로 만들었다. 공장에서 사고와 직업병은 크게 증가했고, 다친 노동자가 자신의 고용주에게 배상을 요구할 수 있는지 그리고 어떤 조건에서 가능한지 등의 문제가 생겨났다.

고용주의 책임과 노동자에 대한 배상을 법제화한 역사는 그것이 그 시대의 정치사와 사회사를 반영한다는 점에서 매우 흥미롭다. 처음에 법의 제정은 모두 고용주를 위한 것이었고, 따라서 노동자들은 자신이 입은 손해에 대해 보상받을 방법이 없었다. 노동이 조직되고 그것 자체가 정치적인 힘이 되면서 상황은 바뀌었다. 조직된 노동의 압력 아래, 완벽한 것과는 아직 거리가 멀지만 법률은 노동자의 권익을 보호하고 복지를 향상시키는 데 점차 관대해졌다.

관습법에서는, 노동자가 입은 상해는 고용주의 태만이나 실수에 의한 것이라고 법정에서 증명할 수 있을 경우에만 인정되었다.[15] 노동자가 노동조직에 의해 지원받지 않는 한, 그러한 증명을 하는 것은 매우 어렵다는 점은 명백하다. 그리고 상해를 인정받는다고 해도, 배상금의 대부분은 변호사 비용으로 나갔다. 이러한 상황은 이른바 "동료종업원 책임원칙"에 의해 더욱 악화되었다. 그것은 1837년 영국에서 먼저 생겼고 미국이 그 뒤를 따랐다.

그 원칙에 의하면 같은 고용주에 의해 고용된 모든 노동자는 동료종업원으로 간주되었고, 그들 중 어떤 사람의 태만이나 실수로 생긴 상해에 대해 고용주는 아무런 책임이 없다는 것이었다. 고용주는 더군다나 사고를 당한 노동자가 아무리 미미하더라도 일하던 중에 태만했거나 실수를 저지른 점을 증명하면 모든 책임이 면제되었다. 그 법은 더군다나 위험한 직업에 종사하는 노동자는 고용주와 임금계약을 했을 때, 일상적으로 일어날 수 있는 모든 위험을 가정한 것이라고까지 해석되었다.

---

15) 이 문단과 다음 문단에 대해서는 다음을 보라. Edward Berman, Employers' Liability, in: *Encyclopædia of the Social Sciences*, vol.V, New York, 1931.

그 가운데서도 가장 악랄한 법은 영국에서 1846년까지 시행되었고 미국에서는 몇 해 뒤까지도 시행되었던 법률이다. 그것에 따르면 사고로 사망한 노동자의 부양가족은 고용주에 대해 손해배상을 제기할 수 없었다. 피해자가 죽음으로써 사건도 종결된다는 해석이었다.

영국에 비해, 법률이 주로 로마법에 기초해 있던 유럽 대륙의 국가들은 상황이 다소 나았다. 그리하여 프랑스의 민법은 동료종업원 책임원칙을 따르지 않았다. 고용주는 자신과 대리인에 의한 상해에 대해 책임이 있었고, 치명적 사고에 대해 보상을 해주어야 했다. 어쨌든, 그런 국가들에서도 노동자들은 일상적인 위험이나 그 자신의 태만에 의한 상해에 대해서는 보상을 요구할 수 없었다. 19세기 중반, 산업에 따른 위험이 증가하고 있을 때, 노동자들은 사고로부터 매우 적은 보호밖에 받지 못했고 직업병에 대해서는 전혀 보호받지 못했다.

철도의 발달은 새로운 상황을 만들어냈다. 철도는 위험한 운송수단으로 사고가 잦았다. 일찍이 1838년에 베를린과 포츠담 사이에 첫 번째 노선이 개통되었을 때, 프로이센 정부는 철도회사에게 사고에 대해 책임을 지게 했다. 사고를 당한 사람들, 즉 승무원과 승객들은 상해가 자신의 부주의나 "신의 행위"에 기인한 것이라고 입증되지 않는 한 배상을 받을 수 있었다. 다른 국가들은 이 선례를 따랐고, 독일은 통일 직후인 1871년에 제정된 제국법령에서 다른 산업부문에서도 마찬가지로 책임의 범위를 확대했다. 이것은 고용주들이 보험을 통한 자구수단을 강구하도록 압력을 가했다.

1880년 영국의 고용주 책임법은 동료종업원 책임원칙을 공식적으로 폐기하는 첫 번째 발걸음이었다. 그것은 철도가 역시 상황을 바꾸는 수단이 되었던 미국에서 강한 반향을 일으켰다.

이전의 모든 책임법령은 심각한 결함을 지녔다. 그것은 노동자들을 일상적인 위험이나 그들 자신의 부주의에 기인한 위험으로부터 보호하지 못한다는 것이었다. 또 노동자들이 엄두를 내기 어려운 절차인 법원에 고소해야만 상해를 인정받을 수 있었다. 점차적으로 노동의 압력 아래 아무리 고용주와 노동자가 조심하더라도 모든 산업에는 상해의 위험이 도사리고 있으며, 노동자의 부주의는 피로에 따르는 것이고, 구호금에 의존하는 장애인 집단을 갖는 것은 사회 이익에도 반한다는 사실을 인식하게 되었다. 이러한 관점은 점차 구체화되었다. 노동자의 상해에 대한 보상은 누구의 잘못이나 부주의와 관련 없이 생산비의 일부로 간주해야 한다는 생각이 자리 잡기 시작했다. 이러한 관점이 보편화되면서, 새로운 형태의 법이 제정될 기운이 무르익었다.

비스마르크의 사회보장법으로, 독일은 이 분야에서 선구자적인 역할을 했다. 1883년에 제정된 질병보험법은 상해를 입고 질병에 걸린 임금노동자에게 최대 13주 동안 의학적인 치료와 현금급여를 보장했다. 1884년의 산업재해보험법은 노동자들이 산업재해로 입는 모든 상해를 보상받을 수 있는 강제보험 제도를 규정했다. 이 법은 처음에는 공업과 광업에만 적용되었으나, 점차로 건설, 운수, 농업 분야까지 범위가 넓어졌다.

처음에는 생산직 노동자들만 혜택을 받았지만, 1929년부터 시행된 강제보험에서는 적용범위가 사무직 노동자로 넓혀졌고, 1925년부터는 사고뿐만 아니라 직업병도 보상을 받았다. 그리고 보험료는 고용주가 전액을 부담하여 실제적으로 생산비용의 일부가 되도록 했다. 보험급여는 치료, 재활, 일시적 및 영구적인 장애에 대한 현금급여, 홀로 남은 부인에 대한 연금을 포함했다.

독일의 산업재해보험법은 새로운 출발이었고, 곧 많은 유럽 국가들이 뒤를 따랐다. 1897년 영국의 노동자보상법은 원칙이 독일과 조금 달랐다. 그것은 고용주의 책임을 확대하고 강제로 상해를 보상하도록 했지만, 보험가입 여부는 고용주의 선택으로 남겨두었다. 또한 "노동자의 명백하고 큰 부주의" 때문에 생긴 상해는 보상범위에서 제외되어 있어, 많은 경우에서 소송은 피할 수 없는 것이 되었다. 1906년에 개정된 보상법에서는 31가지 직업병이 포함되었다.

미국은 보상법을 제정하는 것이 매우 늦었으며, 주로 영국의 패턴을 따랐다. 1911년까지 9개 주에서 영국식 법이 제정되었고 다른 주들도 연달아 뒤를 따랐다. 그러나 아직까지 직업병에 대해 보상하지 않는 주들이 있고, 지금 통용되는 많은 법이 심각한 결함을 지니고 있다.

사람들은 대개 산업노동이 얼마나 위험하고 아직도 해마다 얼마나 많은 희생자가 생기는지 인식하지 못한다. 1939년 미국 노동부의 공식적인 보고에 따르면,[16] 그해에만 1만 8,000명의 노동자가 죽었고, 10만 6,000명이 영구적인 장애인이 되었으며, 140만 7,000명이 일시적이지만 전혀 노동을 할 수 없었다. 광산에서만 1,800명의 사망자가 생겼다. 가장 보호받지 못하는 산업인 농업에서는 4,300명의 희생자와 1만 3,000명의 영구적인 장애인이 생겼다. 이들의 수는 산업재해의 희생자들이 빈곤으로 전락하는 것을 막기 위

---

16) U.S. Department of Labor, Bulletin 625.

한 법률의 제정이 얼마나 필요한지 보여준다.

의사로부터 사회를 보호하는 법

의사로부터 사회를 보호하기 위한 법률 또한 필요했다. 사회를 돕는 기능을 가진 사람들로부터 사회를 보호해야 한다는 것은 역설인 것 같다. 그러나 의사를 '의료행위를 하도록 국가가 면허를 주는 사람'이라고 법률적으로 정의하기 시작한 것은 불과 몇 세기 전인 중세 때의 일임을 기억해야 한다. 그 전에는 누구나 자신을 의사라고 자처할 수 있었고, 환자들을 나름대로 치료하고 대가로 돈을 받을 수도 있었다.

의사는 전문성 때문에 다른 직업인들보다 더 많은 힘을 가지고 있다는 사실을 사회는 항상 인식했다. 의사는 치료약뿐만 아니라 독으로 쓸 수 있는 약에 대해서도 알았다. 의사는 또한 환자의 비밀을 알았으며, 그렇기 때문에도 환자에 대한 영향력은 매우 컸다. 사회는 의사를 필요로 하기 때문에 의사의 권한을 용인했다. 그러나 어떤 시대든 이러한 권한의 잘못된 사용으로부터 사회를 보호하기 위해 노력했다.

원시사회의 의사인 샤먼은 자주 혐의를 받았다. 마법을 제거할 수 있는 사람은 또한 마법을 걸 수 있다는 논리인 듯했다. 다른 범인이 발견되지 않았을 때, 혐의는 자주 샤먼에게 돌아갔다. 그럴 경우, 도망쳐 숨을 곳을 찾지 못하면 그는 호된 시련을 겪을 수밖에 없었다.

사회에 가장 위험한 것은 숙련되지 않은 외과의사였다. 그가 저지를 수 있는 위험은 모두에게 즉각적이고 명백했다. 그렇기 때문에 제일 처음 만들어진 법적 규제는 외과의사에 대한 것이었다.

함무라비 법전은 외과의사가 자신의 행동에 책임을 지게 했다. 외과의사는 성공적인 수술로 대가를 받지만 실패한 경우에는 벌을 받는다. 노예를 수술하다가 그 노예가 죽으면, 외과의사는 다른 노예로 배상해야 했고, 수술의 결과로 노예의 한쪽 눈을 다치게 하면, 그 노예 값의 반을 은화로 지불해야 했다. 자유인이 수술로 인해 죽으면, 외과의사의 오른 손을 잘랐다.[17] 손이 잘리면 외과의사는 아무 일도 할 수 없다. 법률이 너무 가혹해서, 나는 이것이 과연 시행된 적이 있는지 의심스럽다. 자신의 머리나 손이 잘릴지도 모르는데 환자를 수술할 의사는 어디에도 없을 것이다.

고대 페르시아에서, 우리는 외과의사의 시험과 면허에 대한 규정을 발견한다. 어떤 외과의사도 데바를 숭상하는 이교도 세 명의 수술에 성공하기 전에는 아후라 마즈다를 숭배하는 페르시아 사람들을 진료할 수 없었다. 만약 세 번의 시험적인 수술에 성공하지 못한다면 그는 "치료의 기술을 수행하기에 영원히 부적합"하다고 선언되었다. 만약 이러한 금지에도 불구하고 진료를 하고 그의 칼에 환자가 죽으면, 그는 "고의적 살인"으로 처벌받았다.[18]

그리스와 로마 시대에는 의사들의 면허에 관한 법적인 규정이 없었다. 사람들은 돌팔이 의사들에게서 보호받지 못했고, 로마에는 많은 수의 돌팔이들이 있었다. 면허에 대한 첫 번째 발걸음은 2세

---

17) C. Edwards, *The Hammurabi Code*, London, 1921, §§215~223. pp.39~40.
18) "The Zend Avesta, I. The Vendidad," ed. by J. Darmesteter, in: *The Sacred Books of the East*, ed. by F.M. Müller, Oxford, 1880, vol.IV, pp.83~84.

기에 나타났다. 당시 로마 제국에서는 의사들이 특권을 많이 누리고 있어서 의사 수를 지역사회의 규모에 맞춰 제한할 필요가 있었다. 의사의 특권을 누리려면 신임장을 받아야 했다. 이와 같이 사람들은 특권의사——뒤에 발데독티(valde docti) 또는 아르키아트리(archiatri)로 불렸다——가 지식과 기술에 관해 당국의 기준을 충족시킨 진정한 의사라고 여겼다.

의사에게 법적인 권위를 부여하는 현대와 같은 의사면허 제도는 중세시대에서 비롯된다. 1140년 노르만 왕 로저(Roger)가 내린 다음과 같은 칙령이 효시다.

지금부터 의술을 행하고 싶은 자는, 우리 관리와 검사관 앞에 출석하여 판정을 통과해야 한다. 만약 이러한 조치를 무시할 만큼 뻔뻔하다면, 감옥에 갇히거나 모든 재산을 몰수당하는 벌을 받을 것이다. 이런 방법으로 우리는 우리 백성들이 자격 없는 의사들로부터 피해받지 않도록 하려는 것이다. 살레르노의 의학교수들로 구성된 기구의 승인을 받지 못한다면 아무도 감히 의술을 행할 수 없다.

위의 노르만 법전은 신성로마 제국 제3대 황실인 호엔슈타우펜 왕조의 황제 프리드리히 2세가 의료행위를 상세히 규제하기 위해 1231년부터 1240년까지 반포한 제국법규에 반영되고 확대되었다. 이 법규에서 의학교육 과정이 3년 동안의 논리학과 5년 동안의 의학 등 8년으로 규정되었고, 또 1년의 실습과정이 부가되었다. 의사면허를 얻으려는 사람들은 제국의 관리들이 배석한 가운데, 당시 가장 유능한 의사들인 살레르노 의학교의 교수들에게 시험을 치렀다. 이 시험을 통과하면 황제나 그의 대리인에 의해 의사면허증이 수여되었다.[19]

이러한 식으로 국가는 의료시술을 공인했고, 무지하거나 무능한 돌팔이들로 인해 발생하는 위험에서 국민들을 보호했다. 이렇게 만들어진 패턴은 서양에서 오늘날과 비슷한 것으로 발전했다.[20]

사회는 여러 가지 법적인 방법으로 의사들의 권한남용으로부터 스스로를 보호하려 한다.[21] 의사에게 진료를 받는 환자는 의사의 태만으로 일어나는 피해에 대해 의사를 고소할 수 있는 권리를 가진다. 그래서 의사들은 의료사고 보험에 가입한다. 다른 한편 의사들은 계약의 다른 당사자로서 환자에게 치료비를 청구할 권리를 법으로 보장받을 수 있다. 법률은 환자의 비밀을 보호하는데, 이러한 것은 멀리 히포크라테스 선서로 거슬러 올라갈 수 있다. 의학적 도움은 환자가 자신을 진료하는 의사를 완전히 믿고 그에게 마음의 비밀스러운 부분을 들여다보게 하지 않으면 많은 경우 불가능하다. 하지만 많은 나라에서는 사회적 이익이 결부되어 있는 경우에 법률로 의사에게 비밀을 공개할 수 있게 허용하거나, 나아가 비밀을 의

---

19) Huilland-Bréholles, *Historia diplomatica Friderici Secundi*, vol.4, Paris, 1854: "Constitutiones Regni Siciliae." English translation in E.F. Hartung, "Medical Regulations of Frederick the Second of Hohenstaufen," *Medical Life*, 1934, vol.41, pp.587~601을 보라.

20) H.E. Sigerist, "The History of Medical Licensure," *Journal of the American Medical Association*, 1935, vol.104, pp.1057~1060을 보라.

21) L. Ebermayer, "Der Arzt in Gesetz und Rechtsprechung," in: *Der Arzt und der Staat, Vorträge des Instituts für Geschichte der Medizin an der Universität Leipzig*, vol.2, Leipzig, 1929, pp.45~59를 보라.

무적으로 공개하도록 규정하고 있다.

인공유산

법률은 모체에서 자라나는 생명을 보호하며 임신이 산모의 생명에 직접적인 위험이 되지 않는 한 인공유산을 금지한다. 이것은 기독교적인 유산(遺産)이다. 히포크라테스 선서의 규정에도 불구하고 고대에는 인공유산이 자주 행해졌다. 심지어 플라톤과 같은 철학자들은 인구를 조절하는 방법으로 인공유산을 추천하기도 했다. 기독교는 심지어 의학적인 이유가 있더라도 인공유산을 금지하며, 아직 세례를 받지 않은 태아보다 이미 세례를 받은 산모를 의학적으로 희생시킬 것을 요구한다. 가톨릭 교회는 이러한 견해를 여전히 견지하고 있지만, 반면에 세속의 법률은 다행히도 다른 태도를 갖고 있다.

인공유산의 문제는 심각하다. 히틀러 집권 전의 독일에서는 해마다 결핵에 의한 것보다 인공유산 뒤의 패혈증으로 사망하는 여성이 더 많은 것으로 추산되었다. 피임약을 쉽게 이용할 수 없거나 사생아의 출산이 오명으로 낙인 찍히는 곳이면 어디에서나 불법적 인공유산은 항상 행해질 것이다. 그래서 인공유산을 합법화한 소련의 시도는 주목을 받았다. 사실 그것은 계획적인 시도라기보다는 일종의 긴급조치였다.[22]

1920년에 러시아의 상황은 매우 좋지 않았다. 내전과 외국군의 간섭이 여전히 남아 있었다. 기근은 나라의 여러 지역을 황폐화시

---

22) H.E. Sigerist, *Socialized Medicine in the Soviet Union*, New York, W.W. Norton and Co., 1937, pp.246~253을 보라.

컸다. 여성들은 노동전선과 전쟁에서 활동적인 부분을 담당하고 있었다. 주거환경은 열악했고, 임금은 적었으며, 피임약도 이용할 수 없었다. 이러한 상황에서 여성의 건강을 크게 해치는 인공유산이 빈번히 일어났다. 따라서 인공유산이 불가피하다면 병원에서 유능한 의사들이 합법적으로 인공유산 시술을 시행하는 것이 오히려 낫다고 여겨졌다.

16년이 지난 1936년에는 상황이 근본적으로 개선되었다. 생활환경과 노동조건은 크게 향상되었다. 식량부족은 완전히 극복되었고, 임금수준도 상당히 높아졌다. 이미 모든 두 번째 아이들이 조산소에서 태어났고 1,500만의 아이들을 보살필 수 있는 충분한 육아실이 마련되었다. 산아조절 방법이 발달했고 여성들은 정부의 여성상담 기구에서 쉽게 정보를 얻을 수 있게 되었다. 따라서 더 이상, 특히 반복적으로 할 경우 결코 해가 적지 않은 인공유산을 할 필요가 없어졌다. 그 법률은 폐지되었고, 동시에 많은 기금으로 산과(産科) 병원과 육아실을 새로 짓고 부양가족이 많은 가구에게 재정적인 도움을 주었다.

소련의 경험에서 우리가 배울 수 있는 것은 다음과 같다. 인공유산은 필요하지 않으며, 특별한 의학적인 이유가 있지 않다면 인공유산은 건강에 해로우므로 금지해야 한다. 단, 그렇게 하기 위해서는 사회가 다음과 같은 조건을 갖추어야 한다. (1) 남성이든 여성이든 모든 사회구성원에게 일자리를 보장한다. (2) 무상으로 어머니와 어린이를 돌보는 의학적, 사회적 기관을 마련한다. (3) 가족 수가 많은 가정에 충분한 재정적 도움을 제공한다. (4) 원하는 모든 사람에게 피임법을 알려준다. (5) 사생아 출산에 대해 낙인을 찍지 않는다. 사회가 그러한 조건들의 중요성을 깨닫지 못한다면, 수많은 은밀한 불법적 인공유산과 수많은 희생자에 직면할 수밖에 없다. 그러한 경우라면 인공유산을 합법화하는 것이 오히려 덜 부도덕할지 모른다.

불임수술

의학과 법률과 관련된 여전히 매우 논쟁적인 또 다른 문제는 우생학적인 이유의 불임수술이다.[23] 의학적, 사회적 서비스의 발달로 이전 세기에는 유전학적인 문제로 삶을 잇기 어려웠던 수십만 명의 사람들이 생존할 수 있게 되었다. 동시에 한편에서는 신체적으로 건강한 젊은이들이 수백만 명씩이나 전쟁에서 주기적으로 죽어갔다. 이것은 결과적으로 약한 사람들이 살아남는 역선택을 초래하여 궁극적으로 인류라는 종의 퇴화를 초래함이 틀림없다.

우생학은 다윈 학설의 직접적인 산물이었다. 부적합한 개인이 자식을 갖는 것을 막는다는 개념은 스위스 정신과의사인 포렐(August Forel)이 성적인 신경증으로 고통받는 한 여성에게 일찍이 1886년에 불임수술을 함으로써 현실이 되었다. 1892년에 그는 오로지 우생학적인 이유로 사람들을 거세했다. 어쨌든 거세는 내분비계의 균형을 교란시키기 때문에 심각한 문제였다.

하이델베르크의 케러(Kehrer)와 시카고의 옥스너(Ochsner)가 각각 1897년과 1898년에 고안한 새로운 거세방법은 여성의 나팔관이나 남성의 정관을 절단하고 묶거나 폐색하는 방법이었다. 이것

---

23) S. Zurukzoglu, *Verhütung erbkranken Nachwuchses*, Basel, 1938을 보라.

은 후유증이 거의 없는 비교적 작은 수술이기 때문에 매우 발달한 방법이라고 여겨졌다.

의사들이 유전병을 방지하는 수단으로 불임수술을 시행하기 시작하자마자 법적인 문제가 대두했다. 불임수술은 명백하게 남용될 소지가 있었다. 이러한 것들로부터 사회를 보호하기 위해서는 법적인 규제가 필요했다. 모든 형태의 불임수술에 대해 격렬하게 저항해온 가톨릭 교회는 1930년 '정결과 결혼생활'이라는 로마교황의 교서를 통해 새로운 불임수술에 대해 반대를 표명했다. 그런 까닭에 불임수술을 합법화하는 법률은 개신교 국가들에서 처음으로 제정되었고, 유럽에서는 첫 번째로 1921년 스위스의 보 주에서 제정되었다. 수정된 공중보건법에서는 치료 불가능한 정신질환이나 정신박약으로 고통받는 사람에게 불임수술을 할 수 있다고 규정되었다. 수술은 우선 공중보건위원회의 승인을 받아야 하고, 그 다음 두 명의 의사에게서 전문적인 조언을 받은 후에 행할 수 있었다.

미국에서는 일찍이 1907년에 인디애나 주에서 불임수술법이 제정되었다. 그것은 1921년에 위헌이라고 선언되었으나, 새로운 법이 1927년과 1931년에 의회를 통과했다. 다른 주들에서도 상황은 비슷했고, 1926년에 논쟁은 대법원으로 가게 되었다. 이 문제의 주심판사인 홈스(Oliver Wendell Holmes)는 다음과 같이 매우 중요한 견해를 표명했다.[24]

문제를 가진 자손이 태어나 범죄를 저지르거나 생활력이 없어

---

24) *Journal of Heredity*, 1927, vol.18, p.495에서 인용.

굶주려 죽도록 하는 것보다는 부적격함이 분명한 사람의 대가 이어지지 않도록 사회적 조치를 취하는 편이 오히려 더 나은 일이다. 강제적인 예방접종을 지지하는 원칙은 나팔관을 절단하는 것을 수용할 만큼 보편적이다.

이러한 판결의 기초 위에 버지니아 주의 불임수술법은 합헌이라고 선언되었고 오늘날 28개 주가 그러한 법률을 갖고 있다.

1933년 이전에는 많은 나라가 자식을 낳는 것이 명백하게 부적절한 사람에게 출산을 금지하는 법률을 갖고 있었으나, 실제로 불임수술은 매우 제한된 규모로만 행해졌다. 미국에서는 1937년 1월 1일까지 2만 5,403명이 불임수술을 받았고, 대부분은 캘리포니아에서 행해졌다.

나치가 독일에서 득세하면서 상황은 바뀌었다. 일찍이 1907년과 1925년에 독일 의회에 불임수술 법안이 제출되었지만, 최종적으로 법이 제정된 것은 1933년 나치 정권에 의해서였다. 그 법은 30년간의 정신과적인 연구와 유전학적인 연구에 기초를 둔 것이었다. 예비작업은 히틀러가 집권하기 전에 이미 마무리되었기 때문에[25] 그 법은 조만간 통과될 예정이었다. 나치는, 어쨌든, 그 법률을 자신들의 인종적 이데올로기에 적용했으며, 그것은 그 자체가 나치의 건강과 인구계획을 공공연히 내세우는 기반이 되었다. 스칸디나비아 국가들도 비슷한 법률을 제정했지만[26] 천천히 그리고 조심스럽게

---

25) Marie E. Kopp, "Eugenic Sterilization Laws in Europe," *American Journal of Obstetrics and Gynecology*, 1937, vol.34, p.499.

적용한 반면, 독일은 즉각적이고도 엄청난 규모로 시행해 나갔다.

그 법률은 유전적인 정신박약, 정신분열병, 조울병, 간질, 그리고 헌팅턴 씨 무도병(舞蹈病), 유전적인 귀머거리와 장님, 그 밖의 몇 가지 유전적인 신체기형으로 고통받는 사람들에게 적용되었다. 결정은 이른바 '유전적 건강법원'의 손에 달려 있었다. 법이 시행된 첫해에, 25만명이 불임수술을 받았고, 그 법의 적용을 받은 사람이 60만 명을 넘어선 것으로 보아 뚜렷한 과학적 증거보다는 정치적인 이유에 의해 결정된 것으로 여겨졌다.

이러한 나치 법의 결과에 대해 단정짓기는 아직 이르다. 하지만 나는 우생학적인 불임수술을 단지 나치의 이념으로만 간주하고 단순히 현재의 독일 체제와 그 통치방식이 싫기 때문에 그 문제를 꼼꼼히 따지지 않고 넘겨버리는 것은 큰 잘못이라고 생각한다. 앞에서 언급했듯이 이 문제에 가장 앞장섰던 것은 미국과 스위스였으며, 스칸디나비아 국가들의 법률도 독일과 같이 가혹했다. 문제는 심각하고 첨예하다. 우리는 조만간 그것에 주의를 기울이게 될 수밖에 없을 것이다.

의학 및 법률과 관련해서 주기적으로 제기되는 또 다른 문제는 의사가 환자의 마지막 고통을 완화시키도록 허락받을 수 있는가에 관한 문제, 즉 안락사다. 이것은 매우 미묘한 문제인데, 법률용어로 명확하게 정의하기도 어렵다. 나는 의사의 개인적인 양심에 맡겨두는 것이 더 나은 문제들 가운데 하나라고 생각한다. 실제로 안락사는 우리가 알고 있는 것보다 훨씬 많이 양심적인 의사들이 시행하

---

26) 덴마크는 1929년, 스웨덴과 노르웨이는 1934년, 핀란드는 1935년.

고 있을 것 같다.

책임

마지막으로 내가 짤막하게 언급하고 싶은 것은 질병과 법률의 관계다. 어떤 사람이 누군가의 재산을 훔치거나 다른 사람을 죽이면, 그는 체포되어서 재판을 받고 감옥에 갇히거나 처형될 가능성이 있다. 사회는 일반적으로 정해진 규칙을 위반하는 반(反)사회적인 사람으로부터 사회 자체를 보호하기 위해 노력한다. 사회는 죄인에게 그가 저지른 범죄에 대한 보복으로 고통을 받도록 했다.

하지만 점차적으로 많은 경우에서 사회가 교육의 기회와 자신들의 천부적인 소질을 발달시키고 이용할 기회를 박탈당한 사람들의 반사회적인 행동에 대해 책임이 있다는 사실을 발견하게 되었다. 개인으로서 어찌할 수 없는 불리한 사회적, 경제적 조건들이 그의 가치관을 왜곡시켜 법률과 충돌하게 만들었다. 진보적인 판사들은 반사회적인 사람들을 재교육하고 재활시킴으로써 범죄자를 사회의 유용한 구성원으로 복귀시키려는 관점에서 법을 시행한다. 그러나 대다수를 차지하는 보수적인 판사들의 마음속에는 여전히 복수와 처벌이라는 원시적인 관념이 살아 꿈틀거리고 있다.

의학은 많은 범죄자들이 자신이 무엇을 하는지 인식하지 못하는 상태에서 훔치거나 죽이거나 그 밖의 다른 범죄를 저지른다는 사실을 알아내 왔다. 범죄자들의 마음이 질병 때문에 혼란스러워지면 그들은 범죄를 저지르는 순간에 옳고 그름을 구별하지 못한다. 열병은 정신착란을 일으켜 환자를 폭력적으로 변하게 만들거나 범죄를 일으키며 열이 내리면 자신이 했던 행동을 전혀 기억하지 못하

는 경우가 있다는 것은 오래전부터 알려진 사실이다. 술이나 대마
초 등 약물에 중독된 사람에게서도 똑같은 행동이 관찰된다. 암살
자(assassin)라는 단어는 대마초(hashish)를 먹은 사람이라는 뜻
의 아라비아어 하샤쉬(hashshash)에서 나왔다.

　그러한 사람들이 자신의 행동에 대해 책임을 져야 하는지, 자신
이 몰랐던 행위에 대해 처벌받아야 하는지에 관해서 법률적인 문제
가 제기된다. 법률은 항상 일반적인 사람들, 즉 정신적으로 온전한
사람들을 기준으로 하여 만들어졌다. 예전부터 정신적으로 온전하
지 못한 사람은 사회에 소속되지 못하고, 따라서 법률적 판단 바깥
에 있다고 여겨져 왔다. 법률적인 관점에서, 사람은 두 그룹으로 나
뉘었다. 즉 자신의 행위에 대해 책임을 질 수 있는 정신적으로 온전
한 사람과 그렇지 못한 정신이상자다. 정신이상자인 범죄자는 처벌
받지는 않았지만, 그들은 사회에 위협적인 존재기 때문에 예전에는
감옥에 갇혔고, 근대에 들어서는 정신병원에 입원해야만 했다. 법
원은 그런 까닭에, 판결을 내리기 전에 피고의 사리분별 여부, 정신
이상 여부를 판단해야 하는 경우가 적지 않았다.

　이 문제는 형법뿐만 아니라 민법에서도 매우 중요했다. 정신상태
가 명백하게 정상이지 않은 사람이 쓴 유언장은 유효하다고 여기지
않았다. 정신이상은 이혼, 군주의 폐위, 개인을 감독하는 사유가 되
었다. 이미 중세시대에 법원은 의사에게 피의자가 정신이상자인지
아닌지를 판별하도록 요청했고, 의사의 전문가적인 증언은 판사의
선고에 영향을 미쳤다.

　여태까지는 순조롭게 진행되었다. 그러나 문제는 어떤 시대든 의
학이 법률보다 적어도 반세기 정도 앞서간다는 것이었다. 법률은

앞서 나갈 수 없으며 따라가야 하기 때문에 이것은 지극히 정상적인 현상이다. 새로운 의학적 발견은 우선 의학전문가들에게 받아들여져야 하고 그 다음에 사회에서 일반적인 인정을 얻어야만 한다. 그리하여 최종적으로 국가의 법률에 반영될 것이다. 그러므로 법률의 개혁은 매우 느린 과정이다.

19세기와 20세기에 걸쳐 심리학과 정신의학이 크게 발전했다. 프랑스 대혁명 때 정신의학의 새로운 시대를 열었던 피넬은 정신의학의 법률적인 측면에도 많은 관심을 가졌다. 1817년에 그는 「정신질환의 법적 측면에 관한 관찰결과」(Résultats d'observations pour servir de base aux rapports juridiques dans les cas d'aliénation mentale)라는 제목의 논문을 발표했다. 피넬의 제자인 에스퀴롤(Esquirol)은 한 걸음 더 나아가 정신병을 앓는 범죄자들의 든든한 옹호자가 되었다. 에스퀴롤은 편집광에 대한 이론을 발전시키는 중에, 참을 수 없는 충동의 결과로서 어떻게 훔치고, 죽이고, 방화와 성범죄를 저지르는지를 보여주었다.

1835년에는 영국의 프리처드(J.C. Prichard)가 도덕적 정신이상이라는 개념을 도입했고,[27] 1876년 이탈리아 사람 롬브로소(Cesare Lombroso)는 유명한 책 『범죄인론』(L'uomo delinquente)에서 많은 범죄자가 정신병 환자라고 주장했다. 그 뒤 프로이트의 정신분석 이론이 사람들의 반사회적인 행위에 관한 심리 메커니즘을 밝혀냄으로써 이 분야는 크게 발전했다.

---

27) "A treatise on insanity and other disorders affecting the mind," London, 1835.

피넬의 시대 이래, 법률은 점점 의사들의 주장으로 당황하게 되었고, 의사들에 대해 원한을 품게까지 되었다. 법에 의해 처벌받아 마땅한 범죄자들을 의사들이 종종 옹호한다는 것이었다. 앞에서 보았듯이, 법률은 실용적인 목적에서 정신적으로 온전한 사람과 정신이상자, 이 두 가지 범주로 나누며 의사들에게 어떤 사람이 두 범주 중 어디에 속하는지만 판단할 것을 요구한다. 하지만 의사는 두 가지 상태 사이에 명확한 경계가 없으며, 법률에서 말하는 "정신이상"을 의학적으로 정확하게 정의하는 것이 불가능하다고 생각한다.

법정에서 증언하는 정신과 의사는, 법관들이 두 세대 전의 생각을 가지고 있는 반면, 자신은 현재의 정신과학적 지식에 맞추어 증언을 한다고 생각한다. 그 결과 의학적으로 명백하게 환자인 피고가 자신이 무슨 짓을 했는지 알지 못한 채 사형을 선고받고 처형되기도 한다. 다른 한편, 정신과 의사들의 견해에서는 사회에 심각한 위협이 되는 정신병 환자들이 자주 병원에 갇혀 지내지 않는다. 그들의 상태가 정신이상에 대한 법률적인 규정에 없기 때문이다. 그들은 실제로 자유롭게 나다니다가 중대한 범죄를 저지르기도 한다.[28]

오늘날도 그렇지만 아마 앞으로도 한동안은 그런 불만족스러운 상태가 지속될 것이다. 어쨌든 한 가지는 확실한데, 증언하도록 요청받은 전문가는 정신과 의사로서만이 아니라 법률적인 면으로도 충분히 경험을 쌓고 훈련을 받아야 한다는 점이다. 덧붙이자

---

28) Frederic Wertham, *Dark Legend: a Study in Murder*, New York, Duell, Sloan and Pearce, 1941을 보라.

면, 그들은 중립적이어야 하고, 연루된 당사자들 중 하나에 의해
서가 아니라 법원에 의해 그들이 지명되었다는 사실을 명심해야
할 것이다.[29]

29) Winfred Overholser, "Psychiatry and the Courts. Some Attitudes and
their Reasons," *Virginia Medical Monthly*, 1940. vol.67, pp.593~599를
보라.

제5장 질병과 역사

사람의 행위는 무엇이든지 간에 그 행위가 끝나자마자 역사가 된다. 하지만 이 장에서는 역사의 의미를 한껏 축소하여 질병이 영향을 미친 몇 가지 역사적 사건에만 한정해서 살펴보기로 한다.

질병은 개인적인 일이지만, 그 개인들은 역사라는 드라마에서 활동하는 배우이므로 특히 권력자의 질병은 그의 행동에 영향을 주어 역사에 커다란 결과를 초래할 수 있다. 유행병이 어떤 지역을 침범할 때 그러하듯이, 똑같은 질병이 또한 동시에 수많은 사람을 공격할지도 모른다. 그렇게 집단적으로 발생하는 질병이 초래하는 결과는 뚜렷하게 파악할 수 있다. 이제 몇 가지 유행병이 초래한 역사적인 영향에 대해 먼저 논의해보자.

서방세계에서 **페스트**보다 사람들의 삶을 더 깊이 흔들어놓은 질병이 없다는 데에는 의심의 여지가 없다.[1] 페스트는 원래 쥐를 비

---

1) 페스트의 역사에 관한 문헌은 매우 많다. 다음의 저서들은 여기서 논하는 문제에 관해 참고해야 할 가장 기본적인 책들이다. Georg Sticker, *Abhandlungen aus der Seuchengeschichte und Seuchenlehre*, I. Band: *Die Pest*. Erster Teil: *Die Geschichte der Pest*. Giessen, 1908.——F.A.

롯한 설치류들의 질병으로 간균(桿菌)인 페스트균은 기타사토 시바사부로(北里柴三郎)와 예르생(Emile Yersin)이 1894년에 발견했다. 페스트균은 벼룩과 같은 벌레에 의해 인체에 옮겨질 수 있으며, 일단 인체에 들어온 균은 교통로를 따라 사람들 사이의 접촉으로 급속히 전파된다. 연대기들은 페스트가 가뭄이나 홍수 또는 기근과 같은 궤멸적인 자연재해 뒤에 창궐했다고 종종 기록하고 있다. 그러한 기록들은 사건을 극적으로 보이기 위해 각색된 것이 아니라 타당한 근거를 가지고 있다. 곡창이 텅 비고 그 바닥에 물이 차게 되면 쥐들은 사람에게 더욱 가까이 다가온다. 그리고 그때 설치류 사이에 페스트가 돈다면 사람들이 감염될 기회는 높아진다.

페스트는 림프절페스트와 폐페스트, 두 가지 형태로 나타난다. 전자는 림프절, 특히 사타구니와 겨드랑이, 그리고 목구멍이 부어오르며 흔히 선(腺)페스트로 불렸다. 림프절에 고름주머니가 생기며 여기에서 흘러나오는 고름은 매우 치명적이다. 환자는 회복하거나 아니면 혈액에 균이 번식하여 생기는 패혈증으로 사망한다. 폐페스트에서는 페스트균이 호흡기를 침범하여 폐렴이 발생하며, 환자는 며칠 안 가 사망하는 경우가 많다. 사망한 환자의 몸은 검푸른 색이어서 **흑사병**(黑死病)이라는 이름이 붙었다. 종종 계절에 따라 유형도 달라진다. 여름에는 림프절페스트가, 겨울에는 폐페스트가 더

Gasquet, *The Great Pestilence*(A.D. 1348~49), *Now Commonly Known as the Black Death*, London, 1893.──Anna Montgomery Campbell, *The Black Death and Men of Learning*, New York, 1931.──Albert Colnat, *Les Épidémies et l'Histoire*, Paris, 1937.──See also Henry E. Sigerist, "Kultur und Krankheit," *Kykols*, Jahrbuch des Instituts für Geschichte der Medizin an der Universität Leipzig, 1928, vol.1, pp.60~63.

자주 발생한다.

유스티니아누스 페스트

흥미롭게도, 우리가 중세라고 부르는 역사상의 시대는 유럽이 경험한 두 가지 최대의 페스트 대유행으로 시작하고 끝난다. 중세의 시작은 4세기에 일어난 민족대이동의 시작으로 규정된다. 야만족들의 로마 제국 침략은 의심할 바 없이 역사적으로 오랫동안 영향을 미친 사건이었다. 야만족들은 수많은 것들을 파괴했지만 또한 많은 것들을 보존했다. 로마 문명은 침입자들을 오히려 동화시킬 수 있을 정도로 위력이 여전했다.

6세기 초 동고트 족이 이탈리아 반도를 지배했지만 테오도리쿠스(Theodoricus) 왕의 통치는 기본적으로 로마식이었다. 테오도리쿠스 궁정의 관직은 로마식이었고, 그 자리를 차지한 사람도 로마인들이었다. 심지어 로마식 원로원과 로마식 집정관들도 있었다. 로마식 '도시문화'는 테오도리쿠스의 이상이었다. 마지막 위대한 로마인 학자 카시오도루스(Cassiodorus)는 테오도리쿠스의 궁전에서 살았으며, 로마의 마지막 철학자이자 과학자인 보이티우스(Boëthius)는 그곳에서 숨을 거두었다.

그리고 그 무렵 페스트가 이탈리아 반도를 덮쳤다. 페스트는 동방에서 왔으며, 유스티니아누스 1세가 황제자리에 있던 532년에 콘스탄티노플에서 창궐했기 때문에 흔히 유스티니아누스 페스트*

---

* 이때의 전염병이 정말 페스트인지에 대해서는 아직 학계의 논란이 적지 않다. 여기에서는 일단 페스트로 간주한다.

라 불러왔다. 병이 서방으로 퍼지는 과정에서 이탈리아에 상륙했고 곧 이어 유럽 전역을 휩쓸었다. 여러 차례에 걸쳐 발생한 지역도 많았으며, 두창이 무섭게 병발하여 사태는 더욱 악화되기도 한 것 같다. 그 당시의 연대기에 따르면, 상황은 이루 말할 수 없이 끔찍했다. 물론 통계자료는 없지만, 불과 몇 십 년 사이에 수많은 유럽인이 죽음을 면치 못한 것으로 추정된다.

페스트가 휩쓸고 간 뒤 이탈리아 반도는 완전히 다른 모습을 보였다. 동고트 제국은 파괴되었고, 대신 롬바르드 족이 이탈리아의 주인이 되었다. 롬바르드 족의 통치는 게르만식이었고 법률 또한 그러했다. 교황령이 모습을 갖추기 시작했고 강력한 정치권력이 되고 있었다. 590년 그레고리우스 1세가 교황으로 즉위했으며, 베네딕투스 수도원들이 서방세계 도처에 세워지고 있었다.

동방에서도 비슷한 변화들이 생겨났다. 유스티니아누스 1세는 스스로를 로마 황제로 여겼고, 실제로도 마지막 로마 황제였다. 그의 통치목표는 로마 제국이 잃어버린 과거의 영광을 되찾는 것 이상이었다. 그는 자신이 과거의 로마 제국 영토를 다스리고 있는 어떤 야만족 왕들보다 천부적으로 우위에 있다고 생각했다. 그는 자신의 군사적 영광이 합법적인 행위와 조화를 이루기를 원했기 때문에 로마 법들을 수집하여 편찬했다. 그는 전대의 로마 황제들처럼 자신의 제국의 수도를 화려하게 꾸미기 위해 성 소피아 대성당과 같은 거대한 건축물들을 건립했다. 페스트가 지나간 뒤 동로마 제국은 쇠퇴했다. 유스티니아누스 1세의 계승자들은 더 이상 로마인이 아니라 비잔틴인이었으며, 라틴어 대신 그리스어가 공용어로 채택되었다.

눈을 더 동쪽으로 돌려보면 그곳에서도 거대한 변화의 파도가 일고 있었다는 사실을 알 수 있다. 571년에 무함마드가 메카에서 태어났다.

이렇듯 6세기는 지중해 세계의 역사에서 전환점이었으며, 유스티니아누스 1세 때의 페스트 대유행이 두 시대의 경계선을 이룬다. 낡은 문명은 끝나가고 있었다. 겉모습은 여전히 유지되었지만, 문명의 창조력은 사라졌다. 그렇게 된 정확한 이유는 모르고, 우리는 단지 추정할 따름이다. 거듭된 페스트 대유행으로 수백만 명이 목숨을 잃었고, 사람들은 말할 수 없는 고통에 시달렸다. 통치기구는 갈팡질팡했고, 여러 곳에서 페스트의 공격으로 아예 붕괴되기도 했다. 야심 찬 정치적 시도들은 좌절되었다. 이제 낡은 세계는 붕괴하고 그 폐허를 딛고 새로운 문명이 서서히 등장하기 시작했다.

흑사병

그 뒤 중세세계는 여러 세기 동안 페스트 대유행을 경험하지 않았다. 당시 근동에서는 페스트가 빈발했으며, 서방과 동방 사이의 왕래가 특히 십자군 전쟁시기에 매우 활발했던 점을 생각할 때, 페스트의 대유행이 없었다는 사실은 매우 놀라운 일이다. 중세의 마을에는 쥐가 득실거렸고 위생상태가 결코 좋지 않았는데도 몇 개 지역에 한정된 산발적 유행이 있었을 뿐 대유행은 없었다. 그러고는 14세기, 구체적으로 1348년에 페스트는 다시 한 번 서방세계를 뒤흔드는 공격을 개시했다. 이때는 페스트를 흑사병이라고 불렀다.

1315년부터 1317년까지 유럽은 최악의 기근 중의 하나를 경험했다. 당시 주민이 2만 명이던 이프레스 시에서는 1316년 여름 한 계절에만 2,794구의 사체가 매장되었다.[2] 페스트가 유럽 대륙을 다시 공격해올 때까지도 유럽은 기근의 여파에서 거의 회복되지 못한 상태였다.

이번에도 페스트는 아시아에서 서방으로 전파되었다. 주 공격로는 흑해 방향, 소아시아와 그리스 방향, 그리고 이집트와 북아프리카 방향 등 세 방향에 걸쳐 있었다. 페스트는 우선 남유럽을 공략한 뒤, 서해안을 따라 북진하다 다시 동쪽으로 방향을 틀어 중유럽을 포위한 뒤, 사방에서 온 유럽 대륙을 유린해 들어갔다. 한 도시가 공격을 받으면 보통 4~6개월 동안 페스트의 지배 아래 있게 되었다. 그동안 인구의 상당 부분이 죽어 나갔고 모든 생활이 뒤죽박죽 되었다.

유럽 대륙 전체로 2,500만 명에서 4,000만 명이 희생된 것으로 추정된다. 이는 대체로 유럽 인구의 4분의 1 또는 3분의 1에 해당한다. 피렌체에서는 6만 명, 스트라스부르에서는 1만 6,000명, 바젤에서는 1만 4,000명, 파도바에서는 인구의 3분의 2, 베네치아에서는 무려 4분의 3이 사망했다. 마을과 부락 20만 개가 주민이 전혀 살지 않는 폐허가 되었다.

그러한 거대한 규모의 재앙이 남긴 효과는 확실히 오랫동안 지속되었다. 사람들은 자포자기한 채 방탕과 유흥에 빠져들기도 했지만 회개나 고행을 함으로써 그러한 끔찍한 상황에 심리적으로 반응했다. 채찍고행자 종파가 다시 등장하여 특히 독일 지역에서 크게 번성했다. 이것은 뒤에 교황 클레멘스 6세가 공식적으로 금지시킬 때

---

2) Henri Pirenne, *Economic and Social History of Medieval Europe*, New York, n.d. [1937], p.195를 보라.

아르놀트 뵈클린, 「흑사병」, 바젤 박물관

까지 성행했다. 유대인이 재앙의 희생양이 되었다. 특히 남부 독일 지역에서는 몇 천 명이 자신들의 집에서 불태워졌다. 커다란 재앙이 발생할 때마다 사람들은 속죄양을 찾는다. 당시 귀족들과 관청이 유대인들에게 부채가 있는 경우가 많았으며, 페스트는 그들에게 그러한 빚을 아예 없애는 좋은 기회를 주었다.

페스트가 창궐했을 때, 유럽 대륙에는 전쟁이 빈발했다. 하지만 페스트는 잠시나마 아주 효과적으로 전쟁을 중단시켰다. 당시 프랑스와 잉글랜드는 거의 백 년 동안 전쟁을 계속하고 있었으며 두 나라 모두 철저히 소진된 상태였다. 새로운 화기(火氣)로 무장한 잉글랜드는 크레시 전투에서 프랑스 군을 격파했고, 11개월에 걸친 포위공격 끝에 칼레 성을 정복했다. 그러나 페스트가 만연하자, 두 나라는 전쟁을 중단하고 정전협정에 서명할 수밖에 없었다. 프랑스와 동맹을 맺고 잉글랜드를 북쪽에서 공격하려던 스코틀랜드는 잉글랜드 군대에게 패했을 뿐만 아니라 페스트에게도 참패를 당했다.

나폴리 왕국을 공격하던 헝가리 침략군들은 페스트가 발생하자 퇴각하기에 바빴다. 그 덕에 나폴리 왕국은 패망을 면했다. 에스파냐, 독일, 폴란드와 러시아, 비잔틴 제국 등 전투가 벌어지던 모든 지역에서 페스트로 인해 전쟁이 중단되거나 아예 종식되었다.

페스트의 가장 장기적인 영향은 아마도 유럽 대륙 주민들의 경제생활에 관한 것일 터였다. 수많은 사람이 희생되었기 때문에 노동력이 크게 부족해졌고, 그 결과 장기간에 걸쳐 고임금이 유지되었다. 그래서 1350년 잉글랜드에서 노동법이 통과되었고 이듬해에 프랑스에서 비슷한 내용의 칙령이 발포되었다. 두 가지 모두에 임금을 통제함으로써 물가를 낮추려는 의도가 있었다.[3] 많은 나라에

「왕의 안수로 치유되는 병」, 연주창 환자를 만지는 프랑스의 앙리 4세, 목판화, 1600년 무렵

서 민중들의 동요가 뒤따랐다. 프랑스와 잉글랜드에서는 소작농들이 반란을 일으켰고, 플랑드르의 여러 도시에서는 귀족정치에 대항하여 수공업자들이 봉기했다.

중세식 경제는 14세기까지 꾸준히 확대되어 왔지만, 이제 점차 정체되어 경제구조가 와해되는 조짐이 나타나기 시작했다. 피렌 (Pirenne)이 매우 적절하게 지적했듯이, 14세기에 일어났던 대재앙들, 즉 기근, 페스트, 전쟁, 사회적 혼란 등은 경제구조를 변화,

---

3) *Ibid.*, p.195f.

발전시키는 데 촉매구실을 했다. 특히 이 세기의 가장 큰 재앙이었던 흑사병은 새로운 경제질서가 출현하는 길을 닦는 데에 한몫했다. 그리고 그렇게 탄생한 신경제 질서는 유럽 역사의 단락을 바꾸는 기초가 되었다.

페스트가 유럽을 엄습하던 시절, 페트라르카는 커다란 피해를 입은 아비뇽에 살고 있었다. 페트라르카는 다음과 같이 애처롭게 절규했다.

이렇게 비참한 일을 본 사람이 있는가? 이런 끔찍한 결말을 들어본 사람이 있는가? 어떤 연대기에서 이처럼 수많은 집이 텅텅 비고, 도시가 황무지로 변하고, 밭에는 잡초만이 무성하고, 들판은 시체로 가득 차고, 그리고 어딜 가나 공포와 적막만 남은 상황을 읽어볼 수 있겠는가?[4]

흑사병이 휩쓸던 시기에 피렌체에 머물던 보카치오는 『데카메론』의 서문에서 당시의 공식언어인 라틴어 대신 지방어로 취급되던 이탈리아어로 상황을 매우 생생하게 묘사했다. 다시 말해, 역사의 전환점이었던 6세기와 마찬가지로 이탈리아 르네상스가 막 개화하던 새로운 시대인 14세기에 페스트가 다시 유럽을 휩쓸었다.

발진티푸스

진서(Hans Zinsser)는 재기가 넘치는 자신의 저서 『쥐, 이 그리

---

4) *Epistulae de rebus familiaribus*, VIII, 7.

고 역사』(*Rats, Lice and History*)[5]의 한 장의 제목을 "정치 및 군사 역사에 미친 유행성 질병들의 영향, 그리고 장군역할의 상대적 비중요성"이라고 붙였다. 그 장의 요점은 제아무리 잘 훈련된 군대일지라도 유행병의 발생과 적절한 의료체계의 결핍으로 쉽게 궤멸할 수 있다는 사실을 역사를 통해 거듭 확인할 수 있다는 것이다. 군대 내에 잘 조직된 의무부대를 확립한 것은 비교적 최근의 일이다. 장군들은 군의관을 필요악이며 성가신 존재, 즉 언제나 자신들의 작전계획을 방해하려 드는 존재로 여겼다. 군대지휘관들은 최근에 들어서야 의과학이 군사전략에서 매우 중요한 요소 중 하나라는 생각을 가지게 되었다.

르네상스 시대가 열릴 무렵부터 줄곧, 발진티푸스는 뛰어난 전력을 갖춘 군대를 패퇴시키는 가장 무서운 적들 가운데 하나였으며, 많은 나라에서 민간인들도 수없이 희생시켰다. 발진티푸스는 이에 기생하고 그것들에 의해 전파되는 리케차라는 작은 미생물이 일으키는 병이다. 따라서 위생상태가 나쁘고 사람들이 이에 많이 노출되는 경우라면 언제든지 발진티푸스가 큰 문제가 된다. 전쟁상황에서는 오물이 많이 쌓이고 병사들은 청결을 유지하기 어렵다. 그리고 발진티푸스는 경제불황기에서도, 위생상태가 나쁜 감옥에 밀집수용된 죄수들에서도 큰 문제였다. 이런 이유로 발진티푸스를 막사(幕舍)열, 감옥열, 또는 기근티푸스라고 불렀다.

발진티푸스는 그 이전부터 유럽에 있었을 것이라고 추정되지만, 르네상스 시대 사람들은 새로운 질병으로 생각했다. 발진티푸스는

---

5) Boston, 1935.

동방에서 전파된 질병으로 중세시대에 유럽에서 발생했음이 틀림없지만, 그 당시에는 그 자체가 병으로 여겨지지는 않았다.[6) 1489년에서 1490년까지 그라나다 포위공격 동안 페르디난드 국왕과 이사벨라 여왕의 에스파냐 군대에서 발진티푸스 유행이 발생했다는 점은 의심의 여지가 없다. 당시 기록은 그 질병을 "악성반점열"이라고 기술하고 있으며, 그 질병이 매우 흔했던 사이프러스 섬에서 귀환한 병사들이 옮겨온 것으로 추정했다.

발진티푸스는 1527년에서 1529년, 카를 5세와 프랑수아 1세 사이의 제2차 이탈리아 전쟁에서도 결정적인 역할을 했다. 교황 클레멘스 7세는 프랑스와 동맹을 맺었다. 카를 5세의 제국군대는 보무당당히 이탈리아로 진격하여 로마를 약탈하고 교황을 포로로 잡았다. 이때 로마에 페스트가 발생하여 침략군에 희생자가 속출하면서 전세가 역전되었다. 동시에 프랑스 군대가 이탈리아로 진격해 들어왔다.

마침내 카를 5세의 군대는 나폴리에서 포위당하는 신세가 되었다. 이로써 카를 5세의 군대가 굶주림에 시달리고 사기가 땅에 떨어진 찰나, 포위하고 있던 프랑스 부대 안에서 갑자기 발진티푸스가 창궐하여 프랑스 군이 거의 전멸했다. 결국, 1530년 볼로냐에서 교황은 카를 5세에게 신성로마 제국의 황관(皇冠)을 씌워줄 수밖에 없었다. 진서는 교황이 주관한 신성로마 제국 황제의 마지막 대관식은 "발진티푸스의 권능으로" 가능했다고 묘사했다.[7)

---

6) 초기의 증거들은 다음 책에 수집되어 있다. Heinrich Haeser, *Lehrbuch der Geschichte der Medicin und der epidemischen Krankheiten*, vol.Ⅲ, Jena, 1882, pp.357ff.

그때부터 때때로 그리고 오랫동안 군대에는 끊임없이 발진티푸스의 위험이 따라다녔다. 의사들은 더 이상 이 질병에 주의를 기울이지 않을 수 없었다. 당대의 뛰어난 역학자(疫學者)이자 저술가인 프라카스토로(Girolamo Fracastoro)는 1546년『접촉 및 접촉성 질병 치료에 관한 세 권의 책』(*De contagione et contagiosis morbis eorumque curatione libri III*)에서 발진티푸스에 대해 모범적으로 기술했다.

프라카스토로의 기록에 따르면, 그 병은 1505년과 1528년에 이탈리아에서 처음 발생했지만, 이미 사이프러스 등 동지중해의 여러 섬에서는 흔한 것으로 알려진 병이었다. 섬주민들에게 가장 인상적이었던 사실은 발열과 함께 가슴, 등, 팔에 붉은 반점이 생기는 것이었다. 반점이, 작은 렌즈콩이나 벼룩에 물린 자국 같았으므로 사람들은 그 병을 렌즈콩 병 또는 좁쌀형 반점병 등으로 불렀다. 프라카스토로보다 앞서 이탈리아 의사인 카르다노(Geronimo Cardano)는 자신의 저서에서 이 병을 벼룩자국열로 명명했지만, 프라카스토로의 책만큼 권위를 누리지 못했다.[8]

르네상스 이래 오늘날까지 발진티푸스는 역사적 사건의 전개에 매우 중요한 역할을 했다. 1552년에는 발진티푸스가 카를 5세의 동맹군이 아니라 적이 되었다. 카를 5세는 이 병으로 메츠에 대한 포위공격을 포기할 수밖에 없었다. 30년 전쟁의 전반기인 1618년

---

7) *L.c.*, p.253.

8) *De malo recentiorum medicorum medendi usu libellus*, Venice, 1536. 그 것은 나중에 자신의 다음 책에도 수록되었다. *De Methodo Medendi Sectiones Tres.* 해당 구절은 Caput XXXVI of Sectio Prima에 있다.

부터 1630년까지, 발진티푸스는 주요한 재앙이었다. 병사들이 파괴하지 못한 것들을 발진티푸스가 파괴했다. 30년 전쟁의 후반기에는 페스트가 전면에 등장했으며, 물론 이질, 장티푸스, 괴혈병 또한 빠뜨릴 수 없다.[9] 중부 유럽이 기근, 전쟁, 그리고 여러 역병이 남긴 상처에서 회복되는 데는 한 세기가 걸렸다.

발진티푸스를 옮기는 이는 18세기에도 여전히 위세를 떨쳤다. 나폴레옹의 원정을 포함하여 당시 유럽에서 벌어진 거의 모든 전쟁에서 전상(戰傷)으로 사망한 경우보다 발진티푸스로 희생된 사람이 더 많았다. 하지만 18세기 후반에 들어서는 상황이 달라졌다. 비누와 이의 싸움에서 처음으로 이가 패퇴한 것이다. 그 결과 서유럽 대부분의 나라에서 발진티푸스가 사라졌고, 군대는 이제 이의 간섭을 받지 않고 전투를 벌일 수 있게 되었다. 그러나 생활수준이 상대적으로 낮은 아일랜드와 동유럽 나라들에서는 여전히 발진티푸스가 남아 있었다. 멕시코와 미국 남부 지방에서도 발진티푸스가 여러 세기 동안 유행했고, 지금도 비교적 경한 형태지만 여전히 발생한다. 에스파냐의 정복 이전부터 아메리카 대륙에 발진티푸스가 있었는지, 아니면 유럽에서 수입된 질병인지는 여전히 논란거리지만 콜럼버스 이전에도 발진티푸스가 있었다는 설을 뒷받침하는 좋은 근거들이 있다.

제1차 세계대전(1914~18)이 발발했을 무렵에는 의학이 이미 큰 진보를 이루었기 때문에 주요한 역병 없이 싸울 수 있을 것으

---

9) Gottfried Lammert, *Geschichte der Seuchen, Hungers- und Kriegsnoth zur Zeit des Dreissigjährigen Krieges*, Wiesbaden, 1890.

로 기대되었다. 서부 전선만 보면 이러한 기대는 비교적 맞았다. 그러나 동부 전선에서는 전쟁이 발발한 지 3개월만에 발진티푸스가 모습을 나타내기 시작해서 그 퇴치가 전략상의 중요한 목표가 되었다.

발진티푸스는 1914년 11월 세르비아에서 처음 발생하여 이듬해 4월에 최고조에 달했다. 발생 초기에 20퍼센트던 사망률은 60퍼센트, 절정기에는 심지어 70퍼센트에 이르렀다.[10] 발진티푸스는 세르비아와 오스트리아의 죄수와 병사들뿐만 아니라 민간인들도 마찬가지로 희생시켰다. 그 결과 세르비아는 너무 황폐해져서 독일, 오스트리아, 헝가리 등 추축국들이 오랫동안 아예 점령을 할 수 없었다. 전쟁기간 내내 발진티푸스는 동부 전선에서 창궐했지만 군대 내에서 이를 박멸하는 작업을 정력적으로 펼친 덕에 다른 지역으로 파급되지는 않았다. 하지만 1918년부터 1922년까지 발진티푸스는 전례 없는 규모로 러시아를 휩쓸었다.

발진티푸스는 러시아 사람들에게는 매우 잘 알려진 적이었다. 혁명 전 20년 동안 등록된 환자는 해마다 평균 8만 2,447명에 달했다. 기근이나 흉작이 생길 때마다 이환율(罹患率)은 두 배 이상이 되었다. 제1차 세계대전 기간 동안 발진티푸스는 서서히 그러나 지속적으로 번져 나갔다. 1915년에는 15만 4,800명이 환자로 등록되었고, 1918년 말에는 대규모 유행이 발생하여 페트로그라드, 루마니아 전선, 그리고 볼가 지역 등 세 곳을 중심으로 전국으로 퍼졌다. 내전과 외국군 간섭의 결과, 수많은 지역의 보건의료 서비스 체

---

10) Zinsser, l.c., p.297을 보라.

계가 붕괴되었다. 게다가 기근이 볼가 지역을 덮쳐서 많은 인구가 이동했다.

유행은 1920년에 절정에 달한 뒤 1921년에는 감소했다가 1922년에 다시 증가했으며, 주로 기근이 만연한 지역을 중심으로 발생했다. 나라 전체가 내전의 소용돌이에 휘말려 있었기 때문에 질병 신고 체계가 거의 붕괴되어 피해정도를 정확히 알기란 어렵다. 1918년부터 1922년까지 4년 동안 2,000만 명 또는 3,000만 명이 이 병에 걸려 그 가운데 10퍼센트가 사망했다고[11] 추정하는 것이 무리가 없을 듯하다. 당시 러시아 혁명의 운명이 발진티푸스의 손아귀에 놓여 있는 듯 보였다.

1919년 레닌은 이렇게 말했다. "사회주의가 이를 패퇴시키지 못하면 이가 사회주의를 멸망시킬 것이다." 사실 이 싸움은 공정하지 못했다. 간섭국가들의 방해로 청결을 위한 비누와 소독을 위한 연료 등 당시 가장 필요한 두 가지 상품이 부족했기 때문이다. 그런데도 엄청난 노력이 기울어졌다. 철도노선을 감시하고, 모든 철도의 교차역에는 검역소가 설치되었다. 기차에서 내리는 승객들은 목욕과 소독을 해야 했고, 환자들은 격리되었다. "목욕주간"을 설정해서 마을의 모든 구역을 깨끗이 청소하고 소독했다.

발진티푸스와 동시에 다른 전염병들도 창궐했다. 재귀열, 콜레라, 이질, 그리고 말라리아 등이 코카서스 지방에서 북극 지역까지 퍼졌다. 중세 이후로는 볼 수 없었던 모습이었다. 이러한 상황에 더

---

11) L. Tarassevitch, "Epidemics in Russia since 1914, Report to the Health Committee of the League of Nations, Epidemiological Intelligence," No.2, March 1922 and No.5, October 1922를 보라.

하여 페스트마저 발생했다면, 러시아 전역에서 사람이라고는 전혀 찾아볼 수 없게 되었을지도 모른다.

지금은 제2차 세계대전 중이다. 발진티푸스가 토착화된 지역들에서도 전투가 벌어지고 있어 대유행의 가능성이 끊임없이 사람들을 위협하고 있다. 이 문장을 쓰고 있는 지금 이 순간, 1942년 봄에도 비록 국지적이고 규모가 작지만 발진티푸스 발생사례들이 보고되고 있다. 하지만 아직은 발진티푸스가 통제하에 있고 당분간도 그러하리라고 여겨진다. 이제 모든 부대 내에 의료체계가 그런 대로 잘 갖춰져 있다. 소련의 적군(赤軍)은 아홉 량으로 편성된 특수 목욕열차에 목욕과 세척, 그리고 소독을 위한 모든 시설을 갖추고 전선으로 즉각 투입한다.

실제적인 위험은 전쟁이 다음 단계로 넘어가는 경우, 즉 파시즘의 청산이 혁명으로 이어져 내전이 일어날 때 닥쳐올 것이다. 그때는 발진티푸스가 다시 고개를 들고 과거에 그랬던 것처럼 역사의 진로를 바꾸는 역할을 하게 될지 모른다.

말라리아

지금까지 논의한 질병들과 특성은 다르지만 마찬가지로 여러 나라의 운명에 깊은 영향을 미친 질병, 즉 말라리아에 대해 살펴보자.

1880년 라베랑(Alphonse Laveran)이 알제리에서 사람의 혈류 속으로 침입하여 말라리아를 일으키는 원충을 발견했다. 이어서 이탈리아의 마르키아파바(Marchiafava)와 첼리(Angelo Celli)가 똑같은 사실을 보고하고 좀 더 깊이 조사했다. 1895년 로스(Ronald Ross)는 아노펠레스 모기가 사람을 물 때 그 원충이 사람의 혈류에 들어간다는 사실을 발견했다. 이러한 고전적인 발견은 많은 현상을 설명했다. 우선 말라리아와 모기가 알을 낳는 장소인 습지와의 관계를 설명했으며, 습지지역이 사람의 건강에 좋지 않다고 여겨져온 이유를 해명했다. 또한 말라리아가 주로 여름과 가을에 많이 발생하는 계절적 특성도 설명했다. 이러한 발견들에 자극을 받아 몇 가지 매우 흥미로운 역사학적 연구가 이어졌다. 여기에서는 그 가운데 두 가지만 언급하겠다.

고대 그리스 의학에 관한 탁월한 연구자인 존스(W.H.S. Jones)는 『말라리아와 그리스 역사』(*Malaria and Greek History*)라는 매우 도전적인 책을 1909년에 출간했다.[12] 그의 주장의 요점은 로마 군단에 항복한 그리스인들은 페르시아 침략군을 격퇴했던 시대의 그리스인들과 똑같지 않으며, 그러한 변화는 일차적으로 말라리아 때문에 생겼다는 것이다. 그는 그러한 변화를 다음과 같이 서술한다.[13]

한때 밝고 신선하고 건강한 청년 같던 그리스인들은 서서히 재기를 잃어갔다. 가슴 아프게도 그러한 사실은 다른 종류의 예술에서는 아닐지 몰라도 그들의 문학작품에서는 분명하다. 패기는 사라졌고 창작은 멈추었으며 주석 달기가 시작되었다. 아주 드문 예외를 제외하고는, 애국심은 이름만 남았다. 국가에 대한 의무를 행동으로 옮기는 고결한 정신과 열정을 가진 사람은 거의 찾아볼

---

12) Manchester University Press, 1909.
13) *L.c.*, p.102.

수 없게 되었다. 동요, 우유부단, 불건전한 행동의 변덕스런 분출, 비겁함, 이기적인 잔인성, 범죄적인 유약성 따위가 마케도니아와 벌인 전쟁 때부터 결국 로마 군대에 정복당하게 될 때까지 그리스인들의 공적 생활의 특징이다. 마라톤 전투부터 펠로폰네소스 전쟁까지와 알렉산드로스 대제 때부터 뭄미우스(Mummius)까지 시기의 뚜렷한 차이를 보고 충격을 받지 않을 사람은 없다. 철학 역시 침체하여 가장 뛰어난 철학자들조차 염세주의에 깊이 물들었다. "무감각"과 "무관심", 이런 것들이 인간노력의 최고 목표였다.

존스는 물론 다른 요인들 즉, 외국인들의 유입, 나태함, 사치와 타락, 종교적 열정과 신념의 상실 등도 나름의 역할을 했음을 부인하지 않는다. 그러나 강건한 사람들은 그러한 요인들에 대해 대응하고 극복한다고 그는 생각한다. 어쨌든 말라리아는 오늘날 세계 도처에서 볼 수 있듯이, 사람들의 활력을 빼앗고 정력을 파괴한다.

통계자료가 전무하고 문헌조차 단편적인 경우, 어떤 질병의 유병률을 산정하는 것은 매우 어렵다. 존스는 고대 그리스의 의학문헌들과 그 밖의 문헌들을 세심하게 검토하여 다음과 같이 결론을 내렸다. 초기에는 그리스 본토에 말라리아가 발생했다는 증거가 매우 미미한 반면, 기원전 500년 무렵에는 마그나 그라이키아(이탈리아 남부의 그리스 식민지—옮긴이)와 소아시아 연안 등에 흔한 질병이 되었을 가능성이 크다. 기원전 5세기 후반에 말라리아는 그리스 본토에 전파되어 펠로폰네소스 전쟁 기간 동안 그리스 남동부의 아티카에서 심각한 유행을 초래했다. 그리고 마침내 기원전 400년 무렵 말라리아는 그리스 세계 대부분에서 토착질병이 되었다.

존스의 다음과 같은 언급에서 말라리아가 인간집단에 미쳐온 영향을 다시 한 번 알 수 있다.[14]

① 부유하고 능력 있고 원기왕성한 사람들은 보다 건강에 좋은 곳을 찾기 때문에 말라리아가 빈발하는 지역에는 가난하고 허약한 사람들만 남게 된다.

② 보통, 도시는 농촌지역에 비해 말라리아가 적지만, 도시인구는 농민계층을 흡수하는 경향이 있기 때문에 결과적으로 국민들의 건강과 안녕은 침해를 받는다. 말라리아가 만연한 농촌지역에 둘러싸여 고립된 도시들은 쇠락하여 폐허가 되는 경우가 종종 있다.

③ 이렇게 폐허로 변해가는 과정에는 가장 비옥한 지역이 말라리아의 먹이가 되는 등 커다란 경제적 손실이 동반될 것이다. 농업의 붕괴는 어떤 나라에든 엄청난 타격이다. 말라리아는 특히 농민들을 그것도 노동력이 가장 필요한 수확기에 주로 공격한다는 사실도 명심해야 할 것이다.

④ 말라리아는 주로 젊은 층에서 발병하는데, 반복적으로 열이 올라 신체적으로 매우 허약해진다. 어린이들은 장기간 앓게 되고 적절한 교육은 가능하지 않을 것이다. 건강하게 배워야 할 그 어린이들이. 그리고 말라리아가 만연하는 지역의 주민들은 빨리 늙고 일찍 사망한다.

⑤ 말라리아 원충은 우리 몸속에서 몇 달, 심하면 몇 년씩 살 것이기 때문에 과로와 긴장에 시달리면 자주 재발한다. 자연히 말라

---

14) *L.c.*, pp.107~108.

리아 만연지역의 주민들은 과로를 피하게 되고 활력 없이 축 늘어지는 경향이 있다. 게으름이 서서히 몸에 배는 것이다.

ⓖ 말라리아 때문에 생기는 인명손실, 시간낭비, 신체적 고통뿐만 아니라 환자에게 영구적으로 남는 정신적 혼란에도 당연히 주의를 기울여야 한다.

존스의 이러한 주장은 매우 흥미롭다. 말라리아의 유행은 키니네와 대용약물 등 말라리아 특효약이 있는 오늘날에도 여전히 사람들에게 해를 끼치듯이, 그리스인들에게 부정적인 영향을 미쳤음은 분명하다. 17세기까지 말라리아에 대한 마땅한 치료법이 없어서 병은 자연경과를 고스란히 드러내었다. 그리스 시대의 말라리아가 존스가 서술한 것처럼 그렇게 큰 영향을 미쳤는지는 의문의 여지가 있지만, 말라리아는 확실히 고대 그리스 역사 후기에 중요한 요인이었다.

말라리아는 로마 시를 둘러싼 로마 캄파냐 등 그리스 이외 지역의 역사전개에도 중요한 역할을 했다. 말라리아 역학의 대가인 첼리는 거의 전 생애를 이탈리아에 창궐한 말라리아를 퇴치하는 것에 바쳤으며, 캄파냐의 역사에 대해서도 깊이 연구했다.[15] 첼리는 이 지역이 어떤 때는 사람이 살 수 없는 황무지였다가 또 다른 때는 옥토가 되었다는 사실에 깊은 인상을 받았다.

---

15) Angelo Celli, *Storia della Malaria nell'Agro Romano*, "Memorie della R. Accademia Nazionale dei Lincei, Città di Castello," 1925. 영어판 축약본이 다음 제목으로 출간되었다. *The History of Malaria in the Roman Campagna from Ancient Times*, London, 1933.

첼리는 2500년에 이르는 캄파냐의 역사에서 사람들이 많이 살고 풍요로웠던 시대가 다음과 같이 크게 네 차례 있었다는 사실을 발견했다. (1) 로마 시대 이전, (2) 로마 제국의 전성기, (3) 중세 초기(8~9세기), (4) 근대 초기(15~17세기). 그 사이 시기의 캄파냐는 폐허가 된 부락과 로마 성벽 밖에서 풀을 뜯는 야생염소 몇 마리만 눈에 띄는 황무지였다. 황제와 교황들이 그 지역에 사람들을 정주시키기 위해 온갖 노력을 기울였지만 헛수고에 그쳤다. 이것을 어떻게 설명할 수 있을까?

종종 로마의 도시에 영향을 미친 수많은 전쟁 때문에 캄파냐가 황폐화되었다고 여겨지기도 했다. 하지만 보통 전쟁이 끝나면 피난 갔던 주민들이 다시 돌아오며, 특히 로마와 같은 대도시 주변은 더욱 그러했으므로 그 같은 해석은 그리 적절하지 못하다. 첼리는 캄파냐의 흥망성쇠를 결정한 가장 중요한 요인은 말라리아라고 했는데 이는 타당한 해답이다. 여러 차례 주민들이 죽거나 병약하게 되어 캄파냐를 떠나게 한 요인은 말라리아였으며 말과 소 등 가축을 죽이고 대지를 황무지로 만든 요인도 역시 말라리아였다.

첼리는 역사학적인 연구로 어떤 지역들에서는 말라리아가 주기적으로 발생한다는 사실도 보여주었다. 말라리아는 어떤 지역 전체를 장악하고 번창하여 그곳의 모든 생명체를 쓸어낸다. 그 열병은 모든 것 위에 군림한다. 그러고는 여러 세기 뒤에 알 수 없는 이유로 말라리아는 서서히 퇴각하고 생명이 부활한다. 이렇듯 말라리아가 로마 캄파냐의 역사를 좌지우지한 요인이었음은 의심의 여지가 없다.

최근의 뛰어난 연구를 통해 아메리카의 식민지화에도 말라리아

가 커다란 역할을 했다는 사실이 밝혀졌다.[16]

왕의 안수로 치유되는 병

이러한 몇 가지 예만 보더라도, 집단성 질병, 즉 전염병은 만성이든 급성이든, 풍토병이든 유행병이든, 인류역사에서 중요한 역할을 해왔다. 그 밖의 다른 질병들도 역사에 영향을 미쳐왔다. 여기에서는 연주창(scrofola)과 왕실 사이의 기이한 관계를 언급하고자 한다.

고대의 신들은 환자에게 신체적 접촉을 하는 것으로 기적적인 치료를 행했다. 그리스의 치료의 신 아스클레피오스는 자신의 신전에서 잠자고 있는 환자들에게 임하여 안수(按手)함으로써 환자들을 치료했다. 헤로필로스는 약물을 "신의 손"이라고 불렀다. 로마 황제들은 신성(神性)을 가지고 있다고 여겨져 신처럼 숭앙을 받았으며, 몇몇 황제는 환자를 치유했다고 전해진다.

고대 오리엔트에서는 군주들이 기름부음(anoinment)을 받았으며, 그 기름인 성유(聖油)는 군주들에게 신적 능력을 부여한다고 여겨졌다. 그러한 의식은 유대교의 의식으로 이어졌으며, 중세 기독교 세계에서도 행해졌다. 메로빙거 왕조의 피핀은 이러한 기름부음을 받은 첫 번째 프랑스 왕이었다. 이 의식을 통해 피핀은 신의 은총을 받는 왕이 되어 신적인 능력을 얻게 되었다. 8세기 말에는 잉글랜드에서도 이러한 의식이 행해졌고 곧 서유럽 전역에서 보편적인 의식으로 자리 잡았다.

---

16) St. Julien Ravenel Childs, *Malaria and Colonization in the Carolina Low Country 1526~1696*, Baltimore, 1940.

기름부음을 받은 왕은 "구세주"가 되었다. 왕에게 도전하는 것은 신성모독으로 여겨졌다. 기름부음을 통해 왕은 하느님의 권능을 얻게 되어, 왕이 환자의 몸을 어루만지는 것은 하느님이 그 환자를 치유하는 셈이 되었다. 잉글랜드뿐만 아니라 프랑스의 여러 초기 국왕들도 기적의 치료와 관계가 있다. 하지만 왕이 환자의 몸에 손을 대어서 연주창을 치유하는 의식은 프랑스의 필리프 1세(1060~1108) 때 처음 시작된 것으로 여겨지며 잉글랜드에서는 헨리 1세(1100~35)가 시초인 것 같다.[17]

다른 병이 아니고 왜 하필 연주창이 왕의 안수로 치유되는 병(King's Evil)이 되었는지는 알 수 없다. 프랑스와 잉글랜드 왕이 연주창을 치료하는 능력이 있다는 사실은 어떤 정도로든지 왕권의 존엄함을 보여주는 징표로 간주되었다. 잉글랜드의 찰스 1세가 감옥에 갇혔는데도 수많은 환자들이 왕의 안수를 받기 원했기 때문에 하원은 "왕의 안수로 치유된다는 미신에 관한 대민포고령"을 작성할 위원회를 구성했다. 훗날 왕당파에서는 왕이 연주창 환자들을 치료할 권리를 박탈했다는 죄목으로 크롬웰을 기소하기도 했다. 국왕 찰스가 참수형을 당할 때, 왕의 피에 치유능력이 있다고 여전히 믿는 많은 사람들이 왕의 몸에서 흘러나오는 피를 수건에 묻혀 간직했다.

왕의 안수의식은 중단된 적도 있었지만 잉글랜드에서는 앤 여왕 때까지 계속되었다. 여왕이 사망하기 석달 전인 1714년 4월 27일,

---

17) 이 주제에 대해 가장 뛰어난 논의는 다음과 같다. Marc Bloch, *Les Rois Thaumaturges*, Publications de la Faculté des Lettres de l'Université de Strasbourg, Fascicule 19, 1924.

여왕은 마지막 안수의식을 거행했다. 그 뒤로 잉글랜드에서는 더 이상 왕의 안수치료가 없었지만 프랑스에서는 계속 이어져서 대혁명 기간 중에도 여전히 거행되었다. 왕정복고가 이루어진 후에, 샤를 10세는 중세시대와 같은 권위를 되찾기 위해 전통적인 안수의식을 다시 거행할 것을 권유받았다. 권유를 받아들인 샤를 10세는 1825년에 한 차례 안수의식을 거행했지만 그것이 마지막이었다.

잉글랜드 왕들은 유일하게 또 다른 마술적인 치유능력도 과시했다. 성(聖)금요일에 왕은 십자가 아래 제단에 금과 은을 봉헌하고는 그것을 다시 구입해서 반지를 만들었다. 이 이른바 **경련반지** (cramp-ring)는 모든 종류의 경련, 특히 간질을 앓는 사람들에게 효험이 있었다. 그 의식은 14세기에 확립되어 후계왕들의 흥망성쇠와 운명을 함께했다.

개인들의 질병

권력자가 병으로 고생하는 경우, 그 병은 그의 행동에 영향을 미칠 수 있다. 치통은 권력자를 극도로 자극하고, 두통이나 감기는 의기소침하게 하며, 폐렴은 기력을 소진시킨다. 이러한 일은 권력자가 중대한 결정을 내려야 할 순간에도 일어날 수 있다. 따라서 신체적 질병과 고통이 우리가 흔히 생각하는 것보다 역사적 사건에 더 큰 영향을 미쳤을지 모른다는 명제는 정당성을 가진다.

톨스토이는 그의 위대한 소설『전쟁과 평화』에서 이 문제를 제기하고 매우 상세하게 논하고 있다.[18] 많은 역사가들이 나폴레옹이

---

18) Vol.IV, Part X, Chapter 28.

감기에 걸렸기 때문에 1812년 9월 7일에 벌어진 보로디노 전투에서 프랑스군이 승리할 수 없었다고 주장했다. 만약 나폴레옹이 감기에 걸리지 않았다면 전투에서 훨씬 천재적인 전술을 구사했을 터고, 그에 따라 러시아군이 패퇴하여 전쟁의 양상은 크게 바뀌었을 것이라는 주장이다.

톨스토이는 역사가들의 그러한 견해가 옳다면, 9월 5일에 나폴레옹에게 방수군화를 챙겨주는 것을 잊은 나폴레옹의 부관이 러시아를 구한 셈이 된다고 비꼬듯이 말한다. 톨스토이는 또한 성 바르톨로메오 축일의 대학살은 샤를 9세에게 위경련이 생겼기 때문이라고 농담 삼아 말한 볼테르의 말도 언급한다. 매우 적절하게도 톨스토이는 그러한 견해가 너무 순진한 것이라며 배격하고 조롱한 것이다.

톨스토이의 역사관은, 세계사는 저 높은 곳의 권능에 의해 미리 예정되어 있으며, 또 수많은 개인들의 의지가 작용하여 전개된다는 것이다. 보로디노 전투에서 나폴레옹의 감기는 단지 표면적인 이유일 따름이다. 톨스토이는 자신의 관점을 뒷받침하기 위하여 당시 프랑스군이 처한 심리적 상태를 매우 세심하게 분석하고 기술한 것이다.

역사는 개인들이 만들어간다는 점은 분명하다. 그리하여 개개인이 건강한지 병약한지, 정신적으로 온전한지 그렇지 못한지에 따라 역사의 전개에 차이가 생긴다. 어떤 사람의 사회적 위치, 소유한 권력, 그리고 그 권력의 행사 정도는 우선 사회적, 경제적 조건, 희망과 공포, 야망과 불만, 그리고 그 밖의 심리적 조건 등 매우 다양한 요인들에 의해 결정된다.

천재적 능력을 가진 사람, 영웅, 그리고 악인의 특성을 지닌 사람들은 언제 어떤 곳에서나 존재해왔다. 그가 물 밑에 그대로 머무를

지 아니면 수면 위로 떠오를지, 또 어떤 목적으로 어느 정도 활동을 하게 될지 여부는 위의 요인들이 결정한다. 한 개인의 질병은 그것이 매우 위중한 것일지라도, 그 자체가 역사의 흐름을 바꾸지는 못한다. 어떤 지도자의 죽음 **때문**이 아니라 그가 죽을 **때** 역사의 추진력이 사라진다고 해야 할 것이다. 지도자와 함께해온 세력이 힘을 잃었을 때에만 역사의 동력도 사라진다. 그와 반대로 역사가 여러 차례 우리에게 보여주었듯이 지도자의 죽음은 역사에 새로운 활력을 불어넣을 수도 있다..

제6장 질병과 종교

질병이란 무엇인가? 왜 사람은 갑자기 서로 다르게 행동하고 또 반응하며, 생리적 기능을 수행하는 데 어려움을 겪으며 고통받는 것일까? 우리에게 질병은 하나의 생물학적 과정이다. 질병은 인체에 자리 잡고 있으며 특정 장기에 위치할지 모른다. 그러나 모든 장기는 서로 연결되어 있고 하나의 유기적인 전체를 형성하므로 질병에 영향을 받는 것은 항상 유기체 전체다. 그리고 몸과 마음은 하나이므로 질병은 신체적일 뿐만 아니라 정신적으로도 경험된다.

마술적 의술

질병을 생물학적 과정으로 인식한 것은 비교적 그 역사가 짧다. 질병은 여러 가지 다른 방식으로 해석될 수 있고 또 그래 왔다. 원시인들은 자신이 마술적 세계에 살고 있다고 생각했다. 그들은 신비한 힘에 의해 모든 현상이 생기는 적대적인 자연에 둘러싸여 있다고 여겼다. 따라서 해를 입지 않고 살기 위해서 원시인들은 항상 조심해야 했고 자연과 동료들로부터 발산되는 사악한 힘으로부터 자신을 보호해주는 복잡한 규칙과 의식들을 지켜야만 했다. 마술은 환경을 극복하는 힘을 주는 수단이었다. 그리고 모든 사람은 세계와 조화롭게 살고 물리적, 사회적 환경의 통합된 일부가 되기 원한다면 어느 정도 마술적인 기술을 익혀야만 했다.

사람이 아플 때는 이유가 있었다. 어떻든 그 아픈 사람의 어딘가가 허물어져 강력한 힘의 지배 아래 들어간 것이었다. 누군가가 그에게 마법을 걸었거나 악령이 그의 몸을 지배하기도 했다. 질병에 관한 원시적 개념은 마술적인 것이었다. 그것은 분명 종교적인 요소를 담고 있었지만 그 당시 문명단계에서 종교와 마술 사이에 선을 긋는 것은 어려운 일이다.

또한 원시의술은 합리적이라고 생각되는 많은 시술, 예를 들면 마사지, 한증욕, 사혈과 같은 시술에 대해 알고 있었고 많은 부족에서 전승되던 약초에 관한 지식도 매우 광범위했다. 하지만 이런 합리적으로 보이는 치료술들도 마술적 의식의 일부로 쓰였다. 약 자체가 약효를 보이는 것이 아니라 약을 줄 때 행하는 의식과 주문 때문에 병이 낫고 고통이 완화되는 등 효과가 나타나는 것이었다.

이와 같이 마술적, 종교적 그리고 경험적 요소들이 원시의술 속에서 마술이라는 공통분모 위에 복잡하게 얽히고설켜 있었다. 이러한 점이 문명화된 사회의 의료와는 근본적으로 다른 원시의술의 특징이다. 마찬가지로 원시시대의 주술의사(medicine-man)를 오늘날의 의사와 비교할 수는 없다. 주술의사는 오늘날의 의사와 다르며, 그들에겐 더 많은 기능들이 있다.[1] 그는 질병을 치료할 뿐만 아

---

1) 다음의 뛰어난 논문을 보라. Erwin H. Ackerknecht, "Problems of Primitive Medicine," *Bulletin of the History of Medicine*, 1942, vol.XI, pp.503~521.

암피아라우스 사원에서의 기적적 치유, 아티카의 부조, 아테네 국립박물관

니라 비도 내리게 한다. 그는 종종 부족의 음유시인이고 때로는 우두머리다. 그는 전통을 알고 마술에 정통하며 부족 내 누구보다도 더 많은 지식을 갖고 있고 자신의 지식을 부족을 보호하고 번성시키는 데 사용한다.

문명의 발전과 더불어 원시의술의 구성요소들도 각기 고유한 형태로 발전하기 시작했다. 바빌로니아 의학에서 그것들은 여전히 결합되어 있었지만 마술에서 종교로 강조점이 변화했다. 바빌로니아 의학은 정교하게 구성된 종교의학이었다.[2] 모든 질병은 신들로부터 생기며 승려의사(priest-physician)의 일은 신의 의도를 찾아내

알브레히트 뒤러, 「절름발이를 치료하는 성 베드로」, 판화

어 해석하고 그들을 달래는 것이었다. 바빌로니아 의학은 많은 마술적, 경험적 요소를 포함하고 있었지만 전체적으로 보아 그것은 종교의학 체계였다.

고대 이집트에서는 원시의술의 세 요소가 나란히 발견되지만 좀 더 분리되었다. 전적으로 합리적인 의학서적이 있는가 하면 순전히 마술적인 것도 발견된다. 훨씬 오래전의 것을 필사한 기원전 16세기의 에드윈 스미스 파피루스[3]는 전적으로 합리적이다. 마지막 부분의 주문은 의심할 여지없이 나중에 덧붙여진 것이다. 그러한 합리적인 특징은 에드윈 스미스 파피루스가 외과적 질환들을 주로 다루었다는 사실에 어느 정도 기인한다.

기원전 15세기에 씌어진 에베르스 파피루스[4]는 순전히 내과적 질환들을 다룬 의학서다. 그 책은 고대 아랍의 의학서들이 "자비롭고 온유한 신의 이름으로"라고 시작하는 것과 같이 이시스에 대한 기도와 함께 시작한다. 주문들도 있지만 상대적으로 드물며 전체적으로 이 파피루스는 의학의 합리적인 체계를 서술하고 있다. 그것의 주요 내용은 질병과 증상의 목록과 약물치료를 위한 처방들로 구성된다. 많은 분량에 걸쳐서 그 파피루스는 세 가지 종류의 치료자, 즉 의사, 사제의사(Sachmet-priest), 엑소시스트를 언급한다.[5]

---

2) Henry E. Sigerist, *Medicine and Human Welfare*, New Haven, 1941, p.2ff.
3) James Henry Breasted, *The Edwin Smith Surgical Papyrus*, 2 Vols., Chicago, 1930.
4) *The Papyrus Ebers, the Greatest Egyptian Medical Document*, translated by B. Ebbell, Copenhagen, 1937.
5) *Papyrus Ebers* 99, 2~3.

우리는 그보다 나중에 만들어진 파피루스들, 예를 들면 순전히 마술적인 브룩슈(Brugsch) 파피루스에서[6] 엑소시스트가 환자를 치료하는 모습을 발견한다. 그 파피루스에는 여성과 아이들의 질병에 대해 논하고 가장 정교하고 마술적인 처방을 내리는 모습이 그려져 있다. 우리는 다른 문학적, 고고학적 자료들을 통해 종교와 마술이 이집트인들의 생활에서 매우 중요한 역할을 했음을 안다.

원시의술을 이루던 여러 요소의 분리는 그리스 시대에 이르러 완성되었다. 기원전 6세기는 서양사상의 역사뿐만 아니라 의학역사에서도 전환점이었다. 의학의 합리적인 체계는 단지 있는 그대로의 경험적 사실인 증상과 처방의 목록으로 구성된 것만이 아니라 건강과 질병의 본질을 합리적으로 해석하기 위해 노력한 것으로도 발전했다. 그것들은 관찰과 경험에 근거하여 신화와 초자연적인 요소를 배제하고 의학의 문제들을 철학적으로, 그리고 나중에는 과학적으로 해석했다.

그리스인들이 건강과 질병의 문제에 접근했을 때 어떻게 마술과 종교의 굴레에서 스스로 벗어나는 데 성공했는지 아직도 불가사의하다. 성공했다는 사실은 그리스의 천재들에게 독보적인 위치를 부여한다. 그러한 과업은 후대의 문명에서는 쉬운 일이었다. 왜냐하면 그들은 그리스인들로부터 전해져온 원형을 따를 수 있었기 때문이다.

합리적인 의학의 발전에도 불구하고 종교적, 심지어 마술적 의술도 결코 사라지지 않았다. 원시의술의 모든 요소가 수세기, 수천 년

---

6) Adolf Erman, *Zaubersprüche für Mutter und Kind aus dem Papyrus 3027 des Berliner Museums*, Berlin, 1901.

을 지나 바로 우리 시대까지 살아남아 있다. 모든 시대에 걸쳐 이 세 가지 의학체계는 때로는 평화로운 경쟁, 때로는 공공연한 대립과 갈등 속에서 나란히 발견될 수 있었다. 합리적인 철학이 지배적일 때는 과학이 번성했고 종교적 의학은 눈에 띄지 않게 존재하여 소수의 신비적인 욕망을 충족시키거나 과학적 의학의 치료에 실패한 사람들을 위한 마지막 피난처를 제공했다. 그러한 시대에 마술은 대중의 교육받지 못하고 "미개한" 요소들로 이관되어 소작농의 미신이나 본래의 의미는 잊혀진 일반적인 관습과 습관 속에서만 명맥을 유지했다. 많은 나라들에서 사람들은 한때는 징조를 해석하는 행위가 매우 발달한 과학으로 여겨졌지만 그 뒤에 폐기되었다는 사실을 모른 채 여전히 행운과 불행의 징후들을 주의 깊게 관찰한다.

엄청난 자연적, 사회적 재앙의 시기에서처럼 신비적 철학이 유행할 때에는 종교적이고 신비적인 의학이 힘을 얻게 된다. 공포는 이성을 제압한다. 사람들은 원시주의로 복귀하고 자신들을 위협하는 악을 신비적 방법으로 물리치기 위해 애쓴다.

아스클레피오스 숭배

그리스 의사들과 철학자들이 질병(disease)의 본질에 대해 숙고하고 있는 동안 많은 사람들은 질환(illness)을 종교적 의미로 해석하여 신전에서 치유를 구하곤 했다. 신이 악을 보낸 것처럼 질병도 그러했다. 아폴론이 쏜 화살은 역병을 초래했고 뱀의 머리카락을 한 복수의 여신들은 죄를 벌하고 광란을 유발했다. 메두사를 흘긋 보기만 해도 팔다리가 마비되었고, 악의 시선으로부터 자신을 보호하기 위해 그녀의 그림을 부적처럼 몸에 지녔다.

모든 고대의 신은 치유능력을 가졌다. 제우스는 구원자 제우스로 숭배되었고 로도스 섬에서는 치유자 제우스로 숭배의 대상이었다. 헤라는 구원의 여신 헤라로, 로마에서는 구제의 여신 주노로 나타난다. 렘노스 섬의 헤파이스토스가 떨어진 자리에서는 뱀에 물린 상처나 광기의 치료에 쓰인 테라 렘니아 시질라타(terra Lemnia sigillata)가 생겨났다.

아테나 팔라스는 아테네에서 위생의 여신 아테나로, 키지코스에서는 아테나 이아소니아(Iasonia)로 불렸다. 또 스파르타에서는 눈병으로 고통받는 사람들이 안질수호자 아테나를 숭배했다. 아폴론은 의학의 창시자로 여겨졌으며, 그것과 관련된 그의 능력을 치유자, 구원자, 치료자, 시술자, 의자(醫者), 약제조자, 수호자 등 당시의 여러 가지 용어로 표현했다.

이와 같이 질병으로 고통받는 사람은 누구나 거의 모든 신전에 가서 공물을 바치고 건강의 회복을 기원할 수 있었다. 그러나 점차적으로 종교적 의학은 의술의 신 아스클레피오스의 숭배로 구체화되고 수렴되었다.[7] 여러 세기 동안 그것은 가장 중요한 치유의식이었고 에피다우로스로부터 그리스 전역으로 퍼졌으며 기원전 291년에는 로마에까지 이르렀다. 원래 의사의 수호자인 아스클레피오스는 점차 지위가 높아지고 신격화되었다. 그를 아폴론의 아들이자 반인반마 키론의 제자로 여기는 신화가 생겨나고 그의 신전은 환자와 고통받는 자들의 순례장소가 되었다.

---

7) 아스클레피오스에 대한 에델슈타인 부부(Emma and Ludwig Edelstein)의 철저한 연구결과가 존스홉킨스 출판사에서 출간 준비 중에 있다.

심지어 유적만 남은 에피다우로스는 여전히 인상적인 명승지다. 고대 그리스의 여행가 파우사니아스(Pausanias)를 안내인으로 삼아 유적 사이를 걸으면서 우리는 많은 세대의 환자들과 그리스인, 로마인들이 방문했던 때의 그곳 모습을 마음속에 재현할 수 있다. 그 성스러운 장소의 중심부가 신전이고 그곳에 황금과 상아로 된 신상(神像)이 서 있었다. 아스클레피오스의 턱수염 난 얼굴은 부드럽고 친절한 표정이었고 고통받는 자를 돕는 지팡이에 기대 서 있었다. 그는 그리스 신 중에 유일하게 순수하고 성스러운 삶을 살았고 스캔들이 전혀 없는 신이었다. 머지않아 그는 예수의 강력한 경쟁자가 될 것이었다.

우리는 순례자들의 숙박을 위해 네 군데 안마당 주위에 지어진 커다란 숙박시설의 유적을 지금도 볼 수 있다. 거대한 구조물인 극장은 지금까지 가장 잘 보존된 그리스 극장 가운데 하나다. 연주회장, 경기장, 목욕탕이 방문자들의 여흥을 위해 지어졌다. 성지에는 담장이 쳐졌고 오로지 순결한 사람만이 들어갈 수 있었다. 로마의 원로원 의원인 안토니누스(Antoninus)는 불결한 자, 생리 중인 여성, 임산부 그리고 죽어가는 자를 위해 관할구역 밖에 특별한 거처를 마련토록 했다.

치유행위는 이른바 인큐바티오(incubatio, 수면치료—옮긴이)였다. 이것은 신전에서 멀리 떨어지지 않은 곳에 위치한 회랑인 아바톤에서 이루어졌다. 환자들은 예비의식을 치룬 뒤에 이 회랑에 가서 잠을 잤다. 신은 환자들의 꿈속에 모습을 드러내었고 그들이 깨어나면 치유가 되었다. 적어도 일부는 치유되었고 이에 관한 기록이 남아 있다. 실패는 보통 알려지지 않는다. 그런 기적의 치유와 관계 있는 상당수의 에피다우로스 서판들이 기원전 4세기부터 보존되어왔다.

그것들 중에 한쪽 눈이 먼 암브로시아라는 이름의 아테네 여성에 대한 이야기가 있다. 그녀는 다리를 저는 사람이나 눈이 먼 사람이 단지 꿈만 꾼다고 낫는다는 사실을 믿을 수 없었다. 그러나 밤이 되자 신이 그녀의 꿈에 나타났다. 신은 그녀를 낫게 해주겠다고 약속하는 대신 신전에 공물을 바치길 원했다. 그것은 그녀의 멍한 기억으로는 은으로 만든 돼지였다. 신이 눈을 절개하여 발삼향유를 발라주었다. 그리고 낮이 되자 그녀는 나았다. 또는 두통이 너무 심해 잠을 자지도 못했던 아게스트라투스가 치유된 이야기도 남아 있다. 화살에 맞아 가슴에 화농성 상처가 있던 고르기아스라는 다른 환자도 있었다. 그가 깨어났을 때 피부는 깨끗했고 손에 화살촉이 들려 있었다.

오늘날 우리는 암시라는 심리적 메커니즘에 대해 알고 있고 의식적으로도 그것을 사용하고 있다. 암시와 자기암시가 특정 질병의 어떤 증상들을 없앨 수 있다는 것은 의심의 여지가 없다. 신념이나 종교적 열정에 의한 긴장이 치료에 가장 적합한 마음의 상태를 만든다. 제식에서는 치유를 구하는 특별한 유형의 환자들이 항상 존재해왔다. 대체로 만성질환자고 그들 중 많은 사람이 신경증 환자들이었다. 히스테리 증상들이 그런 치료에 가장 쉽게 반응했지만 치유가 영원한 것은 아니다. 기저의 질병상태는 그대로 남아 있다.

암브로시아가 두 눈이 잘 보이는 상태에서 신전을 떠난 것은 거의 확실하지만 몇 달 또는 몇 년 안에 귀가 먹거나 불구가 되거나 또는 히스테리의 다른 증상들을 보였을 가능성도 꽤 있다. 그리고 에피다우로스에서 두통을 치료한 아게스트라투스도 그 대신 소화 기관에 통증이 생겼을지도 모른다.

그러나 기질적 질병이 암시에 의해서 치유될 수 있다는 점은 부정할 수 없다. 모든 세포는 결국 신경계의 영향 아래 있다. 나는 매우 유능한 피부과 의사 한 사람을 기억한다. 그는 만성습진의 고통 때문에 거의 미치기 직전이었다. 그는 그 분야의 최고 권위자들에게 자문을 구했고 특별한 효력도 없는 모든 방법을 시도했다. 마지막으로 절망에 빠져서 그는 의사도 아니면서 자기 암시에 의한 치료로 명성을 날리던 낭시의 쿠(Émile Coué)를 만나러 갔고 결국 치유되었다. 과학자로서 그는 자신의 경우에 대한 합리적인 설명을 찾으려고 했다. 그는 암시가 병을 치유한 것이 아니라 지독한 가려움을 없앴다는 사실을 발견했다. 계속 긁어대는 자극을 주지 않게 되자 습진은 저절로 나았다.

전염성 질병인 사마귀가 암시에 매우 쉽게 반응한다는 것은 잘 알려져 있다. 그러므로 사마귀는 모든 종류의 치유의식에서 매우 인기가 있다. 내 유럽인 동급생의 치료과정에서 일어났던 일이 대표적인 예다.

소아과 의사인 그는 손가락에 보기 흉한 사마귀가 여러 개 난 소녀를 치료하고 있었다. 질산을 이용하여 사마귀들을 소작(燒灼)하기로 결정했다. 치료날이 되어 엄마와 소녀가 대기실에서 기다리고 있었다. 소녀가 매우 불안하고 초조해 하자 같은 대기실에 있던 여성이 무슨 문제가 있느냐고 물었다. 소녀가 사마귀와 곧 있을 치료에 대해 이야기하자 그 여성은 엄마에게 질산은 매우 아프고 흉터가 남으니 치료를 받지 말라고 충고했다.

그녀는 더 나은 치료법을 알고 있었다. 그녀가 가르쳐준 처방은 다음과 같았다. "새 비단리본을 사세요. 아이의 사마귀 수만큼 매듭을 만들구요. 그 리본을 아이들이 많이 지나다니는 학교 근처에 떨어뜨리세요. 어떤 소녀가 그 리본을 주워 들면 당신 딸의 사마귀도 같이 가지고 갈 겁니다." 그것은 인정 어린 충고는 아니었지만 효과는 있었다. 실제로 소녀의 사마귀가 사라졌다.

이 사례는 20세기 민속의술에서 원시적 시술의 잔존을 보여주는 좋은 예다. 리본은 반드시 새것이고 비단이어야 한다. 다시 말해서 약간의 돈과 희생이 따라야 한다. 질병은 마술매듭을 통해 리본에 가두어진다. 그리고 결국에는 한 사람에서 다른 사람으로 병의 전이가 일어난다.

근대적 경험은 신경증뿐만 아니라 특정한 기질적 질병도 암시나 다른 종류의 심리치료에 의해 완전히 낫지는 않아도 현저히 호전될 수 있다는 것을 보여줬다. 그리고 우리는 에피다우로스나 다른 치유의식에서 일어났던 "기적치유"를 연구할 때 이 점을 꼭 명심해야만 한다. 그러한 효과가 없었다면 종교적 의학은 소멸했을 것이다. 즐거운 경험들은 오랫동안 기억되고 불쾌한 경험들은 억압되는 것처럼 성공적인 치유는 주의 깊게 기록된 반면 실패한 것들은 곧 잊혀졌다.

기원전 5세기경 히포크라테스 의학이 번창하는 동안에 아스클레피오스의 의식은 아테네와 그 밖의 다른 그리스 사회에서 확립되었다. 나란히 번성한 두 가지 형태의 의학 사이에 충돌은 없었다. 로마 제국 시대에 의식은 널리 보급되었고 매우 대중적이었다. 신비주의의 물결이 고대 세계를 휩쓸었다. 기적적인 치유는 아스클레피오스뿐만 아니라 대모신(大母神)인 키벨레(Cybele), 디오니소스, 오시리스, 세라피스(Serapis), 미트라(Mithra) 등에 의해서도 행해졌고 환자들은 그들의 신전에 몰려들었다. 그러나 아스클레피오스의 최대 경쟁자는 치유와 구제의 약속과 함께 나타난 새로운 시리아의 종파, 즉 기독교 신앙이었다.

예수 그리스도의 치유

예수 그리스도의 시대에는 환자를 치유하는 것이 모든 의식에서 중요한 부분이었으므로 새로운 종교는 기적적인 치유의 약속을 지키지 않으면 다른 종교와 경쟁을 할 수 없었다. 복음서들은 다수의 치유된 경우를 이야기한다. 환자의 치유는 예수 그리스도가 가장 자주 행한 기적이다. 그는 마귀 들린 사람들, 장님들, 문둥이들, 마비환자들, 다양한 만성질병이나 허약함으로 고통받는 사람들을 낫게 하고 심지어 죽은 자를 소생시켰다.

그리스도는 자신 안의 신성한 힘으로 그들을 낫게 했다. 「마가복음」 5장 25~34절의 일화는 이 점에서 빛난다. "12년 동안 혈우병이 있었지만" 많은 의사들이 치료하지 못했던 여인이 예수의 옷을 만졌다. "이에 그의 혈우근원이 곧 마르매 병이 나은 줄을 몸에 깨달으니라. 예수께서 그 능력이 자기에게서 나간 줄을 곧 스스로 아시고 무리 가운데서 돌이켜 말씀하시되, 누가 내 옷에 손을 대었느냐 하시니." 같은 생각이 「누가복음」 6장 19절에 표현되어 있다. "그리하여 온 무리가 예수를 만지려고 힘쓰니 이는 능력이 예수께로 나서 모든 사람을 낫게 함이니라." 그는 마귀를 "성령의 이름으로" 쫓아버린다.[8]

때때로 환자들에게는 신앙고백이 요구되었다. 다윗의 자손, 즉 예수에게 치료받기 원한 두 맹인에게 물었다. "내가 이를 행할 수 있음을 믿느냐? 그들은 '믿나이다 주여!'라고 대답했다. 그리고 예수께서 그들의 눈을 만지시며 가라사대 너희들의 믿음에 따라 그리 되라 하시매 눈을 떴다."[9] 또 다른 맹인을 치료하면서 "보아라. 너의 믿음이 너를 구했느니라"라고 말했다.[10]

때때로 예수 그리스도는 사람들을 손으로 만져서 치유했다. 이는 기적적인 치유의 고전적 몸짓이었다. 그는 맹인의 눈을 만지거나[11] 명령하거나 손을 올려놓았다.[12] 다른 경우에는 땅을 향해 외치거나 진흙을 이겨 맹인의 눈에 발랐다.[13] 매우 많은 경우에 치유는 단지 명령이나 말로 된 주술에 의해서도 효과가 있었다. 한센병 환자에게 예수 그리스도는 "너는 깨끗함을 받으라"라고 말했고[14] 마비환자에게는 "일어나 네 자리를 들고 걸어라"라고 했으며[15] 손이 오그라든 사람에게는 "네 손을 내밀라"라고 했다.[16]

다른 기적들과 마찬가지로 예수에 의한 치유도 사람들을 놀라게 했다. 그것들은 신의 뜻을 분명하게 했고[17] 예수가 구세주 그리스

---

8) 「마태복음」 12장 28절.
9) 「마태복음」 9장 28~30절.
10) 「누가복음」 18장 42절.
11) 「마태복음」 20장 34절.
12) 「마가복음」 8장 22~26절.
13) 「요한복음」 9장 6절.
14) 「마태복음」 8장 3절.
15) 「요한복음」 5장 8절.
16) 「마태복음」 12장 13절.
17) 「요한복음」 9장 3절.

도임을 증명했다. 복음서들은 여러 세기 동안 기독교 세계에서 종교의학의 형태를 결정하는 패턴을 설정했다. 예수 그리스도만 그러한 치유를 수행할 능력이 있는 것이 아니라 그의 사도들에게도 그런 힘이 있었다. "그리하여 예수께서 열두 제자를 다같이 불러모아 병을 치료하는 힘과 권능을 주어 모든 악마를 제압하고 하느님의 나라를 전파하고 환자를 낫게 하려고 보내시었다."[18]

베드로는 "나사렛 예수의 이름으로 일어나 걸으라"라고 말하여 절름발이를 낫게 했다.[19] 바울과 다른 사도들도 비슷한 치유행위를 수행했다. 그것들은 신의 권능을 가장 강력하게 증명하는 것으로 여겨졌고 이교도를 개종시키는 데 중요한 역할을 했다. 고대 세계는 기적을 전적으로 믿었다. 아스클레피오스를 비롯하여 여러 신이 기적을 행했으며, 티아나의 철학자 플로티누스(Plotinus)와 아폴로니우스(Apollonius)도 기적을 행했다고 전해진다.[20] 카이사르가 살해되기 직전에 그의 집의 모든 문과 창문이 저절로 열렸고 이상한 소음이 들렸으며 작열하는 금속같이 번득이는 유령들이 서로 싸우는 것이 목격되었다.[21]

이런 이야기들은 사람들 사이에 널리 퍼졌고 많은 이들이 믿었다. 사람들이 예수 그리스도의 기적을 믿지 않을 이유가 있겠는가? 모든 성자가 기적을 행했다. 『빛을 찾아서』(Legenda Aurea)는 기적적인 치유기록으로 가득 차 있는데, 그것들은 서로 끝없이 천편

18) 「누가복음」 9장 1~2절.
19) 「사도행전」 3장 6절.
20) R. Reitzenstein, *Hellenistische Wundererzählungen*, Leipzig, 1906절.
21) Plutarch, *Caesar*.

일률적으로 반복된다.

의학은 초기 기독교 공동체에서는 신앙치유였다. 누군가 아프면 교회의 장로들이 그의 머리 위에 기도를 하고, "주의 이름으로 기름을 바르며 믿음의 기도가 병든 자를 구원하리니 주께서 그를 일으키시니라. 죄를 범했다 할지라도 사함을 받을 것이니라."[22] 그리스 의학은 다신교의 의술이었고 거기에는 초기 교회를 위한 자리는 없었다.

2세기경, 갈레노스(Galenos)의 기독교도 제자들은 교회에서 파문되었다. 그러나 점차적으로 화해가 일어났다. 기독교가 로마 제국의 공식종교가 되자 불가피하게 과거의 문화유산을 이어받음으로써 타협해야만 했다. 기독교도들은 의사가 되었고 이교도인 의학 저술가들의 학설을 적용하여 환자를 치료했다. 의학서적들은 성 베네딕투스 수도원에서 필사되었다. 이방인, 빈민 그리고 환자들을 위한 병원들이 세워졌다.

고대의 합리적 의학체계는 보존되었다. 그것들은 수세기 동안 살아남았고 기독교 신학에 흡수, 통합되었다. 갈레노스는 지배적인 권위를 계속 누렸지만 수세기 동안 의학의 진보는 이루어지지 않았다. 교회가 압도적인 역할을 하고 종교가 삶의 모든 영역에 침투한 세계에서 종교적 의학은 사람들에게 친근했고 가장 눈에 잘 띄는 곳에 있었다. 종교적 의학에는 많은 이교도적 요소가 반영되었다.

---

22) 「야고보서」 5장 14~15절.

치유성자들

병이 들면 환자는 교회에 봉헌물을 바쳤고 직접적으로 하느님에게가 아니라 동정녀 마리아나 성자들에게 기도하며 그들의 중재를 구했다. 봉헌된 그림에서 마리아는 종종 하느님 앞에 무릎을 꿇고 자신의 젖가슴을 보여주면서 하느님의 아들을 낳았음을 상기시키는 것으로 묘사된다. 마리아는 환자치유인, 병자치유인, 간병인, 상처치유인, 통증관리인 등 여러 형태로 숭배되었다.[23]

프랑스에서만 약 40개의 교회가 그녀의 치유능력을 기려 봉헌되었다. 환자 노트르담, 치유 노트르담, 회복 노트르담, 건강 노트르담 등 노트르담이라는 이름이 붙은 교회가 대부분 그러한 것들이다.[24] 그 가운데서도 오늘날 가장 유명한 것이 루르드의 노트르담 대성당으로, 그곳에 1858년 2월 11일, 성모 마리아가 성 베르나데트(Saint Bernadette of Lourdes) 앞에 나타났고 4일 뒤에 기적의 샘물이 생겨났다. 그런 일이 생긴 뒤 수십만의 환자들이 해마다 루르드를 향해 순례여행을 떠났고 그곳에서 나오는 성수가 배에 실려 온 세계로 보내졌다. 가톨릭 세계에서 루르드는 고대의 에피다우로스와 마찬가지다.

성자들 중에서 전문화가 일어난 것은 흥미로운 일이다. 앞에 언급했듯이 그들은 모두 기적을 행했고 이교도를 개종시켰다. 신앙을 위해 순교한 초기의 성자들은 기적적 치유로 명성을 날렸다. 그들은 모두 환자를 위해 하느님에게 기도하고 중재할 수 있는 능력이

---

23) Alphonse-Marie Fournier, *Notices sur les Saints Médecins*, Solesmes, 1893, p.17을 보라.
24) *Ibid.*, p.18.

있었다. 그러나 점차적으로 성자들은 각기 특정한 질병에 도움을 주는 전문가로 변모했다.

7세기부터 성 세바스티아누스(Saint Sebastianus)는 페스트로부터 사람들을 보호하는 수호성자가 되었다. 6세기에 너무나 큰 불행과 고통을 안겨준 유스티아누스 페스트는 강력한 조력자를 만들어냈다. 세바스티아누스는 전설로 인해 페스트의 성인이 되었다. 디오클레티아누스 황제는 궁수들에게 활을 쏘라고 명령했고, 전설에 의하면 너무 많은 화살에 맞아 세바스티아누스는 고슴도치 같았다고 한다. 그러나 그는 죽지 않았다. 화살은 고대 세계에서 항상 역병에 의한 갑작스런 죽음을 상징했다. 아폴론은 사람들에게 화살을 쏘아 역병을 보냈다. 세바스티아누스는 화살에 의한 죽음을 이겨내었으므로 페스트의 수호성인이 되었다.

세바스티아누스를 숭배하는 의식은 페스트가 창궐하던 때인 680년 이탈리아 파비아에서 시작되었다. 그때 그의 성골을 로마로부터 들여왔고 빈콜리의 산 피에트로 성당에 그를 위한 제단이 세워졌다.[25]

14세기에 다시 페스트가 세계를 황폐화시켰고 수백만 명의 사람이 성 세바스티아누스에게 기도했는데도 죽음을 피할 수 없었다. 이 일로 새로운 페스트의 수호성인이 필요해졌고, 페스트로 고통받는 사람들을 돌보는 데 일생을 바친 몽펠리에의 한 시민, 성 로쉬(Saint Roch)가 새로운 수호성인이 되었다.

---

25) Henry E. Sigerist, "Sebastian-Apollo," *Archiv für Geschichte der Medizin*, 1927, vol.XIX, pp.301~317을 보라.

비슷한 방식으로 성 나사로(Saint Lazarus)는 한센병 환자들의, 성 비투스(Saint Vitus)는 간질과 그 밖의 다른 경련성 질환자들의 수호성인이 되었다. 성 안토니우스(Saint Anthonius)는 맥각(麥角)중독으로 고통받는 사람들을, 성 블레즈(Saint Blaise)는 인후 질환이 있는 사람들을 치유했다. 그 밖에도 수많은 성자들의 목록을 열거할 수 있다.[26]

그들의 힘은 그들이 묻힌 곳에서 가장 강하게 나타났다. 그들의 모든 유품과 심지어 초상화까지도 기적의 힘을 발휘했다. 사람들은 수호성인들의 메달을 부적처럼 지니고 다녔다. 그리고 그들의 중재로 낫게 된 환자들은 고대의 이교도들처럼 고통받은 장기를 상징하는 봉헌물을 교회에 바쳤다.

중세시대와 그 이후에도 오랫동안 사람들은 유행병을 신의 분노 탓으로 돌렸고 신을 달래려고 애썼다. 정신질환자들은 악마에 의해 빙의되었다고 여겨 기도나 주문으로 악마를 쫓아내려 했다. 히스테리는 자궁이 몸 안에서 돌아다니기 때문에 생기는 것으로 여겨 그런 일이 일어나지 않도록 마법을 걸었다.[27] 어디에서나 고대의 마술적 의식이 기독교적 형태로 변형되었다.

개신교의 신앙의술

종교개혁은 기독교 교회에 침투해 있던 이교도적 요소를 쫓아내

---

26) Dietrich Heinrich Kerler, *Die Patronate der Heiligen*, Ulm, 1905.— Adalberto Pazzini, *I Santi nella Storia della Medicina*, Roma, 1937을 보라.
27) Werner Bernfeld, "Eine Beschwörung der Gebärmutter aus dem frühen Mittelalter," *Kyklos*, 1929, vol.2, pp.272~274.

었다. 그것은 복음서와 초기 기독교 공동체 삶의 검소함으로 회귀하는 것으로 특징지어졌다. 성모 마리아와 성자들에 대한 예배, 유품과 초상화의 숭배, 성골함을 향한 순례, 이 모든 것들이 버려졌다. 종교개혁의 결과 종교의학의 정교한 의식들이 버려졌지만, 종교개혁으로 탄생한 개신교에서도 종교적 의술이 필요했다. 개신교도들은 야고보의 「사도행전」에 적혀 있는 기도라는 단순한 방식에서 그것을 발견했다. 누군가 아플 때 그는 하느님에게 직접 낫게 해달라고 기도했고, 또는 공동체의 동료들이 환자를 위해 기도했다. 그에게 믿음이 있다면 희망이 있었다. 그들에게 치유란 믿음에 의한 것을 뜻했다.

신앙의술은 개신교 내에서 다양한 방식으로 체계화되었고 치유적 측면을 강조하는 여러 교파들이 생겨났다. 그 가운데 가장 널리 퍼진 것은 에디(Mary Baker Eddy, 1821~1910)가 창시한 이른바 크리스천 사이언스(Christian Science)였다. 그녀의 경력은 잘 알려져 있다. 뉴햄프셔에서 태어난 그녀는 그러한 운동의 정신적 대부로 여겨지는 큄비(Phineas Parkhurst Quimby)에게서 구원을 받을 때까지 여러 만성질환으로 고통을 받았다.

메인 주의 시계제조공이었던 큄비는 어느 프랑스인이 자기(磁氣)로 치료를 하는 것을 보았다. 메스머(Franz Mesmer, 1734~1815)가 주창한 동물자기론은 한때 과학적이라고 알려졌지만 실제로는 다듬어지지 않은 추측에 불과했다. 메스머는 광물과 동물의 자기를 구분했다. 그는 무수히 미묘한 물질이 온 우주에 퍼져 있고 사람을 비롯한 동물들은 이런 물질의 영향을 받고 있다고 주장하며 이러한 현상을 동물자기론이라고 명명했다. 메스머는 질병은 자기가 헝클어진 결과로 자기력을 이용하여 치료할 수 있다고 주장했다. 메스머가 발전시킨 치료의식에서는 최면술과 암시가 가장 중요한 요소였다. 이런 이론은 19세기 초에 크게 유행했다.

쿰비도 처음에는 자기 치유에 손을 댔지만 곧 그런 과정이 매우 불필요하며 신앙 자체로 충분하다는 사실을 발견했다. 그는 나중에 제자가 된 에디를 치료했다. 1866년 쿰비가 사망한 뒤 에디는 그 연구를 이어받아 그녀 자신의 교리를 발전시켰다. 1875년에 그녀는 『성서에 이르는 열쇠와 함께 하는 과학과 건강』(*Science and Health with Key to the Scriptures*)이라는 책을 출판했다. 그녀는 자신의 근거지를 보스턴으로 옮겨 '어머니 교회'를 세웠다. 그 교파는 점점 성장하여 오늘날 미국에는 천 개 이상의 교회와 백만 명에 가까운 신봉자가 있다.

크리스천 사이언스는 치료체계가 아니라 종교다. 그것이 가장 사람들의 관심을 끄는 지점은 질병뿐만 아니라 모든 종류의 악을 치유해준다는 것이다. 그로써 악은 더 이상 존재하지 않기 때문이다. 세상에는 단지 영혼 이외에는 아무것도 없다. 영혼은 하느님이다. 하느님은 선하며 어디에든 존재한다. 질병, 죄악, 죽음은 존재하지 않는다. 그것들은 사람의 잘못으로 생기는 것뿐이다. 누군가 아프다면 그가 잘못을 저질렀기 때문이다. 그가 다시 올바른 생각을 갖는다면 그는 반드시 편안함을 되찾을 것이다.

크리스천 사이언스가 대중의 지지를 얻었을 때는 미국 의학이 질병에 대해 과도하게 기계론적인 접근을 하고 심리적 요인을 무시하면서 발전하던 때였다. 크리스천 사이언스가 발을 들여놓은 틈새는 바로 그 지점이었다. 오늘날은 상황이 변했다. 의학심리학과 정신의학이 발전하여 과학적 의학에서 점점 중요한 위치를 차지하게 된 것이다. 그 결과 크리스천 사이언스 운동은 성장을 멈추었다. 그것은 어떤 사회에든 항상 존재하는 소수의 신비적인 욕구를 만족시킬 수 있기 때문에 다른 운동이 그 자리를 대신할 때까지 살아남을 것이다.

예수 그리스도는 "하느님의 왕국을 설교하고 환자들을 치유하기 위해" 자신의 사도들을 보냈다. 개신교의 교회들도 여전히 하느님의 왕국을 설교하지만 환자를 치료하는 것은 의사들의 손으로 넘어갔다. 때때로 교회가 의학을 전적으로 의사들에게 맡김으로써 본래의 책무를 게을리 하는 것은 아닌가 하고 느껴질 때가 있다. 크리스천 사이언스는 일부러 환자들을 의사로부터 멀어지게 했다.

20세기 초에 전혀 다른 종류의 운동이 엠마누엘 교파에서 일어났다. 창시자인 우스터(Elwood Worcester) 목사는 독일 라이프치히에서 분트(Wundt)와 함께 심리학을 공부했다. 우스터는 필라델피아의 신경과 의사인 미첼(S. Weir Mitchell)의 친구로 정신질환 분야에 매우 관심이 있었다.

보스턴의 엠마누엘 교단의 교구목사로서 그는 1905년 무렵에 의사인 프라트(Joseph H. Pratt)와 함께 결핵교실을 운영하기 시작했으며 결핵요양소에 들어갈 수 없는 슬럼 주민들을 대상으로 했다. "치료는 결핵과 싸우는 데 공인된 근대적인 방법에 절제, 우정, 격려, 희망 등을 더하여 이루어졌다. 간단히 말해 신체적, 정신적 요소의 혼합이었다."[28] 그러한 방식의 결핵교실은 널리 지지를 얻었

---

28) Elwood Worcester, Samuel McComb, Isador H. Coriat, *Religion and*

고, 그 다음 단계로 "정신적, 도덕적인 질병을 앓는 환자들"을 위한 엠마누엘 건강교실이 세워졌다.

그 운동은 과학적 의학과 전혀 상반되는 것은 아니었다. 오히려 선구적인 의사들과 협력하여 의사들에게 진료받는 환자들만을 대상으로 했다. 다시 말해 그것은 의사를 대신하여 목사가 종교적인 방식으로 심리치료, 대개는 암시치료를 하는 것이었다. 신경증으로 고통받던 많은 환자들이 그런 방법으로 치유되었거나 적어도 호전되었다는 것은 의심의 여지가 없다. 그 당시 미국에서는 의사들이 대체로 정신병 치료의 경험이 거의 없었고 잘 훈련된 심리치료사도 많지 않았다는 사실을 잊지 말아야 한다.

오늘날 미국 의사는 신체를 치료할 뿐만 아니라 정신도 치료하는 의사다. 의사의 수련과정에는 심리학과 정신의학이 포함되어 있으며, 그 분야의 전문가들도 많이 있다. 의사들은 환자가 종교적인 심성이 강한 경우 목사와 협력하는 것이 의미가 있다는 사실을 잘 안다. 믿음은 과학에 대한 것이든 종교에 관한 것이든 또는 둘 다든 간에 틀림없이 치료에 중요한 요소다. 그러나 정신병원은 교회보다는 의학적 원리에 따라 운용하는 것이 더 안전하다는 사실도 잊어서 안 된다.[29]

과학적 의학은 아스클레피오스의 시대 이래로 크게 진보했지만 여전히 심각한 한계를 안고 있다. 과학적으로 설명되지 않는 많은

Medicine, *The Moral Control of Nervous Disorders*, New York, 1908, p.1.

29) 이 점에 대해서는 다음을 보라. Charles Reynolds Brown, *Faith and Health*, New York, 1924.

질병현상이 여전히 남아 있고, 그에 따라 많은 질병을 예방하지도 치유하지도 못하고 있다. 노령 자체보다는 질병 때문에 더 많은 사람이 여전히 사망하고 있다. 의학이 질병을 뿌리째 뽑으려는 목적을 달성하지 못하는 동안에 기적을 바라는 많은 환자들이 종교나 심지어 마술에 계속 도움을 구할 것이다. 의사가 질병발생과 치료에서 사회적, 심리적 요인들을 과소평가한다면 언제든지, 의사는 이런 것들을 인정하는 성직자들과 경쟁해야만 할 것이다.

제7장 질병과 철학

고대 세계의 철학적 질병해석

기원전 6세기에 번성했던 밀레토스의 탈레스는 최초의 그리스 철학자였다. 그는 책 한 권 남기지 않았지만 물이 모든 사물의 근원이라고 선언한 것으로 기억되고 있다. 이 간략한 선언이 서양철학의 시작을 알린다. 단순한 관찰자라면 사물의 실재를 알아차린 것에 스스로 만족하고 아마 실제적으로 그것을 사용하기 위해 애쓸 것이다. 그러나 탈레스는 사물들에 대해 심사숙고했다. 일상의 경험을 통해 그는 모든 것에는 원인이 있음을 알게 되었다. 그에 따라 그는 세계에는 틀림없이 한 가지 근원이 있다는 결론을 내리고 세계에 대한 설명을 찾았다.

자연에 대한 그의 접근법은 그리스어의 동사 theorein, 즉 '숙고하다'로 표현되었다. 그는 사물을 당연한 것이 아니라 새로운 놀라움으로 관찰했고 그의 설명은 기존의 해석과 달리 신화적이지 않았다. 그는 모든 생명체에는 물이 있고 동물의 정자에도 물이 있으며 물이 전혀 없는 곳은 사막이라는 사실을 관찰했다. 여행 중에 그는 나일 강 범람의 영향을 보기도 했다. 이러한 경험과 숙고 끝에 그는 물이 사물의 근원이라고 결론을 내렸다.

다른 설명도 있었다. 아낙시만드로스는 무한함이 사물의 근원이라고 언명했고 아낙시메네스는 공기가 근원요소라고 주장했다. 그들 두 사람은 모두 그들이 연구하고자 했던 『자연에 관하여』(On Nature)라는 책을 펴냈고 실제적인 문제에도 관심을 기울였다. 아낙시만드로스는 천구를 제작했고 세계지도를 그렸으며 바빌로니아로부터 해시계를 소개했다고 알려져 있다. 아낙시메네스는 천문학 연구에 종사했다.

점차로 이 초기의 자연탐구자와 철학자들은 자신들의 연구를 건강과 질병의 문제까지 확장시켰고 이런 발전에는 피타고라스 학파가 매우 중요한 역할을 했다. 정치적인 상황의 결과, 피타고라스는 에게 해의 사모스 섬으로부터 남부 이탈리아로 이주했다. 그리고 크로톤에서 그는 곧 신봉자들에게 둘러싸였다.

피타고라스 학파의 구성원들은 영혼의 환생을 믿었고 정결한 삶을 통해 윤회로부터의 구원을 추구했다. 그들은 모든 종류의 장애를 극복할 수 있도록 고안된 엄격한 정신적, 신체적 식이요법을 감수했다. 그리고 병이 생겨 균형과 조화가 깨지면 신체적인 균형은 의학적인 방법으로, 정신적인 균형은 음악을 이용하여 회복하려고 했다. 의학과 음악은 이와 같이 그들의 탐구과정에서 중요한 자리를 차지했다.

탐구과정에서 피타고라스 학파는 현의 길이와 그것을 튕길 때 나는 소리 사이에 밀접한 관계가 있다는 사실을 관찰했다. 그들은 조화란 곧 수학적인 비율의 문제며, 또 숫자가 사물의 본질이라고 결론지었다. 그들이 체계화한 균형상태에서 숫자들은 대칭을 이루며,

네 가지 기질(취리히 필사본 C54/719, 15세기)
위왼쪽 | 냉담형
위오른쪽 | 다혈질형
아래왼쪽 | 분노형
아래오른쪽 | 우울형

「토성의 아이들」, 15세기 초, 튀빙겐 박물관

이상적인 숫자는 5나 7이 아니라 4였다. 정반대의 속성을 지니는 두 쌍의 숫자들은 완벽한 조화를 이루는 것처럼 보였다. 나중에 엠페도클레스는 세계가 흙, 물, 공기, 불의 네 가지 원소로 이루어졌다고 가르쳤다. 이것들은 사랑과 반목이라는 근본적인 힘에 의해서 결합하기도 하고 분리되기도 하며 끌어당기기도 하고 반발하기도 한다.

우리는 의학이 어떤 방향으로 나아갈지 알아차리기 시작하고 있다. 기원전 6, 5세기에 남부 이탈리아, 시칠리아, 그리고 코스나 크니도스와 같은 소아시아 지역 등 그리스의 여러 식민지에서 여러 의사집단들이 생겨나고 발전했다. 그것들은 건물, 실험실, 진찰실, 특허장 등을 갖춘 근대적 의미의 학교가 아니라 의사와 도제들로 이루어진 자유롭고 임의적인 집단이었다. 그들의 많은 저작들이 나중에 『히포크라테스 전집』으로 편찬되었다. 이 새로운 의사들은 모두 다음과 같은 질문을 제기하고 답하려고 애썼다. 건강이란 무엇인가? 질병이란 무엇인가?

대답은 각양각색이었지만 공통적인 것이 있었다. 그들은 마술과 신화를 배제했다. 질병은 마법의 결과도 복수심에 가득 찬 신에 의해 보내진 악령의 소행도 아니었다. 그것은 자연적인 과정으로 정상적인 삶의 과정과 근본적으로 다르지 않다. 건강한 사람이나 아픈 사람이나 자연의 일부며 소크라테스 이전의 철학자들에 의해 발전된 방법을 통해 다른 자연현상과 마찬가지로 연구되고 해석되어야 했다.

건강은 완벽한 균형상태로 여겨졌다. 건강할 때 우리는 그것을 의식하지 않은 채 자유롭게 숨쉬고 음식을 먹고 소변을 보며 당연히 움직이고 사고한다. 그러나 이 균형상태가 대기의 요인들, 잘못된 식사, 그릇된 생활양식이나 그 밖의 조건들 때문에 어지럽혀질 수 있다. 그리고 이렇게 깨진 균형은 통증, 발열, 종창, 기능장애 그리고 그 밖의 여러 질병증상으로 나타난다.

그러한 설명은 설사 맞다 할지라도 의학적으로 널리 사용되기에는 아직 너무 모호했다. 의사들은 건강한 상태에서 서로 균형을 이루는 몸의 근원적 구성요소가 무엇인지 알아내야 했다. 어떤 이들에 따르면 그것은 유기체 안의 활동적인 힘인 디나메이스였다. 다른 이들에 따르면 그것은 혈액, 담즙, 소변 등과 같은 체액이었다.

『사람의 본성에 관하여』(On the Nature of Man)라는 초기 히포크라테스의 저술 중 하나를 보면 2,000년 이상 의학에 엄청난 영향을 미친 이론의 단초가 발견된다. 거기에서 우리는 인체 내에 서로 다른 두 쌍의 성질로 이루어진 네 가지 기본적인 체액, 즉 혈액, 점액, 황담즙, 흑담즙이 존재함을 읽는다. 우리는 또 거기에서 피타고라스 학파의 영향을 보게 된다. 혈액은 심장에서, 점액은 뇌에서, 황담즙은 간에서, 흑담즙은 비장에서 유래한다는 것이다.

어째서 비장이 주요 장기의 지위를 차지했는지는 미심쩍은 데가 있다. 왜냐하면 그것은 눈에 잘 띄지 않고 당시에는 체계적인 해부가 행해지지 않았기 때문이다. 그럴 듯한 설명은 이 이론들이 말라리아 유행지역에서 구성되었다는 것이다. 비장이 커지는 것은 만성 말라리아의 증상으로, 비장이 매우 커지면 간보다 더 쉽게 만질 수 있었을 것이다. 이와 같이 복강 내 왼쪽에 위치하고 있는 비장은 오른쪽의 간과 균형을 이루는 것으로 생각되었다.

4체액설은 갈레노스에 의해서 더욱 발전되었고 아랍인들, 특히

11세기 초의 이븐시나(Ibn-Sīnā)에 의해 좀 더 발전되었다. 그것은 매우 실용적인 이론으로 많은 것을 잘 설명했다. 체액은 각기 특징적인 성질을 가졌다. 혈액은 공기처럼 뜨겁고 축축하다. 점액은 물처럼 차갑고 축축하다. 황담즙은 불처럼 뜨겁고 건조하며, 흑담즙은 흙처럼 차갑고 건조하다. 사람 역시 자연의 일부였다. 자연은 네 가지 원소로 구성되었고 사람의 신체는 네 가지 체액으로 이루어져 있으며 그것들은 서로 공통적인 특성을 가지고 있었다. 그리고 소우주(사람―옮긴이)와 대우주(자연―옮긴이)는 끊임없이 교류하고 소통했다.

체액들의 양과 질이 정상이고 또 잘 배합되어 있는 상태를 유크라시아라고 했으며, 이때 사람은 건강하다. 그러나 동요의 결과로 어느 체액이 비정상적으로 우세해져 균형이 깨지고 배합이 불량해지면 디스크라시아 상태가 되어 사람은 병들게 된다. 이런 경우 유기체인 사람은 타고난 치유력――뒤에 라틴어로 vis medicatrix naturae로 불렸다――으로 깨어진 균형을 회복하려고 애쓴다.

질병의 초기에는 체액이 미성숙한 상태다가 숙성의 과정을 거친다. 그리고 체액이 숙성하게 되면 잘못된 물질들은 소변, 대변, 침 또는 고름 등을 통해 배출된다. 이런 과정을 거쳐 균형이 회복되면 환자는 치유되는 것이다. 또는 자연력으로 극복할 수 없을 정도로 교란이 심하면 환자는 굴복하여 쓰러진다.

이러한 관점의 가장 중요한 실질적 결과는 의사들이 몸의 선천적인 치유력을 돕는 방식으로 치료방향을 설정하고 그것을 방해할지 모를 것들은 피하도록 교육받았다는 점이었다. 의사는 적절한 식사를 처방했고 약물로 효과를 강화시킬 수도 있었다. 특정한 경우에는 칼에 의지하기도 했다. 농양을 절개함으로써 의사는 자연이 고름을 배출하는 것을 도왔고, 이로써 질병과정을 단축하고 환자가 힘을 비축하게 했다.

이러한 체액이론은 2세기에 갈레노스가 이후 거의 1500년 동안이나 지속된 약리학 체계를 발전시키는 것을 가능하게 했다.[1] 체액은 각기 특성을 가지고 있고 따라서 질병의 특징을 결정했다. 또 질병에도 각기 우세한 특징들이 있었다. 자연의 다른 사물들과 마찬가지로 약물들도 뚜렷한 특성이 있었고, 이에 따라 예컨대 뜨겁고 축축한 질병은 차고 건조한 약물로 치료되었다. 갈레노스는 약을 네 가지 특성과 강도에 따라 구분했다. 그의 체계는 의사들에게 명확한 지침을 제공했기 때문에 특히 중세시대에 서양의학에서뿐만 아니라 아랍 의학에서도 매우 인기가 높았다.

4체액설은 또한 사람의 다양한 체질을 설명하는 데도 사용될 수 있었다.[2] 물론 두 개인이 똑같지는 않지만 특정한 부류로 구분할 수는 있다. 키가 큰 사람과 작은 사람, 뚱뚱한 사람과 마른 사람, 똑똑한 사람과 멍청한 사람, 성미 급한 사람과 굼뜬 사람도 있다. 신체적, 정신적 특성들은 서로 연관된다는 사실이 고대 세계에서 관찰되었다. 뚱뚱한 사람은 대개 너그럽다. 악마는 선하게 비춰질지 모르므로 절대로 뚱뚱하게 그리지 않는다.

---

1) Henry E. Sigerist, *Studien und Texte zur frühmittelalterlichen Rezeptliteratur*, Leipzig, 1923, pp.11~16.
2) Henry E. Sigerist, "Wandlungen des Konstitutionsbegriffs," *Internat. ärztlicher Fortbildungskursus*, 1928, (*Karlsbader ärztliche Vorträge*, Band 10), Jena, 1929, pp.97~108.

체액설은 이런 차이들을 설명하는 것처럼 보였다. 네 가지 체액 중 하나가 약간 우세한 것은 생리적이므로 질병을 일으키지는 않는다고 생각되었다. 흑담즙이 우세하면 아리스토텔레스가 『문제들』[3] 에서 언급했던 우울형에 속하게 된다고 여겼다. 그러한 타입은 많은 천재들이나 철학자, 정치가, 예술가들에서 볼 수 있다. 이는 오늘날 조울병이라고 부르는 다소 불균형한 상태로, 그런 사람들은 때로는 엄청나게 생기 있다가 때로는 매우 우울해진다. 나중에 이러한 타입들은 행성과도 연결지어졌다. 예컨대 우울형은 뒤러 (Albrecht Dürer)의 유명한 목판화에 나오는 것처럼 토성인이라고 해석되었다.[4]

이와 마찬가지로 혈액, 점액 그리고 황담즙이 생리적으로 우세할 수 있다고 여겨졌다. 아랍인들은 거기에 대해 각각 다혈질형, 냉담형, 분노형이라고 명명했다. 이러한 관점은 오랫동안 지속되었고 그것에 익숙하지 않으면 셰익스피어의 희곡을 이해하기란 불가능하다.

지금까지 4체액설에 대해 상세히 설명했다. 그것은 4체액설이 의학사상에서 가장 오래 영향을 미친 것이고 또 질병의 철학적 해석을 가장 생생하게 예증하고 있기 때문이다. 모든 의학이론은 관찰과 추론에 근거하고 있으며, 또 각 시대마다 유행한 철학사조와 긴밀한 관계가 있다. 체액설은 훌륭하고 정확한 관찰의 결과였다. 그것은 논리적이었고 건강과 질병의 많은 현상을 설명했으며, 실제로

---

3) XXX. 1.
4) E. Panofsky and F. Saxl, *Dürers "Melencolia I,"* Leipzig, Berlin, 1923.

치료를 행하는 사람들에게 유용한 길잡이 역할을 했다. 하지만 그 것은 오늘날의 관점에서는 과학적이지 않다. 아무도 흑담즙을 본 적이 없으며 4체액설에서 이야기하는 온(溫), 냉(冷), 건(乾), 습(濕)의 성질은 오늘날의 물리학적 개념이 아니었다. 바닷물은 건, 후추는 온으로 여긴 반면 장미는 냉이었다. 이러한 특성은 측정된 것이 아니라 특정한 관찰에 의거하여 논리적으로 가정한 것이었다.

고대에도 나름대로 발전된 수학, 물리학, 천문학 등의 과학이 있 었다. 또한 고대 생물학에서도 과학적 실험이 이루어졌다. 하지만 그러한 과학적 방법은 건강과 질병의 해석에는 이용되지 못했고 그러한 현상을 이해하려는 욕구는 철학적 사색을 통해서만 충족되 었다.

고대에 4체액설이 유일한 이론은 결코 아니었다. 사실 4체액설이 다소 나중에 발전했기 때문에 고대보다는 중세시대에 더 많은 영향 을 미친 것이다. 질병에 대한 다른 해석들도 있었다. 히포크라테스 학파의 의사들이 체액을 질병발생의 가장 중요한 요소로 여긴 반면 다른 사람들은 고체입자가 더 중요하다고 생각했다.

에피쿠로스의 원자론의 영향을 받았던 기원전 1세기의 아스클레 피아데스는 새로운 이론을 발전시켰고 새로운 학파를 창시했다. 그 에 따르면 인체는 원자로 이루어져 있고 그것들이 결합하여 인체의 구조를 이루며 원자들은 유기체 내의 구멍들 안에서 끊임없이 운동 했다. 원자들이 자유롭게 운동할 수 있는 한 건강이 우세했고 운동 이 방해를 받는 경우 질병이 발생했다.

아스클레피아데스의 제자들은 스승의 이론을 다듬어서 생명과정 을 수축과 이완이라는 두 가지 기본기능으로 환원하여 해석했다.

그들은 모든 고체부분들이 수축과 이완의 능력을 가지고 있다고 가정했다. 질병은 신체 일부에서 일어난 잘못된 수축과 이완에 지나지 않았다. 이 이론은 치료면에서 간단한 **방법**을 이끌어냈고, 이 학파의 문하생들은 나중에 **방법론자**(Methodicist)라고 불리게 되었다. 고대의 가장 뛰어난 의사들 중 몇몇이 그 학파에 속했다.

그 밖에 철학적 회의론도 의학에 영향을 미쳤다. 기원전 3세기 알렉산드리아에서 탄생한 이 의학분파는 건강과 질병의 본질을 파악하려는 모든 시도에 회의적이었다. 그들은 의학의 목적이 병든 사람들을 치료하는 것이라고 지적했다. 또한 다른 학파에 속한 의사들일지라도 여전히 치료결과는 마찬가지였다. 그들은 경험을 으뜸가는 지침으로 삼았다. 그들 자신과 문헌 속의 다른 의사들의 경험을 활용했고, 도움이 되는 치료경험이 없는 경우에는 유추하여 행동했다. 이러한 **경험론자**(Empiricist)들 중에도 훌륭한 의사가 몇몇 있었다.[5]

이런 모든 학파가 여러 세기 동안 공존했다. 중세 초기에는 방법론자들이 인기를 끌었고 아랍의 문헌들이 서양에 알려진 12세기부터는 4체액설이 우세했다. 4체액설이 처음으로 통렬한 공격을 받은 것은 르네상스 시대에 4체액설이 최고조에 이르렀을 때였다. 그 공격은 스스로를 파라셀수스(1493~1541)라고 부른 호헨하임(Philip Theophrastus von Hohenheim)으로부터 나왔다.

---

5) Karl Deichgräber, *Die griechische Empirikerschule*, Berlin, 1923.

파라셀수스, 의화학, 그리고 의물리학

자연과학은 크게 진보해왔다. 발견을 위한 항해는 지리학 연구를 자극했고 장거리 항해는 물리학과 천문학에 새로운 과제들을 안겨주었다. 새로 발견된 종들이 동물계와 식물계에 추가되었으며, 광석의 채광과 제련은 새로운 화학적 탐구를 요구했다. 현실주의를 추구하는 일반적 경향이 나타났다. 사람들은 전통적인 권위를 불신하기 시작했고 스스로의 힘으로 사물을 보기를 원했다. 그리고 그들이 본 것이 전통을 부정하는 것일지라도 자신의 눈을 믿는 용기를 가지게 되었다.

파라셀수스는 의사면서 특히 화학에 정통한 과학자였다. 그는 광산과 제련소에서 일했고 오랜 편력을 거치면서 수많은 경험을 쌓았다. 많은 화학물질을 도입한 것이 아마 그가 의학에 실제적으로 가장 크게 공헌한 바일 것이다. 그는 스스로 주석산 질환이라고 불렀던 통풍, 관절염, 결석 등에 매우 관심이 많았다. 또한 신체의 생리적, 병리적 과정과 실험실에서 관찰된 화학작용 사이에 유사점이 매우 많다는 사실에 강한 인상을 받았다. 화학적 관점으로 질병의 메커니즘을 설명하는 것이 불가능한 것인가? 기회가 있을 때마다 격렬하게 공격했듯이 그는 전통적인 4체액설로는 질병을 설명할 수 없다고 생각했다.

점차적으로 그는 화학적 개념을 이용한 고유의 이론을 발전시켜나갔다. 누구도 체액의 존재를 부정할 수 없듯이 물론 체액은 존재한다. 그러나 그 체액들은 갈레노스 학파가 상정한 그런 역할을 하지는 않는다. 중요한 것은 모든 장기에서 세 가지 특질을 발견할 수 있다는 것이다. 가연성, 휘발성, 그리고 재로 남겨지는 불연성. 그는 이 세 가지 특질을 상징적으로 **유황, 수은, 소금**이라고 명명했다. 이로써 인체를 구성하는 화학물질들에 대해 나름대로 알게 되었지만 그는 물질을 이용하고 화학반응을 일으키는 연금술적인 추가개념이 필요했다. 그는 아르케우스(archaeus, 원력)라고 명명한 생명원리의 존재를 가정했다.

파라셀수스는 르네상스 시대의 과학자였다. 전통적인 의학이론에 만족하지 못했던 그는 고유의 체계를 발전시켰다. 그것은 과학적인 것을 의미했지만 실제는 과학의 개념을 차용했음에도 철학체계였고 그리스의 의학체계처럼 단지 사변적인 것이었다.

파라셀수스는 질병의 메커니즘을 설명하는 데 만족하지 않았다. 그는 왜, 그리고 어떻게, 사람이 병에 걸리는지를 알고 싶어했다. 그는 『파라미룸』(*Volumen Paramirum*)이라는 책에서 이 문제들을 논했다.[6] 그는 다섯 가지 요인과 차원이 건강과 질병을 결정짓는다고 주장했다.

첫 번째는 성체(星體, ens astrale)다. 모든 사람은 특정한 시간에 태어나고 우리가 사는 역사적인 순간은 신체적 삶에 큰 영향을 미친다. 그 다음은 독성체(毒性體, ens veneni)로서, 우리는 물질과 에너지를 얻는 특정한 물질적 환경 속에서 살고 있다는 의미다. 독소도 자연으로부터 오고 그 밖의 모든 비정상적인 자극이 질병을 일으킨다. 그러므로 자연으로부터 오는 모든 것들은 선, 악, 음식, 독, 그리고 약이 된다. 효과를 결정하는 것은 **용량**이다.

---

6) Henry E. Sigerist, "Paracelsus in the Light of 400 Years," *The March of Medicine*, New York, Columbia University Press, 1941, pp.38~40.

세 번째 차원인 자연체(ens naturale)는 모든 개인이 서로 다르다는 것을 의미한다. 개인은 고유한 천성을 갖고 태어나고 따라서 많은 범위에서 스스로의 운명을 짊어진다. 사람은 또한 영적인 존재이므로 네 번째 차원인 영체(靈體, ens spirituale)로부터 질병의 원인들이 퍼진다.

이상이 파라셀수스의 체계에서 사람의 삶에 영향을 주는 네 가지 차원으로 된 질서다. 누구든 그것에 잘 적응하면 건강하다. 그러나 이 요인들로부터 질병이 생기면 사람은 다섯 번째 차원인 신(ens Dei) 안에서 정상상태로 돌아간다.

파라셀수스는 의학의 철학적 탐구에서 자신의 과학자적인 모습을 드러내었다. 그는 환자를 치료하는 데에 만족하지 않고 어떻게, 왜 질병이 생기는지 질문했다. 그는 유심론자이자 생기론자였다. 파라셀수스는 사후에 그의 저술이 알려지면서 영향력을 미치기 시작했다. 반 헬몬트(Van Helmont)를 비롯하여 17세기의 의화학자(iatrochemist)들은 그를 선구자로 여겼다. 그들은 건강과 질병을 전적으로 화학적 관점에서 설명하려고 했다. 하지만 기본적으로 그들은 여전히 자연철학자일 뿐이었다. 라브와지에가 화학에 정량적 방법을 도입하기 전까지 생리학적 현상을 화학적 관점에서 정확히 해석하는 것은 불가능했다.

라브와지에는 1794년에 사망했고 화학혁명은 비교적 늦게 일어났다. 오랫동안 화학은 연금술이라는 신비적인 유산의 짐을 지고 있었다. 때때로 연금술은 화학물질의 견인과 반발이 상징적 가치를 나타내는 종교운동의 색채를 띠었다. 연금술사들은 불로장생의 약과 한 가지 금속을 다른 금속으로 변형시키는 현자의 돌을 찾느라

헛고생을 했다. 점성술적인 관점에 화학을 연결하는 것은 손쉬운 일이었고 또 솔깃한 유혹이었다. 파라셀수스는 화학에 새로운 과업을 부여하려 했고 그것을 과학적 분야로 만들려고 애썼다. 하지만 그의 독특한 신비주의가 많은 제자들을 잘못 인도했다.

수학에 기초를 둔 물리학에서는 상황이 달랐다. 갈릴레오는 1642년에 사망했고 물리학은 화학보다 한 세기 이상 앞서갔다. 1628년에 하비(William Harvey)는 혈액순환을 과학적 방법으로 입증함으로써 생리학의 난제들도 물리법칙을 적용하여 실험적으로 풀 수 있다는 사실을 보여주었다. 다음 장에서 하비의 업적에 대해 좀 더 자세히 언급할 것이다. 하비의 발견은 일단 받아들여지자 깊은 영향을 미쳤다. 만약 물리학이 혈액의 운동을 설명할 수 있다면 다른 생리적, 심지어는 병리적 현상도 설명할 수 있을 것처럼 보였다.

17세기 내내 의사들은 물리학적 관점에서 건강과 질병을 통해 생명의 작용을 적극적으로 탐구했다. 데카르트의 철학은 그들에게 매우 깊은 영향을 주었다. 의물리학자나 의화학자들의 가장 큰 문제점은 그들이 너무 조급하다는 것이었다. 하비는 혈액순환이라는 뛰어난 발견을 했을 뿐 아니라 자신의 한계도 잘 알았다는 점에서 더욱 위대한 사람이었다. 그는 한 번에 한 가지씩 문제를 해결했고 해결 안 된 다른 문제들을 남겨놓는 용기와 슬기가 있었다. 그는 실험으로 증명할 수 있는 것만을 설명했고 다른 질문에 내놓을 해답이 없다는 사실을 인정하는 것을 두려워하지 않았다. 이것이 그를 진정한 근대적 과학자로 만든 점이다.

대부분의 후계자들은 하비와 달랐다. 그들은 건강과 질병의 모든 현상을 어떤 빈틈도 없이 설명할 수 있는 완전한 체계를 세우고자 노력했다. 음식을 자르는 가위나 부수는 맷돌로서의 치아에 대해서 이야기할 때 그들은 진리와 멀리 떨어져 있지 않았다. 왜냐하면 이 것은 쉽게 증명할 수 있는 단순한 작용이었기 때문이다. 하지만 폐 를 한 쌍의 풀무로 설명하거나 소화관을 음식물을 거르는 체로 설 명한다면 비유적으로 말하는 것이고 사색에 빠지는 것일 뿐이다.

이리하여 의화학자들과 똑같은 일이 의물리학자들에게도 생겼 다. 그들은 새로운 과학개념을 사용했고 세부적인 문제를 푸는 데 어느 정도 기여했다. 그러나 기본적으로 그들의 접근방식은 철학 적, 사변적이었고 그들의 체계는 수명이 짧았다.

유물론과 생기론

과학적 의학은 매우 서서히 진보했고 무수한 문제들이 아직 풀리 지 않은 채 남겨져 있다. 이것은 만족스럽지 못한 일이다. 그러므로 의사들은 어느 시대든 철학적 사색으로 그들의 과학적 지식을 보충 하려고 하는 경향이 있었다.

의학과 과학이 철학에 영향을 미치는 것처럼 모든 철학체계는 의 학에 영향을 준다. 지난 몇 세기 동안 일어난 발전을 보면 두 가지 기본적인 접근방식이 항상 경쟁해왔음을 알 수 있다. 한쪽은 우리 가 대체로 유물론자라고 부르는 사람들이다. 과학이 진보할수록 사 람의 몸은 무생물을 구성하는 것과 똑같은 성분으로 구성되었다는 사실이 밝혀졌다.

1828년 화학자 뵐러(Friedrich Wöhler)는 실험실에서 콩팥을 이용하지 않고서도 요소를 만들어낼 수 있었다. 그는 이와 같이 유 기화학과 무기화학 사이의 장벽을 허물었고 동물개체에서 생산된 유기화합물이 기본적으로 다른 화합물들과 다르지 않다는 사실을 증명했다. 점점 더 많은 생명기능이 물리적 과정 또는 화학적 반응임이 명백해졌고 지식이 쌓여갈수록 물리학과 화학의 경계는 사실상 뿌리째 뽑혔다.

이러한 유물론적 접근은 극도로 생산적이었다. 앞으로 모든 진보가 달성될 것이 확실해 보였다. 심지어 매우 종교적인 과학자들도 일단 실험실에 들어가면 자신의 관념론을 잊어버리고 유물론적 설계도를 따라 연구를 수행했다. 생리학과 병리학의 많은 문제들이 이러한 방식으로 풀렸다. 하지만 한 가지 문제가 해결되지 않았다. 그것은 생명 그 자체에 관한 문제였다. 어떻게 말라죽은 음식물이 생명체의 구성성분이 되었는가? 수정된 난자에서 어떻게 개체가 발생했는가? 어떤 힘이 세포로 하여금 사멸된 조직을 재생시키게 했는가?

우리가 조급해야 할 이유는 없다. 과학은 아직 그 역사가 짧다. 200년 전에 전기는 거의 알려지지 않았다. 하지만 오늘날 우리는 전기를 광범위하게 사용할 뿐만 아니라, 그것은 물질의 구조에 관한 우리의 시각을 혁명적으로 바꿔놓았다. 100년 전에 유기화학은 겨우 걸음마 단계였지만 오늘날 우리는 그것에 친숙할 뿐 아니라 셀 수 없이 많은 유기화합물을 합성해내고 있다. 화학은 거시화학에서 미시화학으로 바뀌고 있다.

그리고 우리는 무한히 적은 양의 물질, 심지어 분자 한 개의 작용도 알기 시작했다. 질병 바이러스의 결정화(結晶化)에 관한 최근 연구들이 새로운 지평을 열고 있다. 언젠가는 과학적으로 생명의 문제를 푸는 것이 가능하지 않다고 생각할 이유란 없다.

그러나 사람들은 항상 조급해 했고 그들의 지식으로 해명하지 못한 것들을 설명하는 개념들을 만들어왔다. 아리스토텔레스는 자연에 존재하는 사물을 생명을 가진 것과 그렇지 않은 것으로 구분했다. 그가 말하는 생명은 스스로 영양공급을 하고 독립적인 성장과 사멸을 하는 힘을 의미했다. 그는 몸이 정신 또는 영혼이라고 불리는 소인(素因)을 타고 났기 때문에 살아 있다고 가정했다.

그는 다양한 형태의 영혼을 구분했다. 식물성 영혼은 영양과 생식에 책임이 있고 동물성 영혼은 운동과 감각을 지휘하며 사람에게만 고유한 이성의 영혼은 사람을 의식 있고 지적인 존재로 만든다. 그는 생기론자였고 게다가 몸의 각 부분은 특정한 목적을 위해, 각 장기들은 독립된 작용을 위해, 그리고 몸 전체는 영혼을 위해 만들어졌다고 가정한 점에서 목적론자였다. 비슷하게 갈레노스와 그의 신봉자들도 정기(spirit)라고 칭한 생명의 원리를 믿었다.

아리스토텔레스와 갈레노스의 권위가 약해지고 기계론적 관점이 생물학을 지배하게 되자 생기론(vitalism)이 되살아났다.[7] 1748년에 라 메트리(La Mettrie)는 『인간기계론』(*L'Homme Machine*)을 출간했다. 그는 그 책에서 가장 노골적인 방식으로 인체를 기계로 해석했다. 1759년에 볼프(Caspar Friedrich Wolff)는 『발생이론』(*Theoria Generationis*)이라는 책에서 기계론자들을 공격했다. 그는 개체를 발달시키고 사람이라는 기계를 생산하고 움직이는 것은 근원적 힘이라고 믿었다.

생기론은 블루멘바흐(J.F. Blumenbach)의 1789년 논문 「형성

---

7) Hans Driesch, *Geschichte des Vitalismus*, Leipzig, 1922를 보라.

충동에 관하여」(Über den Bildungstrieb)에 이르러 절정을 이루었다. 블루멘바흐는 세 가지 전통적인 생명력, 즉 수축성, 과민성 그리고 감수성에 형성충동을 네 번째 것으로 추가했다. 그것은 유기체를 생산하고 손상 뒤에는 재생시키는 작용을 의미한다.

생기론은 19세기 초 독일에서 비옥한 토양을 발견했다. 그 시기는 독일 의학이 철학적 사색에 푹 빠진 낭만주의와 **자연철학**의 시대였다. 프랑스 의사들이 환자의 침대 맡에서 질병을 연구하고 실험실에서 부검을 수행하는 동안 독일의 의사들은 책상에 앉아 질병과 크게는 세계의 본질에 대해 논문을 쓰고 있었다. 그들의 터무니없는 이론들을 재고하는 것은 아무런 의미도 없다. 그 당시 출판되었던 다음 몇 가지 책의 제목들은 그것들이 씌어진 시대의 정신을 반영한다.[8]

『관념론적 비교병리학, 질병을 정상적인 하등생명체로 회귀하려는 시도로 보는 관점』

『질병의 해석에 관한 개념들』

『질병의 보편적 자연사의 전조들』

『동물자기 가설의 체계』

『치유술의 내부 구조에 관하여』

『오늘날의 의학개혁을 위한 가장 안전한 토대로서의 철학적 의학사에 관한 예비연구들』

---

8) Ernst Hirschfeld, "Romantische Medizin," *Kyklos*, 1930, vol.3, pp.1~89 with good bibliography. See also Martin Heun, *Die medizinische Zeitschriftenliteratur der Romantik*, Diss. Leipzig, 1931을 보라.

『파이에온 또는 대중적 의철학과 그 역사』

『화학적 및 의학적 주제에 적용된 자연의 형이상학적 원리들』

『의학의 이원론적 체계 또는 살아 있는 동물유기체의 힘에서 안티테제』[9]

이러한 책들이 발간되는 동안 프랑스에서는 라엔넥(Laennec)이 청진과 폐질환에 대한 고전적인 논문을 출판했다. 독일은 1840년 대에 헬름홀츠(Helmholtz)가 의학을 실험실로 되돌린 때에야 비로소 악몽에서 벗어났다. 독일 의학은 꾸준하게 그리고 일직선적으로 발전한 적이 없었다. 그것은 항상 극에서 극으로 움직였다.[10] 이 것은 독일 의학의 약점이자 동시에 강점이었다. 할러(Albrecht von Haller)가 언젠가 영국인들에 대해 이야기한 것은 오히려 독일인들에 더 들어맞는다. "이 사람들이 손을 대는 것은 그것이 무엇이든 완벽함을 가져다줄 것이다. 그것은 재앙일 수도 있고 동시에 좋은 일일 수도 있다."[11]

철학적 이상주의와 고삐 풀린 추론의 시대가 가고 독일은 포이어바흐, 마르크스, 엥겔스, 포크트(Vogt), 뷔히너(Büchner)로 이어지는 철학적 유물론의 시대로 접어들었다. 의학은 극도로 과학적이 되었고 곧 세계를 선도하는 위치에 이르렀다. 시계추는 되돌아왔다. 그런 한편 드리슈(Hans Driesch), 폰 우엑스퀼(von Uexküll)

---

9) Full titles in Hirschfeld, *l.c.*

10) Henry E. Sigerist, "Heilkunde" in: *Sachwörterbuch der Deutschkunde*, Berlin, 1930.

11) *Albrecht Hallers Tagebücher seiner Reisen……1723~27*, herausgegeben von Ludwig Hirzel, Leipzig, 1883, p.139.

등이 신(新)생기론을 주창했다. 또한 기본적으로 낭만적이고 신비적 운동인 신(新)히포크라테스주의, 신(新)파라셀수스주의 등이 크게 부상했다. 이것들은 모두 히틀러주의의 선구자들이었다. 독일은 다시 한 번 신비주의의 물결에 휩쓸리고 있다. 하지만 과거에도 그랬던 것처럼 독일은 그것에서 벗어날 것이고, 어떤 방향으로 반응이 일어날 것인지 추측해보는 것은 어렵지 않다.

역사는 한 국가의 정치철학이 과학에 큰 영향을 미친다는 사실을 우리에게 가르쳐준다. 의학은 합리적인 분야이므로 중세시대나 독일 낭만주의 그리고 오늘날 파시즘의 경우처럼 바탕이 되는 철학이 신비적이라면 결코 번영할 수가 없다. 파시스트 국가에서 의학이 붕괴되지 않은 것은 그들의 제국주의적 프로그램 때문이다. 현대전은 매우 과학적인 것이어서 의과학의 모든 자원들을 요구한다. 총력전을 준비할 필요성이 파시스트들로 하여금 어느 정도 의학을 세속적으로 유지하게 했고 신비적 사색으로 빠져드는 것을 막았다.

다른 한편, 뒷받침하는 철학이 합리적인 경우, 의과학은 최상의 기회를 맞는다. 18세기 합리주의의 토대 위에 세워진 미국의 경우가 그러하다. 역사상 처음으로 사회를 모든 측면에서 과학적 설계도에 따라 조직화하려는 시도가 이루어진 소련의 경우도 마찬가지다.

의사들은 철학을 공부하는 것을 두려워해서는 안 된다. 만약 폭좁은 전문가 이상의 그 무엇이 되고 싶다면 넓은 시각에서 의학을 바라보아야만 하고 우리의 지식체계에서 의학이 차지하고 있는 위치를 깨달아야만 한다. 진정한 과학자라면 철학에 의해 사고는 더욱 단련될 것이고 자유로운 사색 가운데에서도 자기 자신을 잃지 않을 것이다.

제8장 질병과 과학

우리는 앞의 두 장에서 질병에 관한 종교적 및 철학적 해석에 대해 검토했다. 질병에 대한 과학적 접근은 의사들이 질병을 연구하는 데 탄탄한 기초를 제공한 점에서 커다란 진보였다. 질병은 철학적 용어로 논리적으로 해석될 수 있으며 이러한 방식으로 사람들의 지적 호기심을 충족시켜 줄 수는 있다. 하지만 이러한 철학이론을 실제 환자진료에 적용하는 경우 의사들은 종종 낭패를 보았다.

의술은 일종의 기술이고 기능이다. 의사들의 임무는 자신이 살고 있는 세계를 해석하는 것이 아니라, 동료인간들의 건강을 지키고 회복시키는 것이다. 의사는 다양한 현상들을 서로 연관짓고 설명하는 이론을 알아야 하지만, 그 이론은 실제 상황에 활용될 수 있어야 한다. 이론은 의사들에게 유용한 지침이 되고 환자진료의 효용성을 높이는 것이어야만 한다.

17세기의 의물리학파는 바글리비(Giorgio Baglivi)에서 절정에 달했다. 의물리학은 바글리비에게 질병의 원인을 설명하는 이론을 제공했다. 그러나 바글리비는 막상 환자를 치료할 때는 의물리학파는 전혀 다른 교의에 바탕을 둔 히포크라테스의 원칙을 따랐다. 다시 말해, 바글리비의 이론은 환자진료에는 아무런 쓸모가 없는 것이었다. 이론과 실천이 그와 같이 유리되는 경우에는 언제나 의술이 발전하지 않았고, 의사들이 할 수 있는 일이라곤 단지 경험에만 의존하는 것이었다.

의술에서 경험이 매우 중요한 역할을 하는 것은 의심의 여지가 없다. 약리학 이론이 변화를 거듭했음에도 피마자 기름은 몇 천 년 동안 효과적으로 쓰여왔다. 키니네의 원료인 기나나무 껍질과 디기탈리스 풀(fox-glove)은 대중적인 약으로 많은 의사가 경험적으로 사용해왔다. 그러나 의학에 과학적인 약리학 이론이 도입되면서 그동안 사용해온 여러 약의 효과에 대해 설명할 수 있게 되었을 뿐만 아니라 새로운 약들을 체계적으로 발견할 수 있게 되었다. 마찬가지로 경험은 말라리아가 습지 부근에서 많이 발생함을 알려주었다.

그것에 대한 이론은 여름과 가을에 습지에서 나쁜 기운이 나온다는 것(장기설〔瘴氣說〕—옮긴이)이었다. 그러나 누구도 그러한 나쁜 기운을 찾아내어 분석할 수 없었기 때문에 그 이론은 그저 그럴싸한 논리적 가정에 불과했을 뿐 과학적 사실은 아니었다. 하지만 그 이론은 올바르지 않았음에도 유용한 구실을 했다. 장기설에 근거해서 16세기부터 18세기까지 여러 교황은 폰차 지역의 습지에서 고인 물을 배수하여 좋은 결과를 얻었던 것이다. 그러나 말라리아는 모기가 옮기는 미생물에 의해 발생한다는 과학적 사실이 밝혀짐에 따라 더 체계적으로 말라리아를 관리할 수 있게 되었다.

과학적 의학은 다른 과학분야의 발전에 의존해야 했고, 또 싱어(Charles Singer)가 매우 적절하게 표현한 **기계론적 세계**[1]의 소산이므로 그 발전은 아주 더뎠다. 그것은 한 걸음씩 매우 서서히 발전

푸르니어, 「루이 파스퇴르」

했거니와 고대의 이론과 달리 완벽하고 논리적인 일관성을 갖춘 적
이 여태껏 한 번도 없다. 오늘날에도 여전히 풀리지 않는 문제가 많
이 있지만, 모든 과학적 진보에는 의학을 목적지에 조금씩 더 가까
이 접근시키는 영속적인 성취가 있었다.

해부학

질병은 신체기능의 이상으로 나타난다. 그렇기 때문에 새롭고 과
학적인 병리학이 확립되기 전에 신체의 정상기능에 대해 연구하는

---

1) *A Short History of Science to the Nineteenth Century*, Oxford, 1941.

것은 필요한 일이었다. 다시 말해 병리학에 앞서 새로운 생리학이 선행되어야 했다. 그리고 신체장기의 기능은 생명활동의 표현이므로 새로운 생리학의 성립을 위해서는 새로운 해부학적 토대가 필수적이었다. 르네상스 시대부터 진정한 인체해부학이 등장했다는 점에서 르네상스는 의학의 측면에서도 새로운 시대의 출발이었다.

물론 르네상스 시대의 훨씬 전부터 해부학은 있었다. 취사를 위해서 또는 희생제물로 사용하기 위해서 동물을 해부해본 경험을 통해 사람들은 어느 정도 해부학적 지식을 얻었다. 자연의 여러 현상들을 탐구했던 그리스인들은 동물의 구조에 대해서도 연구했다. 그들은 여러 종류의 동물을 해부했으며, 고대 알렉산드리아에서는 잠시 사람의 사체를 해부하기도 했다. 전설에 따르면 심지어 죄수들의 생체(生體)를 해부한 적도 있다고 한다. 하지만 그리스 시대의 해부학은 중세시대를 거치면서 주로 동물해부에 국한되었다.

14세기 초부터 대학의 의학부에서는 사람의 시체를 공개적으로 해부했다. 그러나 그러한 해부는 연구가 아니라 사람들에게 그저 보여주는 데 머물렀다. 전통적인 권위에 대한 믿음은 여전히 흔들림이 없었고 고대 해부학은 개선될 여지가 없다고 생각되었다. 그러나 15세기 말과 16세기를 거치며 전통에 대한 회의가 커지면서 상황이 변했고, 이때 새로운 태도의 발전은 기성권위에 대한 도전을 이끌었다.

고대의 해부학은 동물의 구조를 설명하는 데 머물렀다. 인본주의자들은 인체의 구조에 대해 알고 싶어했지만, 기존의 해부학은 그러한 욕구를 충족시킬 수 없었다. 인본주의자들은 그들 자신을 탐구하는 작업에 착수해야만 했다. 화가들과 의사들이 거듭된 인체해

근대적 인체해부학의 창
시자인 안드레아스 베살
리우스(1514~64)

부를 통해서 스스로 관찰한 것들을 화필로 묘사했다. 그 가운데서
도 레오나르도 다 빈치와 베살리우스(Andreas Vesalius)가 단연
뛰어났다.

이러한 과정을 통하여 새로운 기술적(記述的)인 인체해부학이
탄생했다. 1543년, 베살리우스는 스위스 바젤에서 『인체의 구조에
관한 일곱 권의 책』(De Corporis Humani Fabrica Libri Septem)
을 출판했다. 베살리우스 스스로 이 책의 중요성에 대해 잘 알고 있
었지만, 이 책에는 그가 생각할 수 있었던 것보다도 훨씬 큰 역사
적, 의학적 의미가 있었다. 이전의 어느 해부학 책도 견줄 수 없을
만큼 정확하고 정밀한 인체해부도가 이 책에 실렸을 뿐만 아니라

새로운 의학, 즉 해부학에 바탕을 둔 과학적 의학이 탄생하는 이정
표가 되었다.

생리학

16세기 내내 해부학 연구가 정력적으로 이루어졌다. 인체의 구조
에 대해 매우 정확하고 많은 지식이 쌓일수록 신체장기들의 역할과
기능을 탐구하려는 욕구도 높아졌다. 고대의 생리학 이론들도 생명
현상을 설명했다. 그러나 이에 만족할 수 없는 많은 의사들이 인체
의 장기들을 해부학적 개념으로 파악하여 인체를 기계의 부속품과
같은 장기들로 구성된 것으로 여기기 시작했다. 해부학적으로 불가
능한 이론은 더 이상 만족스러운 것으로 여겨지지 않았다. 정적(靜
的)인 상태를 묘사하는 해부학은 점차 동적(動的)인 과학, 즉 생리
학으로 이행했다.

하비가 1628년에 발표한 혈액순환 이론[2]은 생리학의 전환점이
되었다. 하비의 발견이 지니는 최고의 의의를 이해하기 위해서 우
리는 혈액의 운동에 관한 전통적인 견해가 무엇이었는지 기억해야
한다. 음식물이나 공기와 같은 자연계의 물질이 어째서 생명의 유
지에 필수적인지를 파악하는 것은 모든 생리학의 출발점이다. 음식
물이 없으면 어떤 생명체든 굶어 죽고, 공기가 없으면 질식하여 죽
는다. 그러나 사람들은 생명체 내부에도 생명유지에 필수적인 물
질, 즉 모든 개체에 존재하며 신체부위에 상처가 생기면 몸 밖으로

---

2) William Harvey, *Exercitatio Anatomica de Motu Cordis et Sanguinis in
   Animalibus*. 리크(Chauncey D. Leake)가 주석을 붙여 영역본을 출간하였
   다. Baltimore, Md. and Springfield, Ill., Charles C. Thomas, 1931.

흘러 나가는 혈액이 있다는 사실도 알았다. 생리학은 이러한 물질들, 즉 음식물, 공기와 혈액 사이의 관련성을 찾는 것으로부터 시작되었다.

하비 이전에 지배적인 생리학 이론은 로마 제국 시대의 갈레노스가 확립한 것이었다. 갈레노스는 위에서 소화된 음식물이 장으로 이동한 뒤, 다시 정맥을 통해 간으로 간다고 가르쳤다. 음식물은 간에서 혈액으로 변화하며, 이때 자연정기가 혈액 속으로 스며든다. 자연정기란 오늘날 인체의 식물기능이라고 부르는 것을 조절한다고 여겼다. 간에서 만들어진 검붉은 혈액의 대부분은 인체의 모든 장기로 흘러가고, 나머지 일부는 하대정맥을 통해 우심실로 가서 새로운 변화를 겪는다. 우심실로 간 혈액의 일부는 폐로 이동하여 신체의 노폐물들을 방출한다. 이것은 들이마시는 공기와 내쉬는 공기의 구성이 다른 이유를 설명해주었다. 혈액의 다른 일부는 심장 내벽의 구멍*을 통해서 좌심실로 들어가 폐정맥을 통해 폐에서 오는 공기와 섞인다.

공기 중의 생명정기는 인체의 동물기능을 조절한다. 이렇게 해서 인체에 열이 생성되며 호흡을 통해 체온이 조절된다. 사람이 힘든 일을 하거나 열이 나서 몸이 뜨거워질 때 숨이 가빠지는 이유도 이것으로 설명되었다. 좌심장에서 나온 혈액——간에서 만들어진 검붉은 혈액과 달리 선홍색이다——은 동맥들을 통해 신체 각 부위로 흘러간다. 그리고 나머지 일부는 뇌로 가서 신경기능을 조절하는

---

* 갈레노스는 물론 베살리우스도 구멍이 있는 것으로 생각했지만 실제로는 존재하지 않는다.

동물정기를 받는다.

이렇듯 음식물과 혈액 그리고 공기 사이의 관련성을 논리적으로 잘 설명해주는 갈레노스의 이론은 매우 포괄적인 것으로, 1,000년이 넘도록 난공불락이었다. 그 이론은 비록 순전히 정성적(定性的)인 것이었지만, 매우 정확한 관찰과 추론의 결과물이었다.

하비의 접근법은 달랐다. 하비는 해부학자로 인체뿐만 아니라 다양한 동물의 생체와 사체를 해부했다. 하비는 근본적으로 아리스토텔레스주의자였지만, 한편으로 갈릴레오와 동시대인으로 인체를 기계론적으로 생각했다. 그는 심장 내벽은 근육으로 구성되어 구멍이 없기 때문에 음식물이 그 내벽을 통과할 수 없다는 사실을 알았다. 그는 심장근육이 수축할 때가 심장운동의 활성기며 그렇게 심장이 수축할 때마다 혈액이 동맥 쪽으로 뿜어져 나가는 현상도 관찰했다. 그리고 하비는 스스로에게 다음과 같은 질문을 던졌으며 바로 이것이 생리학의 새로운 출발을 알리는 것이었다.

좌심장이 한 번 수축할 때 얼마만큼의 혈액이 나가는가? 하비가 측정한 결과는 약 60그램이었다. 다시 말해, 심장이 1분에 72번 뛴다면 한 시간 동안 심장에서 동맥으로 뿜어져 나가는 혈액의 양은 72(번)×60(분)×60그램=260킬로그램으로, 이는 어른 몸무게의 세 배보다도 많은 양이다. 이 결과를 토대로 하비는 심장에서 동맥으로 뿜어져 나가는 혈액이 정맥을 통해 다시 심장으로 돌아오는 순환을 되풀이한다는 결론을 내렸다. 이러한 결론은 매우 논리적인 것이었으며, 하비는 추론에 앞서 일련의 정확한 실험을 통해 과학적으로 혈액순환을 증명할 수 있었다.

하비의 혈액순환 이론에는 한 가지 중요한 공백이 있었다. 당시에는 모세혈관이 아직 알려지지 않아서 혈액이 동맥에서 정맥으로 이동하는 경로를 가설로만 제시할 수밖에 없었다. 그의 이론은 수학적 증거에 근거했기 때문에 가설도 무리없이 세워졌다. 그로부터 몇 십 년 뒤 말피기(Malpighi)가 현미경을 이용하여 모세혈관을 발견함으로써 하비의 이론은 과학적으로 완결되었다.

하비의 이론은 갈레노스의 이론에 비해 완성도는 떨어졌다. 하비의 이론은 음식물과 혈액 사이의 관련성뿐만 아니라 호흡의 기능도 설명하지 못했다. 하비는 실험적으로 또 수학적으로 입증할 수 있는 문제만을 다루었다. 하비는 그 문제를 해결했고, 다른 문제들의 해결은 미래의 연구에 맡겨두었다. 이것이 근대적 과학연구 과정이다.

병리학과 임상의학

해부학과 생리학만으로는 고대 이래의 의학과 다른 새로운 의학 체계가 탄생할 수 없었다. 17세기에도 질병은 여전히 전통적인 방식, 즉 철학적으로 해석되었다. 이 점은 새로운 과학개념을 터득한 의사의 경우도 마찬가지였다. 그러나 해부학과 생리학의 발전으로 인체의 구조와 기능에 대해 상세하고 정확한 지식을 얻게 되면서, 질병에 대해서도 점차 과학적으로 접근할 수 있게 되었다. 1761년, 모르가니(Giovanni Morgagni)가 펴낸 『해부학적으로 고찰한 질병의 장소와 원인에 관하여』(De Sedibus et Causis Morborum per Anatomen Indagatis)는 근대 의학을 다시 한 번 크게 발전시키는 역할을 했다.

해부학자들은 질병으로 사망한 환자의 사체를 해부하면서 유착, 궤양, 종양, 결석 등 비정상 상태를 종종 발견했다. 모르가니는 이러한 부검(剖檢)소견들을 환자가 살아 있을 때 보이던 질병의 증상과 관련시켜 고찰했다. 그는 오늘날에도 매우 성공적으로 널리 이용되고 있는, 환자의 임상병력과 부검결과를 비교하는 의학연구 방법을 확립했다. 모르가니는 질병은 특정한 장소, 즉 특정한 장기에 자리를 잡는다고 결론을 내렸다. 질병에 걸린 장기는 구조가 정상 장기와 다르며, 구조가 다르기 때문에 기능 또한 정상과 다르다. 이러한 비정상 기능 때문에 질병의 증상이 나타난다. 이렇듯 해부학적 병소(病巢)의 특징에 의해 질병의 종류가 결정된다.

그 뒤, 질병의 장소를 더욱 구체화하여 19세기 초에 비샤(Marie Xavier Bichat)는 조직을 질병의 장소라고 했고, 1858년에는 피르호가 세포를 질병의 장소로 규명했다.

생리학과 마찬가지로 근대적 병리학도 해부학적인 특성을 띠게 되었다. 아직 해결해야 할 문제가 많이 남아 있지만 병리학은 그러한 접근법으로 지금까지 비약적인 발전을 이룩했다. 이제 과거에 비해 훨씬 더 명료하게 질병의 실체를 정의할 수 있다. 폐렴, 위궤양, 간경화, 자궁암 등과 같은 질병들은 임상적 증상들이 아니라 전형적인 해부학적 변화를 근거로 진단한다.

병리해부학의 발전은 학문적 성과뿐만 아니라 실제 임상에도 많은 변화를 가져왔다. 만약 의사가 환자에게 나타난 해부학적 변화를 발견할 수 있다면 의사는 과거보다 훨씬 정확한 진단을 내릴 수 있다. 그리고 정확한 진단을 바탕으로 예후도 더욱 정확하게 추정할 수 있으며, 특히 통계학적 방법이 임상에 널리 활용되었다. 또한 진단은 대개 적용되어야 하는 치료법을 결정했다.

이러한 새로운 태도는 타진과 청진 등 이학적 진단방법의 발전에도 큰 영향을 미쳤다. 의사들은 환자의 가슴부위를 두드려보거나, 심장박동 소리와 호흡음을 듣고, 해당 장기의 해부학적 상태를 파악할 수 있었다. 의사들은 검안경과 후두경과 같은 놀랍고 정교한 진단도구를 이용하여 환자의 장기를 들여다보게 됨으로써 해부학적 변화를 직접 관찰할 수 있게 되었다. 환자의 몸속에 전구와 거울을 집어넣어 의사는 기관지, 위, 십이지장, 방광, 직장 등도 들여다볼 수 있었다. 이러한 발전에서 최고봉은 엑스선을 진단목적으로 이용하게 된 것이었다. 엑스선은 인체의 거의 모든 부위를 관찰할 수 있게 해주었다. 해부학적 변화가 감지되어 사진으로 기록될 수 있었다.

치료법

르네상스 시대부터 시작된 과학적 의학의 발전과정을 살펴보면 해부학이 새로운 의학체계의 중심에 자리 잡고 있었음을 알 수 있다. 해부학적 방법론은 17세기에는 생리학에, 18세기에는 병리학에, 그리고 19세기 초에는 임상의학에 밀어닥쳤다. 19세기 초까지 이러한 새로운 접근법을 채택하지 않은 것은 치료분야뿐이었다. 질병치료는 여전히 전통적인 방식을 따르고 있었고 발전이 거의 없었다. 몇 가지 효과적인 새로운 약이 경험적으로 도입되기는 했지만, 전체적으로 보아 질병치료는 19세기 초까지도 히포크라테스 시대보다 별로 발전한 것이 없었다. 당시 명성을 날리던 빈 학파도 치료 허무주의로 유명했으며, 의사들은 단지 진단 내릴 때와 사체를 부검할 때 두 차례만 환자에게 관심을 기울인다는 말이 나올 정도였다.

해부병리학이 해부학적 치료방법을 발전시킬 것은 너무나 자명했다. 19세기 중엽 이래 외과가 비약적으로 발전한 사실이 이를 설명한다. 외과는 숙련기술이었다. 고대 이래 외과는 느리지만 꾸준히 발전했으며, 해부학과 기술의 발전에서 큰 혜택을 받았다. 사실 외과교수와 해부학 교수는 겸직인 경우가 흔했다. 19세기 초까지도 외과수술은 고대부터 해오던 몇 가지에 국한되었으며, 내과치료가 불가능하거나 아무런 효과를 거둘 수 없는 경우에만 행해졌다.

그러나 의사가 질병을 해부학적 개념으로 인식하게 되면서부터 외과에 대한 태도가 크게 바뀌었다. 수술은 더 이상 치료의 마지막 도피처가 아니라 가장 주된 치료법으로 등장했다. 외과의사는 궤양과 종양을 잘라내어 질병 자체를 없애거나 병든 장기의 해부학적 구조를 교정할 수 있게 되었다. 이렇게 외과에 대한 태도가 달라진 것은 외과의 발전을 가로막았던 두 가지 큰 장애물인 통증과 2차 감염이 전신마취와 소독멸균법의 도입으로 제거된 사실로 설명된다. 기술자에 불과하다고 자주 폄하되던 외과의사는 오늘날 가장 높은 치료효과를 거두는, 따라서 가장 인기 있는 전문의가 되었다.

19세기 말에 이르면 약리학조차도 어느 정도 해부학적인 특징을 지니게 되었다. 이제 더 이상 단순히 경험에만 의존하여 약을 쓰지 않게 되었다. 약효가 있는 화학물질은 신체의 특정 세포에 작용한다는 사실을 알게 되었기 때문에 의사는 특정 장기와 조직을 겨누어 환자에게 투약할 수 있게 되었다.

이렇듯 의료의 여러 영역이 차례차례 정복되어감에 따라 이제 해부학의 시대는 거의 끝나게 되었다. 하지만 해부학은 여전히 건재하며, 앞으로도 의학의 토대로 남을 것이다. 해부학적 사고방식은 항상 중요한 역할을 할 것이지만, 오늘날 우리는 가장 먼저 인체의 기능을 생각하며 그에 따라 새로운 생리학의 시대를 맞고 있다.

세균학

해부병리학은 질병에 대해 많은 것을 설명할 수 있었다. 폐렴환자의 폐에 무슨 변화가 생겼는지, 이러한 변화가 어떻게 질병의 증상을 결정하는지를 보여주었다. 그러나 해부병리학으로 폐렴의 원인을 설명하지는 못했다.

급성전염성 질병, 그 가운데서도 유행성 질병들은 항상 특별한 방식으로 사람들의 관심을 끌었다. 다른 질병들은 식습관의 문제나 개인의 잘못된 생활양식 등의 결과로 이해될 수 있었다. 그러나 유행성 질병의 경우, 다종다양한 집단의 사람들, 남녀노소, 그리고 건장한 사람과 유약한 사람이 똑같은 질병에 똑같이 공격받았다. 질병을 종교적으로 해석하지 않게 되자, 의사들은 자연 속에서 원인을 찾게 되었고, 사람을 둘러싼 환경, 특히 하늘과 땅, 그리고 대기 등에 질병을 일으키는 원인이 있다고 생각했다. 유행병을 유발하는 원인이 자연 속에 존재한다면, 그것에 노출된 사람은 병에 걸린다.

그 다음으로 접촉에 의해 사람에서 사람으로 옮겨지는 유행성 질병들도 알려졌다. 역병이 대표적이었다. 병에 걸린 사람을 만진 사람은 물론, 환자의 옷을 만진 사람까지도 같은 병에 걸렸다. 그러한 관찰을 통해 사람들은 질병을 일으키는 무엇인가가 있다고 결론을 내리게 되었다. 그것은 환자의 몸속에 있으며, 환자에게서 나오는 분비물이나 또는 환자와 접촉한 물건 속에도 들어 있다고 생각하게 되었다. 중세시대에 이에 대처하기 위한 역학적 수단은 그러한 것을 파괴하는 것이었다. 하지만 그것의 정체는 무엇일까?

기생현상은 예로부터 잘 알려져 있었다. 동양에서는 장내 기생충이 흔해서 사람과 동물의 배설물에서 종종 발견되었다. 17세기에 현미경이 발명됨으로써 맨눈으로는 관찰할 수 없는 매우 작은 유기체들을 볼 수 있게 되었다. 네덜란드의 레벤후크(Leeuwenhoek)는 현미경을 이용해서 적충류(滴蟲類)와 자신의 혀에 살고 있는 세균을 관찰했다. 감염을 일으키는 원인체는 살아 움직이는 그러한 미세동물로 이루어져 있지 않을까? 이러한 생각은 그 뒤 두어 세기 동안 뚜렷한 답을 얻지 못했다.

1840년, 독일의 해부학자 헨레(Jacob Henle)가 발표한 논문 『장기(瘴氣)와 전염체』(*On Miasmata and Contagia*)가 이에 관한 대표적인 저작이다.[3] 헨레는 질병을 일으키는 미생물을 보지는 못했다. 그러나 병을 일으키는 원인체는 틀림없이 살아 움직이는 것이라는 결론을 내렸고, 그 주장의 논리는 누구도 부정하기 어려웠다. 당시에는 여전히 장기와 전염체에 대한 전통적인 구분이 남아 있었다. 장기는 외부 자연계에서 유기체를 침범하는 질병인자로 여겨졌다. 말라리아가 이러한 장기 때문에 생기는 대표적인 질병이었다. 즉 말라리아는 항상 외부 인자에 의해 걸리는 것이지 환자와 직접 접촉해서 옮겨진다고 생각하지 않았다.

한편, 전염체는 병에 걸린 환자에게서 만들어져 사람 사이에 직접 전파되는 질병물질로 여겨졌다. 전염체에 의해 옮겨지는 대표적

---

3) Jacob Henle, *On Miasmata and Contagia*. 로젠(George Rosen)이 영역. Baltimore, The Johns Hopkins Press, 1938.

인 질병은 매독으로, 이것은 전적으로 사람 사이의 접촉에 의해서만 생긴다고 여겼다. 그러나 대부분의 유행성 질병은 이 두 가지 특성을 함께 가진다고 생각했다. 즉, 외부로부터 옮겨지기도 하고 사람 사이의 접촉으로도 퍼진다고 생각했다.

헨레는 장기와 전염체가 동일한 질병을 일으킬 수 있다면, 둘은 똑같은 것이라고 주장했다. 나아가 그것은 유기체일 뿐만 아니라 살아 움직이는 것이라고 결론을 내렸다. 죽은 것이라면 환자 몸속에서 소멸되지만, 반면에 질병물질은 환자의 몸속에서 마치 기생충처럼 성장하고 증식하기 때문이다. 그러한 물체는 알려져 있었다. 1835년 카니아르(Charles Cagniard de Latour)는 알코올을 발효시키는 효모는 죽은 물체가 아니라 곰팡이며, 그러한 곰팡이의 생명활동에 의해 중요한 화학적 변화가 생길 수 있다는 것은 명백하다고 밝힌 바 있었다.

파스퇴르의 연구는 이보다 20년 뒤의 일이다. 파스퇴르는 여러 가지의 발효를 연구하는 과정에서 다른 곰팡이, 즉 세균도 효모와 비슷한 작용을 한다는 사실을 발견했다. 그는 세균은 어디에든 존재하며, 그 가운데 병원성을 지닌 많은 것들이 유기체에 침범하여 기생충처럼 유기체 속에서 증식하며 병을 일으킨다는 사실을 입증할 수 있었다. 1876년 코흐는 탄저병의 원인이라고 여겨지는 세균의 생활주기를 기술했다. 이제 더 이상 전염체의 특성에 대해서 의심의 여지가 없게 되었으며, 어떤 질병의 원인이 되는 특정한 미생물이 차례차례 규명되었다.

세균학은 전염성 질병에 관한 모든 문제를 해결하지 못했다. 어떤 질병은 미세필터를 통과할 수 있는 세균보다 더 작은 물질, 이른바 바이러스에 의해 발생한다는 사실이 밝혀졌다. 바이러스는 커다란 단백질 분자들로 이루어져 있다. 아직 해결되지 않은 문제가 많이 남아 있지만 많은 바이러스성 질병들을 성공적으로 격퇴하는 것은 가능한 일이 되었다.

이러한 모든 발견의 결과는 경이로웠다. 전염성 질병의 직접적인 원인이 밝혀지자마자, 그 질병에 대한 근본적인 공략방법을 찾는 것도 가능해졌다. 위생학과 공중보건도 새로운 발전의 계기를 맞이하게 되었다. 외과수술도 이제 2차 감염의 악몽에서 해방될 수 있었다. 백신과 혈청 덕분에 사람들이 점점 더 많은 종류의 질병에 대해 면역력을 지닐 수 있게 되었다. 이 책의 마지막 장에서, 우리는 이러한 발견들이 사람들의 건강에 미친 영향에 대해 더 자세히 논의할 것이다.

화학요법

우리는 정량적인 과학의 특성을 띠게 된 화학이 18세기 말에 이르러 엄청난 혁명을 이루었음을 이미 언급한 바 있다. 이것은 바로 얼마전의 일이었을 뿐이다. 150년이라는 짧은 시간 동안 화학, 특히 물리화학은 우리 생활에 혁명적 변화를 일으켰다. 그 이전 몇 천 년 동안, 인류는 기본적인 욕구를 충족시키기 위해 자연이 제공하는 자원과 농산물을 이용해왔다.

오늘날 우리는 공기 중에 있는 질소로 비료를 생산할 수 있다. 또 기름을 천연상태 그대로가 아니라 휘발유로 가공하여 사용할 수 있다. 그리고 알코올, 석유, 그 밖의 화합물들로부터 고무도 만들어낼 수 있다. 또한 실험실에서 직물용 섬유도 생산한다. 그 밖에도 천연

물질들을 대체하는 합금이나 플라스틱뿐만 아니라 더욱 새로운 인공물질도 만들어낼 수 있으며, 그 물질들이 천연자원보다 월등한 경우도 많다. 이제 새로운 기술의 시대가 도래했으며 물리화학자들의 노력은 한계가 보이지 않을 정도다.

화학은 생리학과 병리학에 새로운 분야를 개척했으며, 이로 인해 건강한 유기체와 병에 걸린 유기체의 대사과정에 대한 탐구가 가능해졌다. 또한 여러 장기의 기능을 검사하여 더 정밀한 진단을 할 수도 있게 되었다. 생화학의 도움으로 과거에는 경험적인 분야였던 영양학은 과학이 되었고, 호르몬과 비타민의 기능과 관련되는 정체불명의 많은 질병들의 원인과 발병 메커니즘도 설명할 수 있게 되었다. 그러나 생화학은 단지 질병에 대해 설명하는 것에 그치지 않고, 질병의 예방과 치료를 위한 새로운 수단들을 제공했다.

정상적인 유기체와 병에 걸린 유기체에 대한 화학물질들의 작용을 연구하는 새로운 약리학에서 화학은 마침내 핵심적인 자리를 차지하게 되었다. 약리학은 신체의 특정 부위와 특정한 화학물질 사이의 결합력을 파악할 수 있게 되었고, 우리는 이제 우리가 바라는 작용을 가진 화학물질들을 체계적으로 생산할 수 있다.

바로 이 순간에도 화학요법은 매우 인상적인 성과를 거두고 있다. 세균학은 전염병의 원인을 설명해내었을 뿐만 아니라 전염병으로부터 사람들을 보호하는 중요한 수단도 개발했다. 그러나 아직도 전염병에 걸리면 많은 경우 효과적인 치료약이 없어 해마다 수많은 사람이 폐렴, 뇌막염, 산욕열과 같은 질병에 걸려 사망하고 있다. 20세기 초 에를리히는 숙주는 죽이지 않고 세균만 죽이는 화학물질에 대해서 체계적인 연구를 시작했다. 그리고 마침내 1910년 스피로헤타와 트리파노소마와 같은 원충류에 효과가 매우 좋은 **살바르산**이라는 약을 생산해냈다.

그러나 우리의 주적(主敵)인 병원성 세균들은 인체에 침투하여 일단 성공적으로 자리 잡기만 하면 화학물질에 저항성을 갖는 것 같았다. 이러한 난제는 도마크(Gerhard Domagk)가 프론토실의 약리작용을 발견하여 나중에 설파닐아미드로 알려진 약을 개발함으로써 해결되었다.* 설파닐아미드가 처음 개발된 것은 불과 몇 해 전인 1935년인데, 그 뒤 몇 해 사이에 약효가 매우 높은 수십 가지의 설파제제가 세상에 모습을 드러냈다. 그리고 가까운 미래에 더욱 효과적인 약이 개발될 것을 모두가 바라고 있다.**

세균학과 화학은 전염성 질병들과의 싸움에서 가장 주된 무기가 되었다. 그리고 우리는 앞으로 생화학에서 더 많은 병리학적 문제들에 대한 해답을 찾아낼 수 있을 것이다. 이제 어린이와 청소년들에게 주로 발생하던 급성질병들은 뒤로 물러나기 시작했고, 인구가 점차 고령화되어 가면서 만성퇴행성 질병이 전면에 등장했다. 미국에서는 심장순환계 질병이 가장 흔한 사망원인이다. 우리는 이들 질병에 대해 많이 알게 되었지만 충분하지는 않다. 생화학 연구로 발병 메커니즘이 상세하게 밝혀지면——그렇게 되지 않을 까닭은 없다——우리는 이들 질병을 예방하거나 최소한 발병을 늦출 수 있게 될 것이다.

---

* 이것은 원저가 출간된 당시의 상황이고, 지금은 설파제제에 대한 내성균이 엄청나게 많다.
** 지거리스트의 바람대로 1944년에 페니실린이 실용화되었는데, 이 역시 이미 오래전에 내성균 때문에 개발초기의 효과를 상실했다.

암은 여전히 풀리지 않는 문제다. 인구고령화에 비례하여 암 발생률도 증가해왔다. 많은 초기 암들은 외과수술, 엑스선과 라듐 요법 등으로 치료될 수 있지만, 원인과 메커니즘이 밝혀지지 않는 한 커다란 성과는 기대할 수 없다. 생화학이 암의 생물학적 원리를 규명한다면 이 문제는 해결될지도 모른다. 그러나 암세포는 다른 세포들과 다르게 반응하기 때문에 암세포의 생물학적 특성을 이해하기는 매우 어렵다. 여러 세포로 분화된 유기체에서는 세포들이 사회적 공동체를 이루고 있다. 그 세포들은 분화되면서 다른 세포들과 완벽하게 협동한다. 하지만 암세포는 반(反)사회적이다. 암세포는 제멋대로 행동하고 자기 고유의 물질대사를 지닌다. 또한 숙주의 희생을 바탕으로 성장하며, 결국 숙주를 파괴하고 그럼으로써 자신도 사멸한다. 이러한 것은 모든 법칙에 어긋나는 것으로 그렇기 때문에 파악하기 어렵다.

의과학의 발전과정을 살펴보면 지난 몇 백 년 동안 눈부신 발전과 성취가 있었음을 부인할 수 없다. 그러한 발전은 다른 분야 과학의 발전과 함께한 것이며, 또한 물리학, 화학, 생물학 등에서 이루어진 발견들을 이용한 결과였다. 발전은 지금도 지속되고 있다. 지난 몇 십 년 동안의 발전을 알고자 한다면, 1892년에 간행된 오슬러(William Osler)의 교과서 제1판[4]과 현재 우리가 알고 있는 지식을 비교해보는 것으로 충분할 것이다. 하지만 우리는 지난 100년

---

4) William Osler, *The Principles and Practice of Medicine*. New York, D. Appleton and Co., 1892.

동안의 진보는 그 이전 몇 세기에 걸쳐 이룩된 성과를 바탕으로 한 것이라는 사실을 잊어서는 안 된다. 최근의 진보들은 길고 힘든 발전들이 축적됨으로써 나타난 것이다.

100년 전만 해도 의학연구 기관은 몇 군데에 지나지 않았다. 오늘날은 전 세계에 걸쳐 몇 만 명의 과학자들이 의학연구에 종사하고 있다. 의학연구에 투입되는 자금은 해마다 수백만 달러에 이른다. 다른 경제분야와 마찬가지로 의학분야에도 엄청난 양의 낭비가 있다. 기획과 조정이 결여된 탓이기는 하지만, 연구기반이 매우 광범위하고 수많은 지성과 에너지가 연구에 투입되고 있으므로, 우리는 더 많은 결과들을 기대할 수 있다.

질병에 대한 과학적 해석의 연륜은 아직 매우 짧다. 우리의 의학지식에는 아직 엄청난 공백이 있으며, 오늘 우리가 진리로 생각하는 것이 내일이면 오류로 판명될 수 있다는 점을 우리는 잘 알고 있다. 그렇지만 우리는 지식의 공백을 종교적 소망이나 철학적 관념이 아닌 과학적 사실들로 채워가고 있기 때문에 의학의 미래에 대해 확신할 수 있다. 그리고 항상 그래야 하듯이 지금 우리가 가설상태로 활용하는 지식을 그에 반하는 새로운 사실이 나타나면 언제든지 폐기할 준비도 되어 있다.

과학적 사실의 가치와 그 해석은 시간이 흐름에 따라 의심의 여지없이 변화할 것이다. 오늘 필수적으로 여겨지는 요인들이 내일이면 부차적인 것으로 바뀔 수 있다. 예컨대, 앞으로 결핵균보다 개인의 체질적 요인이 결핵의 발병에 더 중요한 것으로 변화할 수도 있지만, 결핵균 없이는 결핵이 발병하지 않는다는 사실은 변함이 없을 것이다.

질병에 관한 현재의 이론은 여전히 미숙하며, 시간이 지나면서 새로운 이론들이 정교하게 구축될 것이다. 물질의 구조, 생명체의 물리화학적 특성, 그리고 신경전달의 특징 등에 관해 더 많은 사실을 알게 되면 우리는 의학과 생명에 대해 새로운 관점을 가지게 될 것이다. 그러나 어떻게 발전할 것이든 그 이론은 현재의 과학적 지식을 이용할 것이다.

질병을 종교적으로 해석하는 것은 꿈이다. 또 철학적인 해석은 여러분이 싫증나서 다락에 처박아둔 그림이다. 그러나 과학적 해석은 하나하나의 돌이 앞으로 더 훌륭한 건축물을 짓는 데 쓰일 수 있는 건물이다.

과학적 의학의 역사는 매우 짧기 때문에 우리는 의학의 미래를 낙관한다. 질병의 퇴치라는 의학의 궁극적 목표에 이르는 여정은 매우 멀지 모르지만, 더 이상 유토피아는 아니다.

제9장 질병과 문학

역사를 기록하는 일은 일종의 예술적 과정이다. 역사가는 자신이 살고 있는 사회의 구성원이며, 다른 구성원들과 함께 희망과 공포, 염원과 좌절을 나눈다. 역사가는 불타는 호기심과 강렬한 충동으로 과거를 파헤치며, 과거 전체가 아니라 특정 시대, 일련의 사건, 인물, 문제들을 다룬다. 역사가는 과거에 무슨 일이 있었는지 알기 원하기 때문에 가능한 한 모든 문헌을 발굴하여 재구성한다. 그 문헌들은 그에게 사료(史料)가 된다. 역사가는 이런 사료들에 질문을 던지고 대답하게 하여 역사를 이해하고 해석하기 위해 노력한다.

점차 오랫동안 묻혀 있던 과거의 어떤 시기, 사건, 인물들이 역사가에게 살아서 다가오고, 역사가는 살아 있는 단어와 문장으로 그러한 자신의 경험을 다른 사람들과 나누고 싶어한다. 역사가는 과거를 재창조하며, 그렇게 함으로써 역사를 기술하는 일을 예술적 과정으로 만든다.

19세기 프랑스의 대표적인 지성인이자 작가인 졸라는 예술을 "인간정신을 통해 보이는 자연"으로 정의했다. 마찬가지로 우리는 역사를 인간정신을 통해 보이는 과거라고 정의할 수 있을 것이다.

예술가가 자신이 보고 느낀 것을 표현하여 다른 사람들과 소통하듯이, 역사가도 자신의 경험을 다른 사람들에게 전달한다. 그리고 그러한 경험은 자극이 되어 사람들에게 어떤 행동을 취하게 할 수도 있다. 역사가의 작업을 통하여 그동안 인식되지 않았던 발전과 경향들이 새로운 의미를 얻는다. 사람들이 그것들에 대해 인식하게 되고, 그러한 인식이 사람들의 행동방향을 결정할 수도 있다. 그래서 역사, 즉 우리가 과거에 대해 갖는 상(像)은 결코 죽은 것이 아니라, 그와 반대로 현재의 삶에 가장 강력한 원동력 가운데 하나다.

따라서 역사를 기술하는 것은 커다란 책임이 따르는 일이다. 역사가는 역사학적 연구방법들이 자신에게 부과하는 철칙을 따라야만 한다. 그 방법들은 역사가의 해석에 뚜렷한 제한을 둔다. 즉 역사가가 사료적 증거를 확보하지 못하면 자의적인 언행을 하지 못하도록 한다. 역사가가 질병에 대해 기술해야 한다면 기록에 근거해서 해야 한다.

진실한 역사만이 내용이 풍성하므로 역사가가 기술하는 과거는 진실이어야만 한다. 거짓된 역사, 무비판적이거나 경솔하게 씌어진 역사, 선전목적으로 씌어진 역사는 항상 파괴적인 결과를 낳았다.[1] 지금 이 순간에도 우리는 진실하지 않은 역사관에 근거하여 정당성을 강변하는 정치철학이 만들어낸 정신의 왜곡과 그 치명적인 결과들을 목도하고 있다.

시인, 소설가, 그리고 극작가들 역시 세상의 여러 측면을 재창조

---

1) Benedetto Croce, *Theory and History of Historiography*, London, 1921을 보라.

아데노이드 증식증을 보여
주는 그림. 라이덴의 루카스,
「에스파냐 국왕 페르디난
드」, 피렌체 우피치 미술관

한다. 그들도 설득력을 가지기 위해서는 진실해야 하지만, 역사가
들에 비해서는 훨씬 많은 자유를 누린다. 그들은 인간을 창조할 수
있는 반면 역사가들은 단지 재창조할 수 있을 따름이다.

작가는 항상 자신이 보고 느끼고 생각했던 스스로의 경험을 바탕
으로 글을 쓴다. 그는 환자의 투병과정을 보았으며, 사람의 일생을
변화시키는 계기가 될지도 모르는 중대한 질병도 목격한 바 있다.
누구나 대개 한두 번씩은 질병을 경험하듯이, 작가 자신이 질병에
걸리기도 했다. 위대한 작가들 중에 결핵으로 고통받은 경우가 많
이 있다. 그 가운데 몇 명만 언급하더라도 셸리(Shelly), 키츠
(Keats), 휘트먼, 몰리에르, 메리메(Mérimée), 체호프, 도스토예
프스키 등의 이름을 열거할 수 있다.[2] 실러의 경우처럼 어떤 작가

들에게는 그 병이 싸워서 극복하는 대상이었다. 바슈키르체프(Marie Bashkirtseff)와 같은 다른 작가들의 삶에서 병은 인생의 핵심적인 자리를 차지하여 작품의 특성을 좌지우지하는 중심적인 경험이었다.

저명한 시인, 소설가, 그리고 극작가가 된 의사도 적지 않다. 할러, 체호프, 슈니츨러(Schnitzler), 뒤아멜(Duhamel), 미첼, 올리버(John Rathbone Oliver), 크로닌(A. J. Cronin) 등과 그 밖의 많은 이들이 그러하다. 그들이 의학적 문제를 묘사하고 질병과 그로 인한 고통을 작품의 모티프로 삼은 것보다 더 자연스러운 것이 있을까?

그런 연유로 고대부터 현대까지 수많은 문학작품에서 환자와 질병에 대한 묘사를 너무나도 명확히 찾아볼 수 있지만, 그 목록을 일일이 열거하는 것은 우리의 목표가 아니다. 게다가 이 주제에 도움이 되는 문헌은 매우 광범위하다. 대부분의 고전작품들이 문학적 관심이 많은 교양 있는 의사들에 의해 읽혔기 때문이다. 그들은 작품 속에서 의학적 관심사가 담긴 문단들을 뽑아내어 그 문단의 내용에 관한 책과 논문들을 썼다.[3] 또는 그들은 작가들이 어떤 병으로 고생했으며 또 그 병이 그들의 작품에 어떻게 영향을 미쳤는지에 대해서도 조사했다.[4] 따라서 이 짧막한 장에서는 문학과 질병에 관한 몇 가지 일반적 고찰과 함께 작가가 질병을 작품에 도입하는 이유와 질

---

2) Lewis J. Moorman, *Tuberculosis and Genius*, Chicago, 1940.
3) 버지니아 대학교의 실벳(Herbert Silvette) 박사는 의학을 다룬 영문학 작품들의 목록을 준비하고 있는데, 이것은 매우 유용하게 쓰일 것이다.
4) 예를 들면 George M. Gould, *Biographic Clinics*, 6 vols., Philadelphia, 1903~1909를 보라.

프란체스코 카로토, 「흑사병에 걸린 성 로쉬」, 1528

병들을 작품 속에서 어떻게 묘사하는지에 대한 것으로 논의를 제한할 것이다.

문학주제로서의 질병

일반적으로 질병은 문학의 주제로 좋은 것은 아니다. 고등학교 작문시간에 우리는 개인적인 경험을 글로 써야만 했다. 선생님은 우리에게 홍역, 백일해, 성홍열 등 병에 걸렸던 일은 쓰지 말라고 주의를 주곤 했다. 선생님은 그런 병이 물론 중요한 경험일 수 있지만, 병에 대해 상세히 언급하는 것은 다른 사람들에게 지루하고 흥미롭지 않다고 말했다. 게다가 수많은 다른 아이들도 같은 경험을 하기 때문에, 그것은 독창적이지 않았다.

선생님의 충고는 타당했다. 우리가 지금 이야기하려는 자연주의 작가들 이외에는 정말 그렇다. 대개 작가들은 질병을 일상용어로 개략적으로 다루며 출혈, 설사, 구토 등 질병과 관계 있는 증상들을 세세히 묘사하지 않는다. 작가의 관심은 질병 자체가 아니라 질병이 개인의 삶에 미치는 영향이다.

톨스토이의 위대한 소설 『안나 카레니나』 속에서 여주인공은 연인의 아기를 낳은 뒤 산욕열로 고생하며, 그녀의 발병이 이야기 전개의 정점이자 전환점을 이룬다. 그러나 질병의 묘사는 정확하기는 하지만 일상적인 용어로 기술되어 있다. 중요한 것은 증상이 아니라 안나가 죽어가고 있다는 사실이다. 그녀는 사회의 규범을 깨고 부정한 사랑에 빠졌다. 그녀의 남편은 이혼을 원하고 연인은 사회적 지위를 몽땅 잃는다. 사회에서 추방되는 것이 그녀의 운명이 될 것이다. 그때 그녀는 아기를 낳고 병에 걸려 죽어간다. 그녀의 죽음 앞에서 그녀를 사랑하는 두 남성, 즉 남편과 연인이 만나 서로 악수를 나눈다. 남편은 아내를 용서하고, 연인은 집으로 돌아가서 자신에게 방아쇠를 당긴다.

이것으로 이야기가 끝날 수 있었다. 그러나 거기서 끝을 맺지 않은 점이 이 소설을 위대하게 만들었다. 안나는 예상과 달리 회복되고 연인의 자살시도도 실패하여 삶은 이어진다. 안나와 연인은 해외로 도피하여 짧은 행복을 누린다. 그 뒤 가혹한 삶에 지친 그녀는 결국 자살한다.

이 소설에서 톨스토이는 상황을 강조하기 위하여 매우 현명하게 질병을 활용했다. 안나가 자살한 뒤 절망에 빠진 그녀의 연인은 전장으로 향한다. 기차역 플랫폼에서 기차를 기다리고 있는 동안 그는 심한 치통으로 고통스러워 한다. 사소하게 보일지 모르지만 정신적 고통에 신체적 통증이 더해짐으로써 브론스키는 더 이상 견딜 수 없는 한계상황에 빠진다.

수많은 소설들에서 이와 비슷한 방식으로 질병이 등장한다. 그것은 이야기의 전개나 주어진 상황을 특징짓기 위하여 이용된다. 소설가는 의사가 아니며 또 일반인들을 대상으로 소설을 쓰기 때문에 전문가들만 아는 희귀한 질병보다는 모두가 잘 아는 질병을 기술한다. 선택은 주로 작가가 살던 시대와 작품 속의 목표라는 두 가지 요소에 의해 결정된다.

13세기, 하르트만 폰 아우에(Hartmann von Aue)는 소설 『가엾은 하인리히』(*Armer Heinrich*)에서 주인에 대한 젊은 처녀의 자기 희생적인 사랑을 그리기 위하여 주인공을 한센병 환자로 만들었다. 중세시대에는 이러한 설정이 이치에 맞는 것이었지만, 오늘날과 같이 한센병이 서방세계에서 실제로 거의 사라진 시대에는 어울리지 않는다. 피츠너(Hans Pfitzner)는 1895년에 만든 오페라에서, 하우프트만(Gerhard Hauptmann)은 1902년의 연극에서 이러한 소재를 다시 이용했지만, 이것은 인간적 가치를 고려하여 중세적인 소재를 의식적으로 활용한 순수한 낭만주의였다.

어떤 근대 사실주의 소설에서는 다른 상황이 선택되었다. 벨라만(Henry Bellaman)은 『왕의 행렬』(*King's Row*)에서 사랑하여 결혼한 남편을 향한 아내의 자기 희생적인 헌신성을 묘사하기 위해 남편을 매우 처참하게 양쪽 다리를 잃은 희망 없는 불구자로 설정한다.

중세 말기와 르네상스 시대에는 페스트가 문학에서 매우 대중적인 소재였다. 보카치오는 『데카메론』의 도입부에서 페스트를 매우 생생하게 묘사했으며 소설 속의 여러 이야기들을 전개하는 계기로 설정했다. 엘리자베스 여왕의 주치의였던 작가 불레인(William Bullein)이 1564년에 출간한 『흑사병과의 대화』(*A Dialogue against the Fever Pestilence*)는 교훈적 이야기면서 다종다양한 사람들이 죽음 앞에서 어떤 반응을 보이는지가 잘 묘사되어 있다.

페스트는 서양에서 사라진 뒤에도 사람들에게 계속 공포심을 불어넣었다. 디포(Daniel Defoe)가 1722년에 펴낸 『전염병 연대기』(*Journal of the Plague Year*)는 오랫동안 역사적 문헌으로 여겨졌지만 사실은 아니다. 디포는 페스트가 잉글랜드에서 마지막으로 발생한 해에 다섯살에 불과했다. 그것은 순전히 꾸며낸 이야기로, 어린 시절의 잔상이 작가에게 영감을 불어넣은 것이다. 낭만주의 소설가들은 자연스레 페스트와 같은 극적인 소재를 이용했다. 1841년 에인즈워스(William Harrison Ainsworth)의 『낡은 세인트 폴 성당』에 실린 으스스한 이야기를 전형적인 예로 볼 수 있다. 소설가가 오늘날에도 페스트를 소재로 삼고 싶다면 무대를 중국으로 옮겨야 한다. 이렇게 해서 크로닌은 『왕국의 열쇠』(*The Keys of the Kingdom*)라는 한 권의 소설책 속에서 페스트가 초래할 수 있는 온갖 비극들을 사실적으로 묘사했다.

17세기 소설에서는 통풍이 매우 인기 있는 주제였다. 통풍은 흔한 병이었으며, 특히 상류층 사람들에게서 많이 발생했다. 시든햄(Thomas Sydenham)은 1681년에 이 질병에 대해 고전적인 문헌을 남겼다. 그는 자신이 오랫동안 통풍을 앓았기 때문에 이 질병에

렘브란트, 「장님 토비아스」, 에칭화

대해 매우 잘 알고 있었다. 문학과 미술에서 통풍은 폴스타프 (Falstaff)*의 속성처럼 그려졌다. 당시 사람들이 통풍을 과음, 색탐, 가무 때문에 생긴다고 여겼기 때문이다.

 풍자작가와 화가들이 통풍을 주된 소재로 삼았던 데는 또 다른 이유가 있었다. 통풍발작 때 겪는 고통은 사람이 경험할 수 있는 가장 극심한 통증으로 전혀 웃을 일이 아니지만 통풍으로 사람이 죽지는 않는다. 또한 발작을 할 때에는 극심한 통증을 느끼다가도 발작이 멈추면 언제 아팠느냐는 듯이 다 잊고 다시 원래 모습으로 돌아간다. 즉 극단적인 통증상태와 비교적 통증이 없는 상태는 매우

---

* 셰익스피어 작품의 등장인물로 뚱뚱한 호색한이다.

「마귀 쫓기」, 9세기, 국립 비블리오테크

대조적이다. 그 점이 우스꽝스러운 상황을 연출하는 것이다. 이 점
은 치통도 마찬가지다. 발치할 때――물론 마취를 하지 않는 경
우――치과환자가 고문을 당하는 것 같은 모습은 17세기 네덜란드
의 풍자화가들이 자주 그렸던 소재다. 협심증 발작 때 생기는 통증
은 사망에 이를 수 있기 때문에 다르다. 통증이 심하면 그에 따라
환자에게 미치는 위험도 커지므로 비극적인 상황이 벌어질 수도
있다.

　18세기에도 여전히 여러 가지 열병이 매우 흔했다. 유럽과 미국
에서 말라리아는 남부 지방에 국한되지 않고 북부 깊숙이 퍼졌다.
장티푸스는 모든 나라에서 풍토병이었다. 당시 수많은 소설에 열병이 등장한다. 열병은 작가의 구상대로 작품 속의 인물을 필요한 기간 동안 가볍거나 심하게 앓도록 하는 데 가장 편리한 질병이었다. 열병은 대개 매우 모호하게 묘사된다.

낭만주의 작가들이 중세시대가 아닌 당대의 주제를 다루는 경우, 결핵과 위황병(萎黃病)과 같은 소모성 질병들을 즐겨 사용했다. 위황병은 젊은 여성들에게 생기는 빈혈의 한 가지로 오늘날에는 완전히 사라졌다.[5] 이 질병은 사춘기 소녀들에게 코르셋을 입히기 때문에 생긴다고 여겨졌지만, 다른 요인들도 있었음이 틀림없다. 위황병은 몸을 전혀 움직이지 않고 집 안에서 뜨개질 등으로 소일하거나 음악을 연주하며 자신을 구원해줄 남편이 돌아오기만을 기다리는 젊은 상류층 여성들이 잘 걸리는 병이었다. 당대 시인들의 마음을 끈 것은 이같이 창백한 표정의 우아한 젊은 여성이었다.

결핵은 당시 사회적 신분을 가리지 않고 사람들을 무차별적으로 공격했으며, 수많은 낭만주의 작가들이 결핵에 걸렸다. 결핵은 보통 서서히 발병하는 유전성 질병으로, 그리고 결핵환자는 삶과 섹스에 매우 집착하는 모습으로 그려졌다. 그러나 그것은 거역할 수 없는 운명이었기에 매우 비극적이었다. 코퍼필드(David Copperfield)의 젊은 아내가 불과 몇 주일만에 죽듯이 어떤 소설들에서는 결핵환자가 갑작스레 사망하기도 하지만 이런 경우는 예외적이었다. 일반적으로 결핵은 만성질환으로 서서히, 그렇지만 어

---

5) Axel Hansen, *Om Chlorosens, den aegte Blegsots, Optraeden i Europa*, Kolding, 1928.

떤 자비도 없이 인생을 파괴시키는 것으로 그려졌다.

잠시 뒤에 보게 되듯이 19세기 후반에는 자연주의가 대두하여 새로운 상황이 전개되었다. 어쨌든 어떤 시대든 전면에 부각되는 질병들이 있었다. 특정한 시기에 널리 퍼진 질병과 질병의 일반적인 특성, 스타일 사이에 어떤 관련성이 있다는 점을 눈여겨보는 것은 흥미로운 일이다. 중세시대는 집단주의 시대였고 대표적인 질병은 누구든지 가리지 않고 발생하는 질병, 즉 한센병, 흑사병, 무도병 등과 같은 집단적 질병이었다. 그와 달리 매우 개인주의적인 르네상스 시대에는 매독이 전면에 등장했다. 이 병은 아무에게나 무차별적으로 생기는 것이 아니라 매우 사적이고 은밀한 행위의 결과로 전염되는 질병이다.

바로크 시대는 극명한 대조와 모순의 시대였다. 프랑스와 에스파냐는 절대왕권 국가였지만 잉글랜드와 네덜란드에서는 민주주의가 피어나고 있었다. 한편으로는 데카르트로 대표되는 이성주의 시대였지만, 또 한편으로는 반(反)종교개혁과 같은 종교적 광신이 팽배했다. 이 시기에 문학작품에 주로 등장하는 질병으로는 기근티푸스와 맥각중독과 같이 결핍으로 초래되는 질병이 있는 한편, 통풍과 수종(水腫)처럼 부유층을 상징하는 질병도 있었다.

질병을 이야기 전개에 도입하는 소설작가들은 자신이 살고 있는 시대와 소설에 담고자 하는 자신의 목적에 의해서도 확실히 영향을 받았다. 등장인물을 빨리 작품 속에서 사라지게 하고 싶으면 작가는 폐렴이나 심장병처럼 마른하늘에 날벼락 치듯 하는 급성질병들의 도움을 받는다. 작가의 목적이 질병을 통해서 등장인물의 삶에 닥친 위기를 표현하는 것이라면 뇌성열(腦性熱), 뇌막염 등과 같이 결국은 회복되는 심한 급성질병을 선택한다. 그 밖에 막연한 발열, 두통, 또는 망상증은 한 인물을 그저 환자로 만드는 데에 적격이었다. 19세기 중엽 이전에는 작가들이 질병을 묘사하는 데 한계가 많았다. 작가들은 어떤 질병의 특성을 짐작하는 데 꼭 필요한 증상밖에는 묘사하지 못했다. 자연주의가 등장함에 따라 많은 것이 변화했다.

자연주의 사조와 질병

19세기에 과학의 부상은 문화의 모든 영역에 영향을 미쳤다. 1865년 프랑스의 생리학자 베르나르(Claude Bernard)[6]는, 과학자뿐만 아니라 일반 대중들도 마찬가지로 많이 읽었으며 지금도 읽히고 있는 책을 출간했다. 베르나르는 그 『실험의학 방법 서설』(Introduction to the Study of Experimental Medicine)에서 새로운 과학적 의학의 원리들을 매우 설득력 있게 체계화했다. 의학은 이성적 추론에 근거하는 실증과학이었다.

베르나르는 이렇게 말했다. "한 마디로 말해, 다른 어떤 분야와 마찬가지로 실험적 방법에서 유일한 실제 척도는 이성이다." "정신은 항상 똑같은 방식으로 똑같은 생리적 과정에 의해 추론한다." 어쨌든 이성적 추론은 기준이 되는 원칙을 따른다. 이것이 "현상의 절대적 결정론"이다. "원인이 없는 사실이 존재한다거나 또는 다른 사실들과 아무런 관련이 없는 사실이 존재한다고 생각한다면 그것

---

6) 베르나르에 관해서는 뛰어난 다음 책을 보라. J.M.D. Olmsted, *Claude Bernard Physiologist*, New York, 1938.

은 과학을 부정하는 것과 같을 것이다."

베르나르가 콜레주 드 프랑스에서 자신의 실험을 시연해 보일 때, 그 모습을 지켜보던 청중 중에는 생리학자들뿐만 아니라 베르텔로(Marcelin Berthelot) 같은 화학자, 자네(Paul Janet)와 같은 철학자 그리고 르낭(Ernest Renan)과 같은 역사학자들도 있었다.

거의 같은 시기인 1861년부터 1864년까지, 프랑스의 임상의사인 트루소(Armand Trousseau)는 새로운 과학의 원리들을 임상의학에 적용한 『오텔 디유 병원의 경험』(Leçons de Clinique Médicale de l'Hôtel-Dieu)이라는 책을 출판했다. 이것은 무미건조한 의학책으로 임상사례들만 들어 있을 뿐이었지만, 독자 중에는 의사가 아닌 사람도 많았다. 잘 씌어진 임상사례는 결국 일종의 전기(傳記)인 셈이다. 트루소의 진료실, 그리고 조금 뒤 살페트리에르 병원에 근무하는 신경과 의사 샤르코(Charcot)의 진료실에는 의학도와 의사들뿐만 아니라 작가, 철학자, 역사가, 과학자, 그리고 거의 모든 분야의 학자들이 방문했다.

과학분야들 중에서 의학, 특히 생리학은 아마 일반인의 관심을 가장 강하게 끈 분야였을 것이다. 고등수학이나 천문학을 접하는 사람은 거의 없지만, 누구든지 언젠가는 의학과 관련된 경험을 갖게 된다. 의사는 모든 사람이 대하는 과학자인데, 의사의 권위는 19세기를 통해 빠르게 높아졌다. 의사는 과학이 어떻게 유용하게 쓰이는지를 사람들에게 생생하게 보여주었다. 의학은 사람들의 일상생활에 깊이 관여함으로써 물리학이나 화학보다 사람들의 마음을 끌었다. 의학의 모든 분야 중에서도 생리학은 생명의 여러 기능을 탐구하고 또 그러한 문제들은 궁극적으로 철학의 영역과 연결되기 때문에 가장 철학적이었다.

문화에 대한 과학의 영향은 곧 나타났다. 르낭은 역사학도 화학처럼 과학이어야 한다고 선언했다. 자연주의 사조의 이론과 철학을 정립한 텐(Hippolyte Adolphe Taine)은 한 걸음 더 나아가 선과 악이라는 개념은 황산염이나 설탕과 마찬가지로 생산품이라고 말했다. 그는 콩트와 베르나르의 사상으로부터 환경결정론을 이끌어냈다. 콩트는 다시 텐의 개념을 확장시켜 다음과 같이 주장했다. "유기체를 둘러싸고 있는 액체뿐만 아니라 어떤 종류든 외부 환경 전체가 유기체의 생존에 필수적이다." 베르나르는 '내(內)환경'이라는 개념을 추가했다. 전체로서 유기체는 외부 환경에 둘러싸여 있지만 각각의 세포는 자신의 운명을 좌우하는 내환경을 가진다.

과학, 특히 의학은 문학작품에 매우 큰 영향을 미쳤다. 위고(Victor Hugo)는 1859년에 펴낸 『여러 세기에 걸친 전설』(*La Légende des Siècles*)에서 박물학자가 동물계를 다루듯이 시인과 철학자는 사회적 현상을 다루어야 할 사명이 있다고 선언했다. 플로베르는 위고의 생각을 따라 소설은 과학이어야 한다고 언급했다.

초기 자연주의 소설들은 상당히 임상사례집과 같은 모습을 띠었다. 공쿠르 형제(Edmond and Jules Goncourt)는 1861년에 출간한 『수녀 필로멘』(*Soeur Philomène*)에서 병원과 진료실에서 보이는 삶의 모습을 그렸으며, 1865년의 『제르미니 라세르퇴』(*Germinie Lacerteux*)에서는 어느 하층여성의 삶을 다루었다. 그들은 『제르미니 라세르퇴』의 서문에서 독자들에게 이 소설이 허구가 아니라 사실에 근거한 소설이고, 해피엔드가 아니며, 삶과 사랑에 관한 임상보고서라고 선포했다.

이와 비슷하게 1867년에 출간된 졸라의 초기 소설 『테레즈 라캥』(Thérèse Raquin)도 주인공의 원초적이고 동물적인 본능을 임상 사례와 같이 기술한 것이었다. 졸라는 1880년에 『실험소설론』(Le Roman Expérimental)을 썼다. 베르나르가 펴낸 책의 제목을 의도적으로 본뜬 것이었다. 그의 테제는 소설은 과학적이고 실험적이어야 한다는 것이었다. 그 테제에서 졸라는 소설이 환경에 영향을 받는 인간존재를 있는 그대로 묘사하고 인간열정의 메커니즘을 분석함으로써 응용사회학의 특성을 지녀야 한다고 강조했다.

자연주의 사조의 지지자들은 삶의 잔인하고 추악한 면을 묘사하는 데 주저하지 않았다. 오히려 과거의 문학은 삶의 이러한 측면들을 무시해왔다고 생각하여 그러한 모습들을 더욱 적극적으로 묘사하기 시작했다. 이것은 왜 그렇게 많은 자연주의 작가들이 의학에 관심을 가지고 의학책을 많이 읽고 의사들의 진료실을 자주 찾았는지를 설명해준다.

그들의 작품에는 질병이 자주 등장하고 또 매우 사실적으로 그려져 있다. 플로베르는 소설 『보바리 부인』에서 주인공이 비소를 마셨을 때의 증상들을 빠짐없이 묘사한다. 보바리 부인의 맥박, 땀, 경직상태, 구토 등이 세밀하게 기록된다. 작가는 전문적인 용어를 구사하는 데 거리낌이 없다. 약사인 오메가 주치의에게 환자의 상태를 알릴 때 그는 다음과 같이 말한다.

처음에는 인후에 건조감이 있었습니다. 그리고 다음에는 상복부에 심한 통증을 느끼고 다시 또 심하게 설사를 하고는 혼수상태에 빠졌습니다.

졸라는 자신의 소설들에서 모든 종류의 질병에 대해 최대한 사실적으로 또 노골적으로 묘사했다. 『루르드』(*Lourdes*)에 묘사된 장면은 너무 적나라하여 구역질이 날 정도지만 그것이 바로 인간의 삶이다. 모성과 대가족 제도를 예찬한 소설 『풍요』(*Fécondité*)에서는 인공유산을 죄악으로 몰아 무자비하게 묘사했다. 또 알코올 중독으로 초래되는 비극을 그린 『목로주점』 말미에서 주인공 쿠포(Coupeau)를 죽음으로 모는 진전섬망(震顫譫妄)을 묘사한 부분은 의사들의 임상기록을 방불케 한다.

졸라는 루공-마카르(Rougon-Macquart) 집안의 이야기를 스무 권으로 펴낸 자신의 소설을 『제2제정 시대 한 가족의 자연사 및 사회사』(*Histoire Naturelle et Sociele d'une Famille sous le Second Empire*)라고 불렀다. 이렇듯 졸라는 인간사회 탐구에 과학적 방법을 적용하려고 온갖 노력을 기울였다. 특히 이 대하소설의 마지막 권은 루공-마카르 집안에 전해지는 유전병들을 탐구하는 의사 파스칼(Pascal)의 이야기가 주를 이룬다.

나는 졸라가 용기 있는 투사였기 때문에 그를 좋아한다. 그는 플로베르와 달리 작품과 삶이 분리되지 않았다. 졸라는 삶 자체가 열정이었다. 졸라의 작품들에는 사람들의 온갖 더러움과 잔인함이 그려져 있지만 그것은 더 낫고 더 깨끗하고 더 건강한 세계를 추구하기 위한 것이었다. 졸라는 그러한 세계가 자신의 마지막 소설들의 제목처럼 '다산, 노동, 진실, 그리고 정의' 위에 세워질 수 있다고 확신했다.

질병을 다루는 데에서 자연주의 사조에는 아무런 금지사항도 없었다. 르네상스와 바로크 시대의 문학작품들에서 공개적으로 언급되었던 매독은 한동안 품위 있는 문학에서 사라졌다. 다시 시대가 바뀌어, 매독은 선천성 질병의 저주를 그린 입센의 희곡『유령들』과 매독이 결혼에 나쁜 영향을 미칠 수 있음을 알리는 브리외(Eugène Brieux)의 희곡『매독환자』(Les Avariés) 등을 통해 무대에 다시 등장했다.

의사, 특히 의학자들이 소설과 연극의 주인공으로 매우 자주 등장한 사실에서 당시 의학에 대한 관심이 매우 높았음을 알 수 있다. 1899년에 발표된 희곡『새로운 우상』(La Nouvelle Idole)의 주인공인 의사 드 퀴렐(François de Curel)은 자신이 만들어낸 새로운 바이러스를 환자들에게 실험하고 싶은 유혹에 빠져 갈등하다 결국 자신이 그 바이러스 때문에 죽음을 맞게 된다.

정신의학이 문학에 미친 영향

의학의 한 분야로 19세기와 20세기 동안 크게 발전한 정신의학은 문학의 영향을 많이 받은 만큼 거꾸로 문학에 큰 영향을 미쳤다. 사실, 이 두 분야 사이에는 끊임없는 교류와 소통이 있어왔다. 도스토예프스키는 정신과 의사는 아니지만, 간질과 범죄의 정신병리를 완벽에 가깝게 묘사했다. 그 자신이 정신병적 특징과 간질이 있었던 점도 이에 관한 감각을 더 날카롭게 했을지 모른다. 스웨덴 작가 스트린드베리(August Strindberg)도 사정이 도스토예프스키와 비슷했으며, 그의 소설 역시 많은 점에서 정신병리학 문헌과 다를 바 없었다.

문학과 정신의학의 관계는 쉽게 찾아볼 수 있다. 작가는 자신을 둘러싼 삶의 여러 모습, 즉 사람들, 그들의 생각, 감정, 열정, 갈등, 그리고 행동들을 탐구한다. 사람들은 모두 서로 다르지만, 그들 중

일부는 특히 달라서 작가의 관심을 유난히 많이 끈다. 정신적 측면에서 정상과 질병 사이에는 명확한 경계선이 없다. 그리고 신경증 환자의 절대 다수는 병원에 갇혀 있지 않으므로, 오히려 작가가 그들을 관찰할 기회가 많다. 글을 쓰면서 작가는 그들을 재창조하는데, 작가의 능력이 뛰어나다면 정확하게 묘사할 수 있다. 작가는 그들을 이해하고 해석하는 과정에서 의식하든 그렇지 않든 당대의 심리학적, 정신의학적 관점들의 영향을 받게 된다.

정신과 의사들 역시 환자들을 탐구하지만 기본목적은 작가와 다르다. 정신과 의사들은 환자들을 치료하거나 적어도 상태를 호전시키기를 바란다. 자연히 정신과 의사들의 임상기록은 외과의사의 기록보다 훨씬 상세하며, 경우에 따라서는 소설과 매우 비슷한 것이 될 수도 있다. 문학작품들 속에서 정신과 의사는 종종 전형적인 정신병적 상태를 발견하기도 하는데, 그 서술이 너무 완벽하여 정신과 의사가 그것을 인용할 수 있는 경우도 있다. 오이디푸스 콤플렉스가 그 예다.

19세기 들어 신경증의 발견, 특히 파리 살페트리에르 병원의 샤르코와 그 동료들, 그리고 낭시의 베른하임 학파가 수행한 히스테리 연구는 정신의학에 새로운 지평을 열었고 광범위한 반향을 불러일으켰다. 그들의 연구는 과학적이었다. 그들은 과학적인 방법으로 정상적인 정신기능과 병리적인 정신기능에 대해 연구했다. 샤르코의 진료실에서 매주 열린 행사에 파리의 다양한 지성인들이 참석했다는 사실을 우리는 알고 있다.

소설에 미친 영향은 뚜렷했다. 부르제(Paul Bourget)는 19세기의 마지막 20년 동안 문학작품 속에 스며든 심리학적 경향을 대표하는 인물이다. 그는 정제된 필치로 주로 보수적인 가톨릭계 상류층 주변의 모든 것들, 즉 프랑스에서 "수준 높은 생활"이라 부르곤 하던 생활상을 묘사했다. 그런데도 1889년에 발표한 작품『제자』(Le Disciple)에서는 졸라의 어떤 소설에 못지않게 적나라한 표현을 사용했다. 그 작품에서 부르제는 젊은 심리학자가 스승의 이론을 적용하고 검증하기 위해 한 소녀를 냉혈한같이, 실험을 하듯이 체계적으로 유혹하는 장면을 묘사한다.

히스테리에 대한 치료와 연구는 정신분석학의 출발점이었다. 빈에서 활동하던 두 의사, 브로이어와 프로이트는 1880년대에 샤르코와 함께 연구했다. 그들은 다른 많은 의사들과 마찬가지로 한동안 히스테리를 치료하는 데 최면을 이용했다. 그러나 기존의 치료법이 최면상태의 환자에게 암시를 주는 것인 데 반해, 이들 두 의사는 최면상태의 환자가 자유롭게 말할 수 있게 함으로써, 환자의 병적 상태를 설명하는 과거의 경험들을 재생해낼 수 있다는 점을 알아냈다. 또 이렇게 자연스럽게 말하는 과정에서 환자들은 억눌린 감정을 많이 표출했고 해방감을 느꼈다.

프로이트와 브로이어는 자신들의 방법을 "카타르시스 기법"이라 명명하고, 1895년에는 이 주제에 관한 책을 출간했다. 이 책에서 그들은 무의식이라는 용어를 처음으로 사용했고, 신경증 발생에 무의식이 중요한 역할을 한다고 주장했다.

프로이트는 무의식에 접근하기 위한 새롭고 더 나은 방법을 찾아냈기 때문에 더 이상 최면술을 사용하지 않았다. 그것은 환자가 자유연상에 따라 마음대로 말하게 한 뒤 환자가 말한 내용을 분석하거나 꿈을 해석하는 방법이었다. 그리고 프로이트는 점진적으로 정신분석 체계를 발전시켜 나갔다.

　그를 반대하는 사람도 많았고 그에게 열광적인 추종자들도 있었다. 그러나 그가 발전시킨 체계를 전체적으로 받아들이든 그렇지 않든 어느 누구도 프로이트가 심리학과 정신병리학을 매우 풍부하게 한 사실을 부인할 수 없다. 그는 거대한 새 지평을 열었다. 프로이트는 우리의 의식 아래에 감춰지고 잊혀졌던, 하지만 현재도 우리에게 작용하고 있는 수많은 경험의 기억뭉치인 무의식의 존재와 의의를 발견했다. 그리고 유아기와 아동기의 성적 욕구를 비롯하여 수많은 그의 발견은 우리의 자산이 되었다.

　분명히 정신의학과 심리학의 이러한 폭넓은 발전들이 문학에 지대한 영향을 주었다. 작가들이 실제로 프로이트의 저작들을 연구했는지는 중요하지 않다. 실제로 많은 작가들이 직간접적으로 프로이트의 가르침들을 작품에 도입했다. 프루스트(Marcel Proust)의 『잃어버린 시간을 찾아서』(*A la Recherche du Temps Perdu*)와 같은 일련의 소설은 프로이트가 없었다면 태어날 수 없었다. 그 밖에도 프로이트의 영향은 조이스(James Joyce), 울프(Virginia Woolf), 오닐(Eugene O'Neill) 등 많은 작가의 작품들에서 매우 뚜렷이 발견된다.

의학소설과 풍자

　질병과 문학이라는 주제는 너무나 방대하여 몇 마디의 언급이나 몇 쪽의 분량 안에 담기란 불가능하다. 앞으로 이에 관한 더 많은 연구의 계기가 마련되기를 바라면서, 질병과 문학의 관계에서 고려해야 할 몇 가지 점을 언급하고자 한다.

많은 소설 속에서 질병은 이야기의 전개과정에 우연히 등장한다. 반면에 질병이나 병약함이 주된 구실을 하는 작품들도 있다. 몸(Somerset Maugham)의 가장 대표적인 소설『인간의 굴레』의 주인공은 내반족(內反足)이었으며, 이것은 소설에서 우연한 것이 아니라 핵심적인 자리를 차지한다. 내반족이라는 발의 기형은 주인공의 열등의식과 그에 따른 많은 행동양식을 설명해준다. 그가 장애를 가졌다는 이유로 교장선생님이 체벌을 가하지 않는 장면은 그 소설의 하이라이트다. 만(Thomas Mann)의『마(魔)의 산』(*Magic Mountain*)에서 결핵은 주된 모티프다. 그 소설은 고지대의 결핵요양원에 수용된 결핵환자들의 정신적, 지적으로 우스꽝스러운 행태를 매우 생생하게 묘사한다.

목적의식을 가지고 의학적 주제에 관해 소설과 희곡을 쓰는 경우도 종종 있었다. 앞에서 언급한 브리외의 희곡『매독환자』가 이 경우에 해당한다. 해거드(Rider Haggard)의『의사 턴』(*Dr. Therne*)은 예방접종을 홍보하기 위한 목적으로 씌어진 작품이다. 몇 해 전 뉴욕에서 상연된「메디신 쇼」는 의료서비스의 사회화를 주장하는 일종의 '생활지(生活紙) 연극'이었다. 그러한 작품들의 예술적 가치는 그리 높지 않을 수 있지만 나름대로 중요한 구실을 한다.

로마의 시인들로부터 쇼(G.B. Shaw)에 이르기까지 모든 시대의 많은 작가들이 의술을 풍자하고 야유했으며 가끔 힐난을 퍼붓기도 했다. 작가들의 공격은 몰리에르의『상상으로 앓는 사나이』(*Le Malade Imaginaire*)처럼 환자를 향할 때도 있지만, 의사들에 대한 비난이 훨씬 많다. 버틀러(Samuel Butler)는 1872년에 발표한『에레혼』(*Erewhon*)에서 죄수들은 치료받고 환자들은 처벌받는 유토피아를 그렸는데, 이는 낭만주의자들이 고통을 예찬하는 것에 대한 전면적인 반발이었다.

오늘날 특히 미국에서 의학적 문제를 소재로 삼은 소설이 유행하고 있으며, 대중들의 탐닉은 끝이 없는 듯하다. 아마도 그러한 유행의 효시는 루이스(Sinclair Lewis)의 『애로스미스』(*Arrowsmith*)였던 것 같다. 현대적 병원과 실험실은 사람들을 매혹시킨다. 그리고 끊임없이 삶과 죽음이 교차하는 병원에서 일하는 남녀들의 삶과 업무에는 매우 극적인 요소가 있음이 틀림없다. 이들 소설의 작가는 의사인 경우도 있고 일반인인 경우도 있다. 그것들 가운데 일부는 뛰어나지만 어떤 것들은 구태의연하고 수준이 낮다.

어떤 소설에서는 병원이 단순히 연애의 배경으로 쓰이지만, 진지하게 의학적 문제를 다루는 작품도 있다. 내가 근무하는 존스홉킨스 대학교 의사학연구소에서는 이런 책들을 모두 구입하지만 우리는 거의 읽지 못한다. 그러나 우리는 언젠가 이 책들이 의학의 역사를 연구하는 데 흥미로운 자료가 되리라고 생각한다. 그러면 과연 이러한 소설들이 의학사 연구의 자료로 쓰일 수 있을까 하는 질문을 던지게 될 것이다.

작가가 비판적 의식으로 진지하게 썼다면 그에 대한 대답은 '그렇다'가 될 것이다. 호메로스는 의학논문을 쓰려고 하지는 않았다. 그러나 그의 서사시에는 상처와 질병, 그리고 치료에 대한 언급이 들어 있으며, 그것은 당시의 의학적 관점을 반영하고 있다. 의학이 전문화된 과학이 아니라 교육받은 계층의 공통적 자산인 시대에 시인들이 의학적인 문제에 대해 표현한 것들은 주의 깊게 고려해야만 한다. 그러므로 그리스 시대의 비극시인들은 의학의 역사를 연구하는 데 중요한 자료다.

풍자작가의 작품을 읽을 때는 작가들이 항상 사실을 과장한다는 점을 잊지 말아야 한다. 몰리에르가 활동하던 시대의 의사들은 그가 그렸던 것과 똑같이 나쁜 사람은 아니었다. 하지만 그의 묘사에는 진실이 담겨 있기 때문에 그의 풍자는 완벽하게 정당화되었다. 17세기를 통해 새로운 근대 과학이 발전했지만, 대학들은 여전히 중세적인 특성을 유지했다. 당시 일반적인 의사들은 중세시대의 의사들처럼 행동하고 생각했으며 새로운 과학에 대해서는 알지 못했다. 이것이 코믹한 상황을 연출했으며 몰리에르는 의사들에 대한 자신의 개인적 취향까지 작품에 담았던 것이다.[7]

메모, 일기, 편지, 그리고 그와 비슷한 문서들도 역사연구에 소중한 자료가 된다. 예를 들어, 피프(Pepys)의 일기와 세비네(Sévigné) 부인의 편지에는 질병과 그 치료에 관한 풍부한 이야기가 담겨 있다. 우리는 그것들을 통해 당시 환자들의 눈에 비친 의료의 모습이 어떠했는지를 알 수 있다.

---

7) O. Temkin, "Studien zum 'Sinn'-Begriff in der Medizin," *Kyklos*, 1929, vol.II, p.66ff를 보라.

제10장 질병과 미술

질병은 역동적인 과정이다. 서서히 오든 갑자기 찾아오든 시작이 있고 점차 진행하여 많은 경우에 최고조에 달했다가 마침내 회복되든가 또는 사람이 사망하는 끝이 있게 마련이다. 그러므로 질병은 말과 글로 잘 묘사될 수 있다. 질병은 매우 서사시적이고 때로는 극적인 이야기의 소재기도 하지만, 이 질병을 회화나 조각으로 묘사하려는 미술가에게는 매우 어렵고 불리한 소재다. 그들은 단지 한 순간만을 포착하여 재현할 수 있기 때문이다.

미술과 문학을 결합시킨 영화는 시간경과에 따라 질병의 추이를 묘사할 수 있을 것이다. 스위스 영화 「영원한 가면」에서 이 흥미로운 시도를 찾아볼 수 있다. 하지만 영화가 예술로서가 아니라 값싼 흥행만을 추구하는 엔터테인먼트 산업으로서 자리 매김한다면 우리는 많은 것을 기대할 수 없다. 그렇지만 만성질병에 시달려온 한 사람의 인생 절체절명의 순간에 고열 때문에 보이는 환영은 비범하고 흥미로운 소재라고 생각할 수 있을 것이다. 진전섬망 환자가 겪는 환각현상을 다룬 영화는 그 어떤 살인, 괴기 영화보다 더 심한 공포를 줄 것이고 아울러 알코올 중독에 대한 경각심을 유발하는 훌륭한 광고가 될 것이다.

환자의 초상화들

화가들은 언제 그리고 왜 질병을 그리는 걸까?[1] 한 가지 이유는
예로부터 있어온 초상화에 대한 요구였다. 사람들은 가족, 친지 또
는 자신의 후손을 위해서 대상을 그림으로 재현하여 다시 볼 수 있
기를 원했다. 물론 화가들은 급성질환을 앓고 있는 사람의 초상화는
그리지 않았다. 그러나 만약 그 대상이 만성질환이나 신체이상을 갖
고 있다면, 화가들에겐 선택의 여지가 없었을 것이다. 그는 병든 상
태 그대로 초상화를 그릴 수밖에 없었다. 그리하여 우리는 숱한 질
병상태가 드러나 있는 다양한 초상화들을 소장하고 있다.

이집트 카이로 박물관에는 기원전 2700년경 왕실의상 책임자였
던 크노움호텝(Chnoum-hotep)의 조상(彫像)이 전시되어 있다.
그는 생전에 난쟁이였다고 하는데 이 작은 조상을 보면 그의 성장부

---

1) 의학과 미술 사이의 관계는 샤르코와 그의 동료들, 특히 리허(Paul Richer)에
의해 매우 광범위하게 연구되어왔다. 1888년 그들은 그 주제에 관한 일련의
출판 작업을 시작하였다. *Nouvelle Iconographie de la Salpêtrière*. 1903년
첫 18권에 대한 색인이 출간되었다. *L' Oeuvre Médicoartistique de la
Nouvelle Iconographie de la Salpêtrière*. 다음과 같이 수많은 가치 있는 단
행본들이 샤르코와 리허 같은 그 학파 사람들에 의해 출간되었다. *Les
Démoniaques dans l'Art*, Paris, 1887; Charcot and Paul Richer, *Les
Difformes et les Malades dans l'Art*, Paris, 1889; Paul Richer, *L'Art et la
Médecine*, Paris, n.d. [1902] 독일에서는 이러한 연구가 특히 홀랜더(Engen
Holländer)에 의해 이루어졌다. *Die Medizin in der klassischen Malerei*,
Stuttgart, 1903; *Die Karikatur und Satire in der Medizin*, Stuttgart,
1905; *Plastik und Medizin*, Stuttgart, 1912. 지거리스트의 다음 논문도 보
라. "The Historical Aspect of Art and Medicine," *Bulletin of the Institute
of the History of Medicine*, 1936, vol.IV, pp.271~296.

루벤스, 「악령에 들린 어린이들을 치료하고 구제하는 성 이그나티우스」, 빈 박물관

전이 틀림없이 연골무형성증에 의한 결과임을 알 수 있다. 18왕조 시대 사제 루마(Ruma)의 묘비에는 심하게 가늘고 위축된 그의 오른쪽 다리가 묘사되어 있다. 이런 정도의 심한 하지위축은 소아마비를 앓고 난 뒤에 가장 흔히 나타나는 것이지만 신경계의 다른 질병

피터 브뢰겔, 「성 비투스의 춤」

때문일 수도 있다. 따라서 미술작품을 통해 질병을 판단할 때는 매우 주의해야만 한다.

미술가가 의뢰인을 대단히 사실적으로 묘사하기 위해 노력했을지라도 그가 가진 외적 증상이 그리 특징적이지 않은 것이었다면 후세에 그 작품을 보고 질병을 정확히 진단하는 것은 불가능하다. 하지만 의학 관련 문헌기록이 빈약한 역사시대 초기의 예술작품에서 질병을 진단하려는 시도는 매우 바람직하다. 그림이나 조각이 어떤 질병이 존재했는가를 말해주는 유일한 증거가 되기도 한다. 우리는 고대 이집트 시대의 결핵에 관한 문헌기록은 가지고 있지 않다. 하지만 우리는 그 시대에 이미 결핵이 존재했음을 거의 확실하게 안다.

이집트의 장례문화를 보여주는 조상(彫像) 중에는 결핵의 일종인 포트병을 앓은 것으로 보이는 몹시 수척하고 꼽추등을 한 사람의 모습이 나타난다.[2] 하지만 우리는 그에 관해 더 많은 것을 가지고 있다. 똑같은 상태를 보이는 이집트 미라도 여러 구 발견되었으며[3] 더구나 이들 중 한 구에서는 척추강을 따라 농양이 발견되어 현미경 검사상 결핵이 더욱 확실시되었다.

물론 초상화 화가들은 대개 모델들의 신체장애를 애써 강조하진 않는다. 그러나 그 신체장애가 안면부에 있는 것이라면 이를 피할 수 없었을 것이다. 에스파냐 국왕 페르디난드의 초상화를 그린 라이덴의 루카스(Lucas)는 아데노이드가 사람의 외양을 어떻게 바꿔놓을

2) Schrumpf-Pierron, "Le mal de Pott en Egypte 4000 ans avant notre ère," *Aesculape*, 1933, vol.23, pp.295~299.

3) Marc Armand Ruffer, *Studies in the Palaeopathology of Egypt*, Chicago, 1921, pp.3~10.

수 있는지를 뛰어난 묘사로 보여주었다. 17세기 네덜란드의 화가들은 딸기코, 비경화증(鼻硬化症) 등 코의 병변을 생생하게 묘사했다.

초상화의 사실주의적 묘사는 인체의 외형에는 변화를 주지 않는 내과적 질환들의 단서가 되었을 것이다. 당시 위대한 임상의사의 한 사람으로 잘 알려져 있었으며 나폴레옹의 주치의였던 코르비사르(Corvisart)는 어떤 초상화를 감상한 뒤에 이렇게 말했다고 한다. "이 그림이 믿을 만한 것이라면 아마 이 사람은 심장질환으로 죽은 것임이 틀림없네." 놀랍게도 실제로 그랬다고 한다.

예수 그리스도와 성자들의 치유

성경과 교회의 전통은 미술가들에게 다양한 병리학적 소재들을 제공했다. 환자를 치료하는 예수 그리스도의 모습은 수없이 다루어졌고 이것은 미술가들에게 장님, 절름발이, 한센병 환자 등 치료의 희망을 안고 예수 그리스도에게 다가오는 모든 환자들을 그림으로 그릴 기회를 주었다. 예수뿐만 아니라 그의 제자들과 여러 성자들도 기적의 시술을 했다. 종교가 미술가들의 영감의 주요한 원천이 되고 모티프를 제공하던 시대적 상황에서 환자들을 치료하는 모습은 매우 대중적인 소재였고 그들은 매우 가까이에서 그 장면을 본 것처럼 그림을 그렸다.

많은 성자들이 특정 질병으로부터 사람을 지켜주는 수호자였기 때문에 그들은 질병을 치료하는 특수한 행동을 하거나 어떤 구체적인 특징을 지닌 모습으로 묘사되곤 한다. 성 로쉬는 대개 사타구니에서 자라고 있는 전염성 림프선종을 가리키고 있으며, 성 나사로는 한센병 환자의 모습으로 그려진다. 일생을 환자의 간호에 헌신한 성

엘리자베스는 언제나 한센병 환자들을 돌보고 있는 모습으로 여러 회화나 조각작품에 나타난다. 이러한 작품들은 성자들을 갈구하는 민중들의 마음속에 영감을 불어넣고 믿음을 고취하는 역할을 했다.

중세시대에는 빈곤과 질병을 미화하는 측면이 있었고, 그것은 구원받기 위한 가치 있는 조건으로까지 여겨지기도 했다. 가난한 자와 환자들을 돌보는 행위는 높이 찬양되었고 이러한 시대상을 반영하여 중세의 미술작품들에서는 거지와 불구자, 심신의 환자들을 묘사한 장면들로 넘쳐난다.

예수 그리스도나 성자가 마귀 들린 사람들을 치료하는 모습은 중세화가들이 가장 선호하는 작품소재의 하나였고 그 뒤로도 오랫동안 그러했다. 광기로 날뛰는 사람으로부터 갑자기 악령이 빠져나가는 광경은 특히 극적인 치료장면이었다. 정신질환자들의 광기를 보여주기 위해 화가들은 흔히 결박당한 채 많은 사람들에 의해 제지되고 있는 모습으로 그들을 그렸다.

치료행위는 환자들을 만지거나 또는 악령을 몰아냄에 의해서 이루어졌다. 이때 성자들은 흔히 마술적인 말을 지껄이는 환자의 몸에 손을 얹고 있는 모습으로 그려졌다. 좀 더 원시적인 방법이 적용되기도 했다. 14세기 산 미니아토 성당의 프레스코화에는 성 베네딕투스가 악령을 쫓아내기 위해서 어느 마귀 들린 수사를 채찍질하고 있는 장면이 묘사되어 있다.

중세시대에는 악마가 정신병자의 입이나 머리를 통해 빠져나가는 모습을 그림으로써 치료가 되었다는 사실을 표현했다. 5, 6세기의 회화작품은 고대 그리스인들이 영혼을 새로 표현한 것처럼 악마를 작은 날개가 달린 사람의 모양으로 묘사한다. 악마가 그리스 신화의 목신 판(Pan)처럼 생겼을 것으로 추측하던 조금 후대에는 악마가 말굽이 있고 뿔, 꼬리, 또 박쥐의 날개가 달린 모양으로 좀 더 회화 적으로 변했다.

르네상스 시대에도 악마는 여전히 회화 속에 출현한다. 그러나 이때는 작가의 의도가 손상될지 모르므로 악마가 환자의 몸을 떠나 는 순간을 그리지 않았다. 대신 공중을 날아 화면의 모퉁이에서 지 옥으로 사라져가는 모습으로 표현되었다. 하지만 치료가 이루어지 는 결정적인 순간은 대개 환자가 극도로 뒤틀려져 있는 모습으로 그려진다.

이러한 극적인 장면들은 바로크 시대 화가들에게도 크게 영향을 미쳤다. 안트베르펜의 예수회 수도사이기도 했던 루벤스는 로욜라 의 성 이그나티우스(Saint Ignatius)가 악령을 몰아내고 죽은 아이 들을 소생시키는 장면을 극적으로 묘사한 두 개의 대형 회화작품과 여러 장의 스케치 작품을 남겼다. 그 가운데서도 특히, 빈에 소장된 한 작품은 매우 극적이다. 죽은 아들이 살아 돌아와 감사에 복받친 어머니의 정적인 이미지와 광기로 심하게 비틀린 아이의 몸이 극적 인 대비를 이루고 있다.

비슷한 작품으로 브뤼셀 박물관에 있는 조르댕(Jordaens)의 회 화가 있다. 악령을 치료하고 있는 성 마르탱(Saint Martin)을 묘사 하고 있는 이 그림은 성자의 평온한 표정과 의심 많은 로마 총독— 총독은 환자가 치료되는 기적을 본 뒤에 기독교도로 개종한다—의 호기심 어린 눈길, 그리고 네 명의 건장한 남성에 의해서도 쉽게 제 압당하지 않는 정신질환자의 광기가 고도의 연극적 대조를 만들어 낸다.

무도병 환자의 광기를 그린 브뢰겔(Peter Breughel)의 회화는 다소 특이하게 분류해야 한다. 무도병 환자의 춤과 성 비투스의 춤은 명백하게도 집단 히스테리였고 이는 14, 15세기 라인란트 지역을 휩쓸고 지나갔던 유행성 정신질환이었다.[4] 수백 명의 사람들이 남녀 할 것 없이 갑자기 이 괴이한 광기에 휩싸였다. 그들은 백파이프에서 울려 나오는 음악소리에 맞추어 자베른에 있는 성 비투스 교회로 또 다른 무리들은 에히터나흐에 있는 성 윌리브로드(Saint Willibrod) 수도원으로 천천히 춤추며 성지순례를 가고 있는 듯했다. 그들은 무언가에 홀렸거나 마귀를 쫓아내고 있는 듯했다.

사실 15세기 이후에도 이 조증(躁症)은 반복해서 유행병처럼 창궐했다. 이 충격적인 집단경험은 연례행사로 이어져, 에히터나흐에서는 해마다 성령강림절 주간의 바로 다음 화요일에 이 행진을 계속했다. 브뢰겔은 이 행사를 목격했음이 틀림없다. 그는 자신이 직접 본 대로 춤추며 행진하는 무리들을 그렸다. 그들은 마치 무언가에 중독된 것처럼 보였고 대열의 한 가운데에는 여성이, 양 옆에는 남성이 줄을 지어 3열 종대의 행진을 하고 있었다.

우리는 앞의 장에서 성자들만이 기적적인 치유를 행한 것이 아니었음을 언급했다. 프랑스와 잉글랜드의 왕들도 기적의 시술을 했다. 특히 연주창을 앓고 있던 사람들이 그 수혜자였다. 화가들이 왕에게 아첨할 수 있는 이 절호의 기회를 놓치지 않은 것은 확실하다. 그리고 이런 장면을 그린 그림이 많이 남겨지지 않은 유일한 이유는 궁정의 일부 장소에만 출입이 허용되었던 당시의 관습과 관계가 있다.

---

4) Hellmuth Liebscher, *Ein Kartographischer Beitrag zur Geschichte der Tanzwut*, Leipzig Thesis, 1931.

반 오를리(Bernaert van Orley)의 그림에는 프랑스 왕이 환자의 몸에 기름을 붓는 장면이 묘사되어 있다. 궁정안뜰 밖에는 또 다른 환자들이 왕의 손길을 애절하게 기다리며 대기하고 있다. 그러나 이 질병을 자주 접하지 못했던 당시의 화가들은 연주창 환자들을 단지 한센병 환자들의 모습으로 그리기도 했다.

토비아스(Tobias)의 이야기도 흔히 회화 속에 등장한다. 토비아스가 어느 날 제비집 아래에서 잠을 자고 있을 때 제비의 뜨거운 분비물이 눈에 떨어졌다. 그때 하느님은 토비아스를 욥처럼 만들기 위하여 눈을 멀게 했다. 그러자 천사 라파엘이 아들 토비아스에게 나타나 물고기의 담즙이 그의 아버지의 눈을 다시 뜨게 해줄 것이라 했다.

그래서 아들은 물고기의 담즙을 구하여 아버지 토비아스의 눈에 발라주었다. 거의 30분이 지나 달걀껍질 같은 흰 물체가 토비아스의 눈에서 빠져나가기 시작했다. 어린 아들이 그것을 보고 아버지의 눈에서 뽑아주자마자 아버지는 그 즉시 광명을 되찾았다.[5]

렘브란트의 에칭 작품은 그 치료가 이루어지기 직전의 장면을 묘사하고 있다. 눈먼 아버지가 아들이 도착하는 기척을 듣고 서둘러 아들을 반긴다. 아들을 마중하려는 눈먼 토비아스는 문을 비켜간다. 하지만 토비아스의 이야기를 소재로 한 대부분의 그림들은 치료장면을 묘사한다. 어린 아들이 물고기의 담즙을 아버지의 눈에 바르고

---

5) *Liber Tobiae*, XI, 13~15.

얀 스텐, 「의사와 환자」, 헤이그 박물관

있는 모습, 눈에서 껍질 같은 흰 물체를 제거하고 있는 모습이 그것
이다. 이런 장면들은 마치 안과의사가 백내장 수술하는 모습을 연상
케 하는 것들이다.

그리고 마지막으로 성경의 여러 장면들을 묘사하는 데에서 미술
가들이 아기를 분만하는 여성들을 그린 것과 이것의 연관성을 언급

왼쪽 | 정맥류에 걸린 다리, 아테네의 아스클레피오스 신전에 봉헌된 부조
오른쪽 | 자궁을 보여주는 밀랍두꺼비, 바바리아 지역에서 발굴된 봉납물

하고 싶다. 예수의 탄생은 물론 상식적으로는 불가능한 기적적인 일
이었다. 하지만 성녀 안나가 동정녀 마리아를 잉태하게 하는 것은
아주 인기 있는 소재였다.

　이런 그림들은 여러 시대에 이른바 분만장의 모습이 어떠했는지
를 짐작하게 해주는 좋은 자료기도 하다. 산모의 자세는 어떠했는
지, 산파는 어떻게 그 역할을 했는지, 갓 태어날 아기를 위해 준비된
목욕통, 그리고 너무나 당연시되었기에 책에서는 다루어지지 않았
던 사소한 세부사항들까지도 우리는 그림들을 통해 알 수 있다.[6]

---

6) Robert Müllerheim, *Die Wochenstube in der Kunst*, Stuttgart, 1904를 보라.

한센병과 페스트

성경과 목회의 전통을 그림으로 묘사하고자 하는 욕구는 과거 오랫동안 미술에서 환자들을 표현하는 데에 중요한 모티프였다. 하지만 병을 앓는 사람만이 아니라 질병의 상태도 여러 가지 이유에서 독립적으로 묘사되곤 했다. 천형과 같은 한센병이나 페스트의 대유행으로 인한 재앙은 화가들의 상상력을 충분히 자극할 수 있었다.

한센병과 페스트, 이 두 질병을 이 책의 거의 모든 장에서 언급한 것은 우연이 아니다. 이 두 질병이 인류를 지배함으로써 인류문명의 모든 측면에 영향을 주었다.

한센병의 증상은 눈에 보이는 것이었다. 한센병은 피부를 침범했고 얼굴과 사지를 불구로 만들었다. 환자들은 이런 병의 증후들을 상표처럼 얼굴에 붙인 채 수십 년을 살아야 했고 몸은 천천히 썩어들어갔다. 한센병의 이런 공포스러움은 인생의 어두운 단면을 주로 그리고자 했던 화가들에게는 늘 관심의 대상이었다. 그러나 한센병 환자가 여러 회화의 대상이 되었던 더 큰 이유는 바로 그들이 처한 냉혹한 운명, 참혹한 인생의 더 할 수 없는 비극 때문이다.

피사의 캄포 산토에는 한때 오르카냐(Orcagna, 1308~68)의 작품으로 여겨졌던 「죽음의 승리」(Triumph of Death)라는 작품이 있다. 보기 흉한 날개를 단 죽음의 신이 가난한 한센병 환자들의 무리를 지나서 또 다른 무리를 향해 손을 뻗친다. 그들은 모두 인생의 절정기에 있는 젊은 남녀들이며 죽음이 근처에 다가와 있는지도 모르고 노래를 부르고 악기를 연주한다. 한센병 환자들은 불구가 되어버린 갈고리 집게모양의 굽은 손을 내뻗으며 자신들을 치료해달라고 헛되이 탄원하고 있다. 죽음의 신은 그들에게 일말의 배려도 없다. 다만 참담한 비극이 계속해서 찾아올 것이다.

바젤 박물관에 있는 도이치(Nicolaus Manuel Deutsch)의 작품은 이보다 덜 극적이지만 오히려 더 비극적인 내용을 담고 있다. 그림의 전경에 부유한 옷차림의 젊고 아름다운 여성이 보인다. 그녀는 아주 건강한 것 같다. 그런데 그녀의 왼쪽 팔뚝에 작은 결절 하나가 보인다. 나결절, 즉 이 참혹한 질병의 시작인 것이다. 그녀의 뒤에는 남루한 옷차림의 바싹 마른 남자가 서 있다. 몸통은 바싹 야위었어도 다리는 마치 코끼리 다리처럼 부어 있고 양팔은 뭉툭해져 있으며 얼굴은 흉칙하여 누가 보아도 전형적인 한센병 환자의 모습이다. 이것이 바로 한센병의 시작과 종말이다. 우리는 젊고 아름다운 이 여성에게 어떤 가혹한 운명이 숨어 있는지를 보고 몸서리치게 된다.

페스트를 앓고 있는 환자들은 화가들에게 좋은 대상은 아니었다. 급성질환을 앓고 있는 사람은 특히 그랬다. 전염력이 높은 페스트를 앓는 사람들이 있는 곳이라면 가능한 한 회피하기 마련이었다. 대개 성 로쉬가 사타구니에 전염성 림프선종을 가진 모습으로 그려진 것을 본 적이 있지만 이것은 단지 성 로쉬의 상징이자 그가 가진 속성일 뿐이었다.

그 밖의 성자들은 병마에 시달리는 모습으로 등장하지 않는다. 라파엘과 그 외 몇몇 화가, 특히 바로크 시대의 화가들이 페스트를 소재로 한 그림들을 남겼다. 사람들이 거리에서 죽어가고 또 다른 사람들은 공포에 사로잡혀 그곳을 피해 달아나는 군중들의 모습이 이 그림들에 담겨 있다. 이들 회화에서는 전염병의 신체증상보다는 오히려 전염병이 갖는 사회적, 심리적 측면이 주로 다루어진 셈이다.

미술에 대한 페스트의 영향은 훨씬 강하게 또 완전히 다른 방식으로 모습을 드러냈다. 그것은 거대한 자극이었다. 한 사회에서 페스트의 유행은 충격적이고 감동적인 집단경험을 만들어냈다. 그럴 때면 사람들은 그 가혹한 페스트를 빨리 없애달라고 기원했다. 성 세바스티아누스, 성 로쉬에 대한 제단을 세우고 베네치아에서 산타마리아 델라 살루트와 같은 봉헌교회를 건축하는 일들이 바로 서원헌납의 행사였다.

이런 서원의 결과로 많은 바로크 교회가 온 유럽에 세워졌고 오스트리아에서는 아주 특별한 종류의 기념건축물이 만들어졌다. 페스트 탑이라고 불리는 기둥 모양의 기념탑들이 그것이다. 이 가운데 가장 잘 알려져 있는 것이 빈의 삼위일체 교회에 헌납된 기념탑이다. 이것은 잘츠부르크의 대리석으로 1687~93년에 건축되었다. 그 탑은 1679년에 대유행한 페스트에 대한 서원으로 지어졌고 건축가 에를라흐(Fischer von Erlach)와 그의 뒤를 이은 극장기술자 부르나치니(Burnacini)에 의해 완성되었다. 이러한 유형의 기념탑은 바덴, 하일리겐크로이츠 등 오스트리아의 수많은 지역에서도 볼 수 있다. 이러한 건축물들은 남부 독일 바로크 예술이 남긴 가장 인상적인 작품 가운데 하나다.

한센병과 페스트가 사람들을 괴롭힌 두 가지 대표적인 질병으로 다루어졌지만 화가들의 관심을 끈 또 다른 신체의 비정상적 상태가 있었다. 벨라스케스와 그 밖의 몇몇 에스파냐 화가들은 상상할 수 있는 모든 종류의 바보백치들을 그리는 데 몰두했다. 그들은 매우 사실적인 화풍을 구사하여 대부분의 경우 그림만 보아도 백치의 종류를 구분할 수 있다. 17세기 네덜란드 화가들은 기쁨이 충만하거나 슬픔으로 휩싸인 일상생활을 묘사하는 것을 즐겨했다. 이들의 그림에는 훌륭하고 값비싼 음식과 독한 술, 춤, 환락, 주먹싸움 등이 흔히 등장한다.

세밀한 묘사는 아니지만 마음의 병, 신체의 병들도 이들 회화에서 자주 다루어진다. 스텐(Jan Steen), 메추(Gabriel Metsu), 반 후크스트라텐(van Hoogstraaten), 반 미에리스(van Mieris), 도(Gerard Dou) 등 많은 화가들의 작품에서 환자들은 주로 젊은 여성이고 창백하고 무기력한 모습이다. 이 여성환자들을 진찰하는 의사는 매우 즐거운 마음으로 환자의 맥박을 촉진하고 소변을 검사하고 있는 것처럼 보인다. 여성환자들의 고통이 무엇 때문인지 누구도 확신할 수는 없다. 위황병이나 우울증과 같은 질병이 있어서인지 아니면 사랑 때문에 생긴 후유증인지 쉽게 판단하기 어렵다.

이들 작품 대부분에는 풍자적인 암시가 있다. 쓴 약을 먹고는 고통스런 표정을 짓는 남성을 그린 브로어(Adriaen Brouwer)의 작품에서도, 그리고 불쌍한 환자의 아픈 치아를 잡아당겨 뽑는 장면에서도 풍자는 빛을 발한다.

이러한 회화들은 그 뒤 시대상을 신랄하게 풍자한 것으로 유명한 호가르트(Hogart)와 로랜선(Rowlandson)의 작품들과 직접 연결된다. 의학에는 항상 결함과 불충분함이 있었다. 누구에게나 일생의 마지막 순간에 최후의 어떤 질병, 대항할 아무런 약도 없는 질병이 다가온다. 어떤 시대이든 탐욕스런 의사들은 이런 환자의 병고를 이용하기도 했으며, 시대비판적인 화가들은 그들이 악덕변호사나 다른 전문가에게 그랬던 것과 똑같이 이런 의사들을 공격했다. 이런 회화작품에서 환자들은 대개 수종이나 통풍, 또는 다른 질환으로 인해 부어서 통통해 보이거나 아니면 매우 말라 보인다. 그렇지만 공격의 화살은 언제나 환자가 아니라 의사를 향하고 있다.

봉헌물과 페루의 후아코

환자가 아스클레피오스에게 치료를 받아 나았다면 그 환자는 대개 감사의 표시로 아스클레피오스 신전에 봉헌물을 바쳤다. 환자가 부유한 재력가라면 때로는 유명한 건축예술가로 하여금 대리석으로 된 대형 부조를 제작하게 했다. 그 부조에는 아스클레피오스 신이 홀로 또는 그의 자녀인 히게이아나 텔레스포루스와 함께 있는 모습이 담겨졌다. 그리고 이 신의 앞에는 아주 작은 크기로 헌납자와 그의 가족들, 그리고 시종들이 선물을 바치고 있는 모습이 함께 새겨졌다.

때때로 치료행위 자체가 부조에 새겨지기도 했다. 아테네에 있는 아스클레피오스의 봉헌부조는 환자가 베개를 베고 침상에서 잠자고 있는 모습을 보여주고 있다. 아스클레피오스 신은 시종에게 기댄 채 서 있으며 사제 중 한 사람이 환자의 머리에 시술을 하고 있다. 여러 가능성을 염두에 두고 보면 이것은 아픈 환자가 간절히 꿈꾸었던 희망을 표현한 것이었다.

이보다 덜 부유한 사람들은 이런 사치스러운 봉헌물을 바칠 수 없었다. 그들은 대신 병을 앓던 신체 일부, 예를 들어 머리, 눈, 유방, 창자, 팔다리 등의 모양을 한 소박한 조각품을 신전에 헌납했다. 이들 조각품은 당시 대중에게 알려진 해부학 지식에 기초한 조잡한 것들이었고, 대량으로 만들어져 신전 근처 가게에서 살 수도 있었다. 때때로 이런 봉헌물 중에는 금과 은으로 제작된 것도 있었고, 신전들은 값비싼 봉헌물들의 목록을 갖추고 있었다.

아테네의 아스클레피오스 신전에 새겨진 명문에 따르면 눈을 조각한 봉헌물만도 백 개가 넘었다고 한다. 귀금속으로 만든 봉헌물들은 대부분 소실되었지만 대리석이나 테라코타로 만들어진 수천 점의 작품들은 현재까지도 보존되어 그리스와 로마의 유물을 갖춘 대부분의 박물관에서 볼 수 있다. 이런 봉헌조각들은 고대 국가 대부분에서 발견되었으며, 아스클레피오스 신전뿐만 아니라 다른 신들의 신전에서도 발굴되었다. 이탈리아의 에트루스카 유적지에서도 조각품이 여럿 출토되었다.

이 장에서 특히 우리의 관심을 끄는 것은 이런 많은 봉헌물들이 정상적인 장기가 아니라 질병상태의 장기라는 사실이다. 어떤 것들은 매우 조잡하여 종양이나 궤양이 있었음을 어렴풋이 암시할 뿐이다. 그러나 또 어떤 것들은 매우 정교하게 만들어져 특정인의 신체장기를 관찰하여 만들어졌음이 틀림없다. 아테네의 아스클레피오스 신전에 봉헌된 부조는 심한 정맥류로 퉁퉁 부은 다리를 한 환자의 모습도 보여주고 있다. 그 밖에도 피부발진, 손가락 기형 등 여러 가지의 병리적 이상들이 비슷한 방식으로 봉헌물에 나타나 있다.

이와 같이 신전에 봉헌물을 헌납하는 관습은 고대 문명의 몰락까지 계속 남아 있다가 중세교회로 이어졌다. 고대 그리스, 로마 사람들과 같은 이교도들이 과거에 했던 것과 마찬가지로 기독교도들은 교회로 찾아가 병의 치유를 위해 기도하거나 제물을 바쳤다. 그래서 병이 나았다고 여기면 교회에 감사의 표시로 봉헌물을 바쳤다. 이러한 관습은 심지어 오늘날에도 많은 교회에서 찾아볼 수 있다.

밀랍으로 만든 값싼 것들 중에는 심장, 폐, 눈, 다리를 조각한 것들이 있다. 알프스 산맥 주변 국가들에는 여성의 자궁을 상징화한

왼쪽 | 안면마비를 보여주는 고대 페루의 후아코
오른쪽 | 피부질환을 보여주는 고대 페루의 후아코

두꺼비 모양의 조형물들이 백색이나 적색 밀랍으로 만들어져 흔히 봉헌물로 바쳐졌다. 부인과 질병에서 치유되었거나 또는 오랜 불임 끝에 아기를 얻은 여성이 기부했으리라 짐작되는 것들이다. 봉헌물들 중에는 자수의 형태나 그림의 형태로 된 것들도 종종 있다. 병으로 앓아 누워 있는 사람, 성자의 보살핌이 아니었으면 치명적일 수밖에 없었던 사고들이 묘사되었다. 이것은 당시 대중적인 미술행위의 소박한 표현이다.

대중들의 숙련된 수공예 작업으로 아주 고귀한 작품이 탄생하기도 했다. 고대 페루에서 전해 내려오는 후아코(huaco)가 그것이다. 후아코는 고대 잉카인들이 사용하던 도자기다. 이집트인들과 마찬가지로 잉카인들은 사람이 죽으면 그 사체와 함께 고인이 사용했던 여러 생활용구, 기호품들을 함께 매장했다. 사후에 그것이 필요하리라 여겼기 때문이다. 그런 매장품들 중에 여러 종류의 질그릇이 있었고 수백 점의 후아코 유물이 발굴되어 오늘날 박물관에 전시되어 있다.

이 후아코에는 삶의 여러 모습이 아주 잘 묘사되어 있다. 어떤 것은 놀라운 미적 감각을 보여주는 머리모양을 하고 있고 다른 것은 사람의 전신모양을 하고 있다. 선정적인 장면을 묘사한 것, 아기의 출생을 묘사한 것 등을 포함하여 여러 종류의 질병상태를 매우 사실적으로 묘사한 것도 있다. 마치 작가가 정상적이 않은 상태들에 병적인 집착을 가진 것처럼 생각될 정도다. 내가 한때 연구했던 베를린 인종학 박물관의 소장품 중에는 안면 신경마비로 고생하는 사람 머리 모양의 후아코, 그리고 전신에 퍼져 있는 피부발진과 그것을 긁고 있는 사람이 그려진 후아코가 있다. 또 다른 작품 중에는 루푸스나 매독을 연상케 하는 안면의 심부(深部)궤양이 그려진 것도 있다. 실명한 사람, 불구자, 데스마스크 등이 도자기에 나타나기도 한다. 어쨌든 이 소름 끼치는 소장품들은 고대 잉카인들의 예리한 관찰력을 잘 보여주고 있다.

의학삽화

의학삽화들도 꼭 언급해야 할 영역이다. 의학삽화는 그 자체만으로 미술이기도 하거니와 언제나 그 시대의 사조를 잘 반영하고 있다. 해부학의 등장은 이 삽화미술가들의 노력이 없었다면 불가능했을 것이다. 레오나르도 다 빈치의 해부도가 가장 먼저 떠오르지만 다른 화가들의 기여도 적지 않았다. 아마도 이름이 널리 알려지거나 또는 잘 알려지지 않은 많은 의학삽화가들이 과학적 의학발전에 우리가 상상하는 것 이상으로 크게 기여했을 것이다.

르네상스 시대는 오늘날과 같은 전문주의 시대가 아니었다. 인체의 구조는 탐구되고 정복되어야 할 새로운 분야로 등장했다. 물론 의학에 종사했던 사람들이 화가들보다 훨씬 많은 교과서적 지식을 갖고 있었지만 지식 다음으로 중요했던 것은 레오나르도 다 빈치가 예리한 관찰(saper vedere)이라고 말했던 바로 그것이었다. 화가들은 때때로 의사들보다 더 많이 해부장면을 관찰할 수 있었다.

베살리우스는 자신의 해부도를 그린 화가 반 칼카르(van Kalkar)와 떼어내어 생각할 수 없다. 그들의 이름은 언제나 함께 다닐 것이다. 베살리우스 이후에도 마찬가지다. 우리는 의학자와 삽화가가 서로 얼마나 의존적이었는지 잘 알고 있다. 할러와 그의 삽화가와의 관계로부터 존스홉킨스 대학교에 장식도안학과를 설립하여 반세기 동안 미국 의학계에 의학삽화를 제공하는 데 기여한 켈리(Howard Kelly)와 브로델(Max Broedel)의 관계까지 그러하다.

해부학은 다른 어떤 의학분야보다도 삽화가 필요한 분야였다. 해부학적 구조는 말보다 그림으로 보다 더 쉽고 명료하게 설명할 수 있기 때문이다. 하지만 의학적 사실을 그림으로 쉽게 표현하려는 요구는 일찍부터 있었다. 이미 기원전 1세기에, 관절에 대한 히포크라테스의 논문에 관해 시티움의 아폴로니우스(Apollonius)가 단 일련의 주석서에는 탈구된 관절을 복원시키는 다양한 방법이 그림으로 설명되어 있었다.

같은 세기에, 약초도 삽화로 그려졌다. 단일한 식물명명법이 마련

탈구된 턱을 복원하는 모습(키티움의 아폴로니우스 책에서, 9~10세기, 피렌체 박물관)

되어 있지 않던 시기에 식물의 이름은 지역마다 나라마다 서로 다르게 불렸다. 그림은 이것들을 구분하는 데에 많은 도움이 되었다. 2세기에 그리스 의학자 소라노스(Soranos)는 외과적 처치와 붕대법에 대한 저작에 삽화를 그려 넣었고 이런 그림들은 본문의 내용을 분명히 이해하는 데 결정적으로 기여했다.

　외과책은 이미 중세시대에 대부분 그림으로 설명되어 있었다. 소작술을 시행해야 할 부위, 정맥절개를 해야 할 부위를 본문보다 그림으로 훨씬 더 쉽게 나타낼 수 있었다. 18세기부터 해부병리학의 발전과 더불어 그림에 대한 요구가 기존의 해부학에서보다 더욱 필수적인 것이 되었다.[7)]

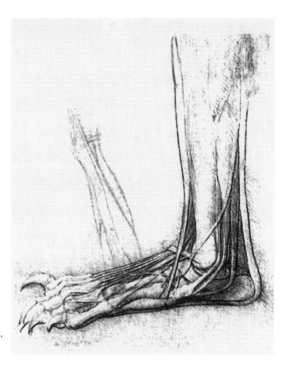

레오나르도 다 빈치,
「곰의 발 해부도」

　의사들이 피부질환을 더욱더 세분화하여 분류하게 되었을 때 삽화가 없이는 도저히 이를 설명해낼 수 없었다. 발진의 형태를 애매함이 없이 명료하게 글로 설명하는 것은 매우 어려운 일이지만 풍부한 색채가 가미된 그림은 즉각적으로 무엇을 뜻하는지를 보여줄 것이다. 새로운 진단방법 대부분도 화가들의 도움이 없었다면 개발되지 못했을 것이다. 의사들이 검안경, 요로경, 위경 등 각종 검사기기를 이용하여 관찰하는 소견들도 교육적인 목적을 위해서 그림으로 그려져야 했다. 엑스선 검사 역시 전적으로 영상으로 표현되었다.

---

7) Edgar Goldschmid, *Entwicklung und Bibliographie der pathologisch-anatomischen Abbildung*, Leipzig, 1925.

오늘날에는 대부분의 경우 사진사들이 화가를 대신하고 있다. 컬러 사진술의 개발은 매우 사실적인 묘사를 가능하게 한다. 동영상 촬영술은 의학교육에서 그 역할이 점점 넓어지고 있다. 안과수술과 같이 미세한 대상에 대한 세밀한 수술은 수술실에서보다는 컬러 동영상을 통해 더욱 쉽게 보일 수 있다.

의학삽화에 대한 사진술의 적용은 의심할 바 없이 큰 장점을 가졌다. 카메라의 렌즈는 거짓말을 하지 않기 때문이다. 그러나 단점도 있다. 카메라는 본질적인 것은 돋보이게 하고 그렇지 않은 것은 좀 흐릿하게 보이는 능력이 없다. 사진은 자연현상에 대해 가장 진실을 보여주지만 때론 너무 많은 세부사항을 함께 보여줌으로써 혼란스럽게도 한다. 그러므로 아직 의학삽화가로서 화가의 역할은 분명히 남아 있다. 특히 교육적 성격의 출판물에서는 더욱 그렇다.

정신병 환자들에 대한 묘사

1921년 독일의 정신과 의사 프린츠호른(Hans Prinzhorn)은 『정신병자의 조상(彫像), 형상의 심리학과 병태심리학에 대한 기여』(*Bildnerei der Geisteskranken, ein Beitrag zur Psychologie und Psychopathologie der Gestaltung*)라는 대단히 흥미로운 책을 출판했다.[8] 하이델베르크의 정신과 클리닉에서 일하고 있던 그는 정신질환자, 특히 정신분열병 환자가 그린 수천 점의 스케치와 회화, 그리고 조각들을 조사했다.

모든 사람에겐 자신을 표현하고자 하는 충동이 있다. 우리는 일을

---

8) Berlin 1921 ; 2nd ed., 1923.

338

하면서, 대화를 하면서, 글을 쓰면서, 춤을 추면서, 그리고 그 밖에 다른 행동을 하면서 스스로를 표현한다. 하지만 우리는 연필을 쥐고 아무 의미도 없는 것처럼 보이는 직선이나 곡선을 마음대로 그릴 수 있다. 그러나 사실 이런 선들은 아무런 의미가 없는 것이 아니라 정신작용을 반영하고 있다. 이런 그림을 분석하면 다른 표현들을 분석할 때처럼 한 개인의 심리를 이해하는 단서를 얻을 수 있다는 것이다. 아무렇게나 그린 그림에서 사람은 마치 두서없이 대화를 할 때나 꿈을 꿀 때와 같이 무의식적인 충동을 표현하기도 한다.

정신분열병 환자의 그림이나 조각을 조사해보면 미술수업을 전혀 받지 않은 사람들조차도 자신의 정신활동 속에서 매우 예술적 가치가 높은 창작물들을 만들어낸다는 사실을 알게 된다. 더욱 흥미로운 것은 그런 그림들 대부분이 스타일과 착상 면에서 일정한 역사적 시기의 그것과 매우 흡사했다는 점이다. 그 개인의 과거 경험과 연상이 어떤 경우에 이런 현상을 설명해줄지도 모른다. 그러나 정신질환을 앓음으로써 환자의 정신작용은 더 원초적인 형태로 퇴화했으며 그리하여 그 미술적 표현에 더 원초적인 스타일이 드러났다는 것은 아주 그럴 듯하다. 아이들의 간단한 도안이나 스케치에서도 마찬가지 사실을 관찰할 수 있다.

이처럼 그림의 분석은 그린 사람의 심리를 이해하는 데 큰 도움을 주기 때문에 의학적으로 중요하고 정신분석에서는 이 방법이 널리 이용되고 있다.[9] 그리고 그림의 분석은 창조적이고 예술적인 과정

---

9) M.G. Baynes, *Mythology of the Soul, a Research into the Unconscious from Schizophrenic Dreams and Drawings*, Baltimore, 1940을 보라.

이 발현되는 메커니즘이 어떤 것인가에 대한 또 다른 시각을 던져주기 때문에도 중요하다.

질병이 아무런 바탕이 없는 환자를 미술가로 만드는 것은 아니다. 질병은 억압을 제거하고 가치에 대한 감각을 변화시켜 숨겨져 있던 잠재력을 풀어줄지 모른다. 어느 화가가 정신병에 걸렸다고 할 때 그 질환은 작품에 그대로 투영된다. 고흐가 전형적인 예다. 고흐의 정신질환에 대해서는 의견이 분분하다.

그는 알코올 중독자였을 뿐만 아니라 격렬한 환각발작에 시달리기도 했으며 환각 후에는 기억상실증이 찾아왔다. 한 번의 심한 발작 후에 그는 자신의 한쪽 귀를 잘랐고 또 다른 발작 후에는 자살했다. 그의 삶에 관해 아무런 기록이 남아 있지 않다 할지라도 그의 자화상은 그 자체만으로도 그의 어지러운 정신상태를 충분히 설명하고도 남음이 있다. 프랑스 정신의학자들은 대체로 고흐가 전형적인 발작을 동반하지는 않는 형태의 간질을 앓았다는 데 동의한다.

야스퍼스는 고흐가 정신분열병을 앓았다고 생각했다. 클라이스트 (Kleist)와 같은 계열의 학자들은 이른바 그들이 명명한 일시적 몽유병이 그 병의 원인이라고 생각했다.[10] 우리가 고흐의 작품을 시대순으로 초기작부터 「까마귀」까지 탐구해가다 보면 우리는 그의 천재성의 발현과정을, 그리고 동시에 그의 내재적 질병의 변천과정을 발견해낼 수 있다.

---

10) V. Doiteau and E. Leroy, *La Folie de Vincent van Gogh*, Paris, 1928.— K. Jaspers. *Strindberg und van Gogh*, Berlin, 1926.—W. Riese. "Vincent van Gogh in der Krankheit," *Grenzfragen des Nerven- und Seelenlebens*, Heft 125, Munich, 1926.

빈센트 반 고흐, 「자화상」

만성적인 신체질환도 화가의 창작품에 영향을 줄 수 있다. 난시로 인해 고통을 겪었다고 전해지는 엘 그레코는 이 때문에 사물의 이미지를 왜곡하여 그렸다. 말하자면 그는 정상인의 눈과는 아예 다른 눈으로 자연과 그의 작품들을 보았던 것이다.

어떤 화가에게는 질병이 소재의 선택에도 영향을 주었던 것 같다. 와토(Watteau)는 평생 결핵환자였다. 그는 주로 발랄하고 우아한 여성들, 이탈리아의 희극배우들, 용감한 군인들의 모습을 그렸다.

빈센트 반 고흐, 「별이 빛나는 밤」, 1889, 뉴욕 현대 미술관

그가 그린 것들은 바로 그가 간절히 열망했지만 냉혹하게 배제될 수밖에 없었던 삶일지도 모른다. 자신의 삶이 불운하다는 사실을 아는 환자의 격정이 표출된 것이었다.

　심각한 질환은 언제나 환자의 삶에 깊은 상처를 남긴다. 죽음이 가까이 왔다는 느낌은 사람을 가장 밑바닥에서부터 흔들어놓는다. 일반인들보다 감성적으로 더 예민하고 또 자신이 느낀 바를 표현하는 것이 임무인 화가들로서는 이러한 경험에 대해 매우 강하게 반응할 수밖에 없을 것이다.

제11장 질병과 음악

질병과 음악에는 공통점이 별로 없는 것 같다. 하지만 역사를 조금만 들여다보아도 항상 서로 긴밀히 관련되어 왔음을 알게 된다. 세상에는 훌륭한 음악가, 음악애호가도 있지만 그렇지 않은 사람 또한 많다. 그러나 음악으로부터 전혀 영향을 받지 않는 사람은 단한 사람도 없다. 모든 사람이 베토벤의 현악 사중주 작품들과 드뷔시의 가곡들을 이해할 수는 없다. 그러나 군악합주대가 힘차게 울려대는 행진곡이나 빈 왈츠의 흥겨운 선율, 열정적인 재즈, 또는 아프리카의 원시적인 톰톰 북소리를 들으면서도 아무런 감흥이 일어나지 않는 사람은 아마 드물 것이다. 대부분의 사람들에게 음악은 심원한 감동과 깊은 행복감을 자아내는 원천이다.

음악은 건강한 사람에게도 영향을 주지만 질병을 앓고 있는 환자들에게는 더욱 강한 정서적 자극을 줄 것이 분명하다. 왜냐하면 환자들은 감정상태가 더 불안정하고 외부 자극에 대해서 더 민감하기 때문이다. "사울에게 악령이 들어왔을 때 다윗은 하프를 가지고 다가가 부드럽게 연주했다. 마침내 사울은 머리가 시원해지는 느낌이 들면서 몸과 기분이 가벼워졌다. 악령은 사울에게서 빠져나갔다."[1)]

아스클레피오스는 약물과 수술칼과 푸근한 음악으로 환자를 치료했다. 아스클레피오스의 주문은 단순히 마법 같은 알 수 없는 단어들로 이어진 것은 아니었다. 그 주문에는 또한 가락과 장단이 있었고 인칸타치오(incantatio)라는 말이 뜻하듯이 환자를 향해 반복적으로 불려지는 음률이 있었다.

고대의 음악요법

고대를 통틀어 음악은 질병치료에 이용되었다.[2] 우리는 앞 장에서 피타고라스 학파에서 음악이 차지했던 중요한 위치를 이미 언급했다. 카일리우스 아우렐리아누스(Caelius Aurelianus)에 따르면 시칠리아 학파의 의사들도 치료에 음악을 이용했다고 한다.[3] "노래가 질병치료에 이용되었음을 증명하는 여러 기록이 있다. 필리스티온(Philistion) 형제는 저서 제22권 『치료법에 대하여』(*On Remedies*)에서 어떤 피리연주자가 통증이 있는 환자의 신체부위에 대고 특별한 멜로디를 연주했더니 몹시 떨리고 욱신욱신 쑤시던 부위에 통증이 사라지면서 환자가 편안해졌다는 내용을 적었다." 그 철학자들은 음악을 치료에 사용할 것도 언급했다.

겔리우스(Aulus Gellius)의 저서 『아테네 야화』(*Attic Nights*)에도 음악치료에 대해 다음과 같이 중요한 구절이 등장한다.[4] "나는

---

1) 「사무엘서」 17장 23절.
2) L. Edelstein, "Greek Medicine in its Relation to Religion and Magic," *Bulletin of the Institute of the History of Medicine*, 1937, vol.V, p.234ff를 보라. 그 논문에 아래 인용문들이 들어 있다.
3) *De morbis acutis et chronicis*, ed. I.C. Amman, 1709, p.555.

아주 최근에 테오프라스투스(Theophrastus)의 『영감에 대하여』 (*On Inspiration*)라는 책에서 이에 대한 언급을 보았다. 둔부의 통 풍성 통증이 몹시 심할 때 플루트 연주자가 부드럽게 음악을 연주 해주면 통증이 줄어든다는 것을 당시의 많은 사람이 믿었고 또 그 믿음을 기록으로 남겨왔다는 것이다. 뱀에 물렸을 때도 대단히 기 교 있고 유려한 플루트 연주를 들려주면 치료된다는 것이 데모크리 토스의 『치명적인 감염에 대하여』(*On deadly Infections*)라는 책 에 나와 있다. 데모크리토스는 이 책에서 플루트 음악이 많은 질병 의 치료법이 됨을 보여주고 있다. 사람의 신체와 정신은 매우 긴밀 히 연관되어 있다. 그러므로 신체적, 정신적 질병과 그 치료도 그러 하다."

이 당시의 저술가들에게 음악은 정신을 매개로 신체에 작용하는 정신요법의 일종으로 등장했다. 후대의 의사들은 음악요법에 대해 더 회의적이 되어갔다. 2세기의 소라노스와 같은 의사는 "질병의 맹위가 멜로디와 노래에 의해 없어질 수 있다는 주장을 믿는 사람 들은 참으로 어리석다"라고 생각했다.[5] 그래도 음악치료가 이후에 도 계속 이어졌으리라는 점은 의심할 여지가 없다. 의사에 의해서 가 아니라 하더라도 수많은 돌팔이 의료인들, 성직자, 또는 마법사 들에 의해서 음악치료는 계속 명맥을 이어갔다. 고대 로마 시대에 이들에게는 많은 고객이 몰려들었고 특히 도시의 외곽과 지방에서 는 더욱 그러했다.

---

4) *Loeb Classical Library*, 1927, vol.I, pp.352~354, translation by J.C. Rolfe.
5) Caelius Aurelianus, *l.c.*

중세와 르네상스 시대의 음악의 역할

음악이 신앙의식의 중요한 부분이었고 종교적 색채의 의학이 주류를 이룬 중세시대까지는 이런 관습이 이어진 것이 확실하다. 디 아코누스(Petrus Diaconus)의 작품으로 알려진 세례자 요한 탄생 축일의 유명한 찬송가[6]는 감기에 대해 치료효과가 있는 것으로 믿어졌다. 아마 다음과 같은 가사 때문인 듯하다.

당신의 놀라운 행적을
당신의 종들이 마음껏 노래 부를 수 있도록
그들의 더럽혀진 입술에서 모든 죄악을 씻어주소서.
오! 거룩한 요한이시여.

지위가 높은 사람들이 병들었을 때는 궁정음악가들이 특별한 음악을 작곡했다. 설령 그 음악이 병을 치료하지 못한다 하더라도 적어도 환자의 기분을 북돋아줄 수는 있었을 것이다.

한번은 교황 보니파키우스 8세가 어느 날 하제(下劑)를 먹고 사혈을 받을 일이 있었다. 이때 그의 전속 음악가이자 시인인 보나이우투스는 두 곡의 음악을 작곡하여 이 일을 기념했다. 그는 이 음악을 편지와 함께 교황의 주치의인 아쿠르시누스에게 보냈다. 편지에는 교황에게 자신이 만든 음악들을 꼭 전해달라는 부탁과 함께 다음과 같은 글이 적혀 있었다. "저는 교황님께서 제 노고를 칭찬해주실 것이며 마음에 드셔서 꼭 웃으시리라고 믿습니다." 이 음악

---

6) *Liber Usualis Missae et Officii*, Festa Junii 24.

작품들은 현재 바티칸의 기록문서로 보관되어 있고 최근에 별도로 출판되기도 했다.[7]

첫 번째 곡은 일종의 민요로 의학적인 주제와 영혼의 문제가 자유로이 섞여 있는 긴 가사로 되어 있다.

이렇게 내장은 씻겨지고
온갖 죄로 가득찬
시궁창 같은 영혼도 깨끗해지기를.
몸과 마음 모두가
건강해진다면
피부를 다듬는 일도 할 만하다네.
섬세하고 지혜로운 모습을
잘 간직한다면
위안을 누릴 수 있다네.

두 번째 곡은 교황의 사혈시술에 대한 찬송곡이다.

사혈과 구속(救贖)은
우리에게 희열을 주나니.
임하소서,

---

7) Johannes Wolf, "Bonaiutus de Casentino, ein Dichter-Komponist um 1300," *Acta Musicologica*, 1937, vol.IX, fasc. I~II, pp.1~5. 내가 이 작품에 대해 관심을 갖게 된 것은 미시간 주립대학교 음악학과의 엘린우드 씨 덕택이다.

영원한 하늘의 영광이여.

　교황 보니파키우스 8세가 반드시 병중에 있었다고 볼 수는 없다. 왜냐하면 중세시대 사람들은 주기적으로, 특히 봄에 위생의 수단으로 하제를 먹거나 사혈시술을 받았기 때문이다.

　만투아의 곤자가(Marchese Francesco Gonzaga)의 경우는 달랐다. 그는 이사벨라의 남편이었고 그녀의 집안은 이탈리아 르네상스의 가장 화려한 가문 가운데 하나였다. 곤자가는 매우 병약한 사람으로 여러 해 동안 매독으로 시달려온 상태였다. 당시 매독을 이탈리아에서는 프랑스 병이라고 했고, 프랑스 사람들은 나폴리 병이라고 불러 이탈리아에 보복했다. 곤자가는 1519년에 죽었다. 그러나 죽기 2년 전인 1517년 그의 상임음악가이자 친구인 카라는 고용주의 병치료를 위해 네 개의 성부(聲部)를 위한 프로톨라(frotolla)를 작곡한다.[8]

　프로톨라는 토스카넬라, 모레스코, 빌라넬라와 같이 르네상스 이탈리아에서 매우 유행하던 대중가요의 일종이었다. 이것은 당대의 민요에서 나왔다. 매우 섬뜩한 주제를 다루고 있으면서도 단순하고 매력적인 멜로디를 가지고 있어서 그가 섬기는 후작을 기쁘게 하기에 충분한 것이었다. 그 노래의 가사는 이렇게 시작한다.

---

8) 그 악보는 *Frottole libro tertio*라는 악보집에 처음 수록되었다. 그 사본이 피렌체의 마루첼리아나 서고에 보관되어 있다. Emil Vogel, *Bibliothek der gedruckten weltlichen Vocalmusik Italiens, Aus den Jahren 1500~1700*, 1892, vol.II, p.374ff를 보라. 악보는 최근 다음 책에 다시 수록되어 출간되었다. L. Joseph, *Schweizerische Medizinische Wochenschrift*, 1937, p.1004.

무서운 페스트가 아무리 휩쓸고 다녀도
마귀의 권세가 마음을 어지럽혀도
끔찍한 불운이 다가설지라도
달콤한 독이 골수를 파먹을지라도.

음악은 물론 성자들의 질병치료 의식에도 이용되었다. 나는 과거에 한 고서점에서 흥미로운 책 한 권을 발견한 적이 있다. 거기에는 한 무명의 작곡자가 성 세바스티아누스를 칭송하여 작곡한 음악이 기록되어 있었으며, 다음과 같이 성가실 정도로 긴 제목이 붙어 있었다. '거룩하고 영광스러운 순교자, 홀로 페스트에 맞서 싸우는 수호성인 세바스티아누스의 삶과 죽음. 공개적으로 시연된 라틴어와 독일어로 된 찬가.' (음률이 뛰어난 아리아로 이루어진 찬가들이 전체 악보와 함께 규칙에 맞게 수록됨. 당국의 허가를 받음. 빌헬름 파네거가 아우쿠스푸르크에서 발굴, 1702년에 제본.)

가사에는 성 세바스티아누스의 출생에서 순교할 때까지의 전설적 내용들이 라틴어와 독일어로 담겨 있다. 나는 전에 존스홉킨스 대학교 의사학연구소에서 이탈리아풍의 영향을 보여주는 이 음악을 공연한 적도 있었다.

타란티즘의 역사

내가 특별히 이 장에서 논의하고자 하는 주제는, 유일한 치료법이 바로 음악이었던 특이한 질병, 즉 **타란티즘**(tarantism)의 역사에 관한 것이다.

이 질병은 아풀리아라는 곳에서 나타났으며, 그곳에서 여러 세기 동안 존재했던 것으로 여겨진다. 의학문헌에는 드물지 않게 언급되어 온 질환이지만 대부분의 일반인들은 단지 소문으로만 알고 있던 질환이었다.

하지만 지금 우리는 운 좋게도 당시 아풀리아에 살았던 두 명의 믿을 만한 의사의 기록을 가지고 있다. 그들은 직접 눈으로 그 질병을 보았고 그 증례의 병력과 자세한 병세를 써두었다. 그 가운데 한 사람은 페르디난두스(Epiphanius Ferdinandus)로 20여 년 동안 아풀리아에서 의사로 활동했고 말년에는 그의 의학적 관찰을 집대성하여 책으로 출판했다.[9] 또 한 사람은 바글리비라는 의사로 17세기의 선구적인 의물리학자였다.

바글리비는 라구사에서 태어나 아풀리아의 어느 의사에게 입양되어 그곳에서 한동안 살았다고 한다. 스위스 의사 만제(J.J. Manget)의 요청에 따라 바글리비는 『임상의학 문고』(*Bibliotheca Medico-Practica*)에 실을 타란티즘에 대한 짧은 보고서를 작성했다. 그러나 나중에 그는 이를 불만족스럽게 여겨 1695년 그 주제에 대한 장문의 논문을 썼다.[10] 페르디난두스의 책과 같이 여기에도 흥미 있는 다수의 증례가 기록되어 있다.

---

9) Epiphanius Ferdinandus, *Centum Historiae seu Observationes et Casus Medici*, Venetiis, 1621. Historia LXXXI, seu casus octuagesimus primus, De morsu Tarantulae, pp.248~268.

10) "Dissertatio de Anatome, Morsu, et Effectibus Tarantulae," reprinted in the various editions of the *Opera Omnia Medico-practica et Anatomica*. 영역판. *A Dissertation of the Anatomy, Bitings and other Effects of the venemous Spider, call'd Tarantula*는 *The Practice of Physick*과 함께 출간되었다. 아래 인용문들은 1723년 런던에서 출간된 영역본 제2판에서 인용하였다.

타란티즘과 관련된 세 번째의 중요한 기록은 예수회 소속 신부이자 학자인 키르허(Athanasius Kircher)의 역작 『자석 및 자기(磁氣) 3부작』(*Magnes sive de Arte Magnetica Opus Tripartium*)으로 1641년 로마에서 처음으로 출판되었다.[11] 모든 종류의 자기를 다룬 이 책의 한 절의 제목이 '음악의 강력한 자기성'인데 그 절에서 압도적으로 긴 장이 바로 '타란티즘 또는 아풀리아의 타란툴라 거미, 그 자기성 및 음악과의 특이한 공감'이라는 제목의 장이다.

키르허는 모든 자료들로부터 이 병에 관한 온갖 정보를 수집했다. 특히 이 질병에 관해 매우 잘 알고 있는 두 명의 아풀리아 지방 성직자, 니콜렐루스(Nicolellus) 신부와 갈리베르버투스(Gallibertus) 신부의 개인적인 보고서를 인용하기도 했다. 키르허의 책이 가지는 가장 큰 의의는 타란티즘의 치료에 이용되었던 음악을 수집하여 출판함으로써 오늘날까지 우리에게 전해졌다는 점이다.

이 질병의 몇몇 예가 이탈리아와 에스파냐의 다른 지역에서 발생한 것 같지만 대부분은 아풀리아 지방, 즉 이탈리아 지도상의 장화 뒤꿈치에 해당하는 몹시 더운 지방에 국한되어 발생했다. 바글리비는 다음과 같이 기술한다.

위에서 언급한 아풀리아는 동쪽을 향한 도시인데 동쪽으로는 동방에 쉽게 접촉할 수 있고 북쪽으로는 바람에 노출되어 있다.

---

11) 여기서 내가 인용하는 것은 다음 책이다. *Editio secunda post multo correctior*, Coloniae Agrippinae, 1643.

여름에는 비가 거의 오지 않고 한마디로 작열하는 태양광에 그대로 노출되어 있는 곳이다. 토양은 메말라 있고 동방은 근접해 있고 주민들은 가열된 오븐에서 나오는 듯한 뜨거운 공기를 호흡한다. ……이런 기후는 이 지역 주민들의 기질과도 잘 맞는다. 일반적으로 이 지역 사람들은 매우 정열적이고 강인한 기질을 갖고 있고 머리칼은 검은색이며 피부빛은 갈색이거나 좀 창백한 편이다. 빈약한 체구에 조급함이 보이고 심술난 듯 고집스러우며 외지인에 대해서는 경계의 눈초리를 감추지 않는다. 또한 판단이 상당히 빠른 편이고 머리회전이 민첩하며 매우 활동적인 특성을 보인다. 그들은 무언가에 빠져 쉽게 흥분하기도 잘하고 늑막염, 광기, 그리고 다른 염증성 질환에도 잘 걸린다. 아니 오히려 열기가 너무나 엄청나기 때문에 나는 이 지역에서 수많은 주민들이 도저히 참을 수 없을 정도의 상황과 광기에 어쩔 수 없이 내몰리는 것을 여러 번 목격한 바 있다.[12]

바글리비는 또 다른 문장에서 다음과 같이 강조한다.[13]

아풀리아에는 이탈리아의 다른 어느 지방보다 우울증과 광기를 보이는 사람의 빈도가 높다. ……미친 개가 다른 지역에 비해 훨씬 많은 점, 또 그 광기가 공기의 열기와 직결된다는 점도 이 사실을 증명해줄 것이다. 그러나 바로 그 미친 개에 물린 사람들이 레

---

12) *L.c.*, p.317.
13) *L.c.*, p.365.

체에서 약 40마일 떨어진 곳에 위치한 성 비티(Saint Viti)의 묘에 참배함으로써 빠르게 치유되었음은 신의 은총이라고 할 것이다. 그곳에서 성자의 중재로 전능하신 하느님의 자비가 베풀어진 것이다.

해안지역은 오래전에 그리스의 식민지가 되었으며, 그곳은 마그나 그라이키아의 일부기도 했다. 내륙의 인구는 매우 느리게 성장했고 최근까지도 이곳은 원시상태로 남아 있었다. 아풀리아의 농민들은 아직도 로마 이전 시대 양식의 둥근 통나무 오두막집에서 살고 있다. 아풀리아에서 가장 발달한 중심도시는 타란토로, 그리스어로 타라스, 로마어로 타렌툼이라고 불렀다. 타란토에서 발달한 민속춤이 타란텔라고 이곳에서 발견되는 거미의 이름이 타란툴라다.

타란티즘은 거미에게 물려서 발생하는 것으로 여겨졌고 따라서 타란티스모(tarantismo)로 불렸다. 이 질병에 걸린 사람은 타란타티(tarantati)라고 불렸고 좀 더 일반적으로는 스페자티, 샨타티, 미누자티, 로티, 트라마자티라고도 한다.[14] 타란툴라 거미는 이탈리아 전역, 그리고 남유럽의 다른 지역에서도 발견되지만 그 지역들에서는 전혀 해가 없는 거미로 알려져 있다. 그러므로 바글리비는 이 타란툴라 거미가 단지 아풀리아 지방에서만 독이 있으며 다른 지역에서는 그렇지 않다고 썼다.[15]

---

14) Ferdinandus, *l.c.*, p.258.
15) *L.c.*, p.335.

이 질병은 여름의 열기가 절정에 달한 7월과 8월, 한여름에 발생했다. 사람들은 잠들어 있을 때건 깨어 있을 때건 벌에 쏘인 것 같은 급성통증을 느끼면서 갑자기 벌떡 일어났다. 어떤 사람들은 거미를 보았다고 했고 또 다른 사람들은 보지 못했다고 했다. 그러나 그들은 틀림없이 그 곤충이 타란툴라 거미일 것이라고 생각했다. 그들은 집 밖으로 나와 길거리로, 시장으로 모여들어 극도로 흥분하여 춤을 추었다. 곧 더 많은 사람이 모여들었고 함께 모인 사람들은 그들처럼 막 거미에 물린 사람들이거나 또는 이전에 물린 사람들이었다. 이 병이 좀처럼 완전히 치유되기 어렵기 때문에 전 해에 물린 사람들도 많이 있었다. 독이 체내에 잔존하여 해마다 뜨거운 여름이 되면 다시 활성화되었다. 당시에는 30년 동안이나 여름이면 재발한다고 알려져 있었다.[16]

모든 연령대의 사람이 이 병에 걸렸다. 다섯 살 남자아이와 94세 노인이 거미에 물리기도 했다. 하지만 대부분의 환자, 즉 타란타티는 젊은 사람들이었다. 남성과 여성 모두 걸렸지만 여성이 남성보다 좀 더 많았다.[17] 대부분의 환자들은 "젊은 시골여성들", 농민들이었지만 도시의 남녀, 심지어 수도사와 수녀도 예외는 아니었다. 또한 모든 인종이 다 대상이 되었다. 페르디난두스는 알바니아인 집시소녀와 흑인도 거미에 물렸고 거리에서 춤을 추었다는 사실을 알고 있었다.[18]

그리하여 각양각색의 환자들이 모여들어 거리에서 가장 괴상한

---

16) Ferdinandus, l.c., p.258.
17) L.c., p.264.
18) L.c., pp.261~262.

옷차림새를 한 채 난폭하게 춤을 추었다.

때때로 그들은 일시적인 기분 때문에 값비싼 의복, 호사스런 조끼, 목걸이, 장신구들을 착용하곤 한다. ……그들은 화사한 색깔의 옷을 잘 입는데 주로 빨간색, 초록색, 노란색 옷들이다. 반면에 검은색은 도저히 참을 수 없다. 검은색을 보자마자 크게 한숨을 쉰다든지, 그들 앞에 서 있는 사람 중 누군가가 검은색 옷을 입으면 마구 때려 쫓아내기 일쑤다.[19]

어떤 사람들은 일말의 도덕심조차 잃어버려 다른 사람의 검은 옷을 찢어 발가벗겨 버리기도 했다. 대부분의 환자들은 손에 빨간 천 조각을 들고 다녔고 그 천을 흔들고 또 그것을 보면서 즐거워했다.

춤추는 도중에 포도덩굴이나 갈대의 초록색 가지를 허공에 대고 막 흔들거나 또는 그 가지를 물에 담그면서 괴상하게 즐거워하고 또는 그 가지를 얼굴과 목 주위에 힘차게 감는 행동을 하는 사람들도 있다.[20]

어떤 이는 칼을 가지고 와 마치 칼잡이인 양 행동했고 또 어떤 사람들은 채찍으로 서로를 마구 때리기도 했다. 여성들은 거울을 쳐다보면서 한숨짓고 탄식하거나 또는 악을 쓰며 울부짖는 등 예의

---

19) Baglivi, *l.c.*, p.347.
20) Baglivi, *l.c.*, p.346.

없는 행동을 쉽게 했다. 특히 괴상한 기호를 가지고 있는 사람들도 있었다. 공중으로 던져 올려지는 것을 좋아한다든지, 괜히 땅에 구멍을 판다든지, 돼지처럼 진흙탕에 자기 몸을 마구 굴려댔다.[21] 그들 모두는 술을 홍청망청 마셨고 취한 상태로 시끄럽게 노래하거나 떠들었다. 그런 동안에도 내내 그들은 음악소리에 맞추어 광기 어린 춤을 계속해서 추었다.

음악과 춤은 당시로는 유일하게 효과적인 치료수단이었다. 음악이 없다면 한 시간 이내에, 길어도 며칠 안에 죽을 것으로 사람들은 알았다. 의사인 페르디난두스의 가족 중 한 사람이었던 조카 프랑코도 거미에 물린 뒤 음악가를 찾을 수 없었기 때문에 24시간도 안되어 죽었다. 하지만 대개 음악가들은 가까이에 있었다. 사실 음악가들이 주변에 있을 때 거미들이 특히 더 공격적이었던 것 같다. 그리고 여름의 열기 이상인 음악 때문에 전에 거미에 물린 환자들 몸속에 있는 독이 되살아나기도 했다.

음악가들은 악단을 이루어 여름 내내 온 지역을 돌아다녔으며 바이올린, 여러 종류의 피리, 시턴, 하프, 탬버린, 작은북 등을 갖고 다니며 연주했다.[22] 이들은 하나의 멜로디를 끝없이 반복하며 매우 빠른 템포로 타란텔라를 연주했다. 바글리비는 다음과 같이 말했다.[23] "어쨌든 이것은 진실로 받아들여져야 한다. 그들은 악절을 최고로 빠르게(이러한 빠른 곡조를 흔히 타란텔라라고 한다) 연주하기 위해 그들 자신의 특별한 곡조를 다양하게 변화시킨다." 당시

---

21) Baglivi, *l.c.*, pp.331, 346.
22) 이 악기들은 키르허의 책에 기술되어 있다. *l.c.*, p.765.
23) *L.c.*, p.348.

음악가들은 한 장소에 며칠, 경우에 따라서는 일주일 정도 머물렀고 그런 다음 인근 마을로 옮겨가곤 했다. 여름 한 계절동안 그들은 큰돈을 벌었다.

음악에는 기악연주만이 아니라 노래도 있었다. 키르허는 그때 부른 노래 일부를 보존하여 남겼다. 그것은 연가의 일종으로 이탈리아 방언으로 씌어졌으며 가사는 다음과 같다.[24]

바다로 데려가 주세요,

절 낫게 하려면.

바다로, 바다로.

거기엔 절 사랑해줄 연인이 있어요.

바다로, 바다로.

이 생명 다하는 날까지 당신을 사랑할 거예요.

또 다른 노래의 가사는 이런 것이다.[25]

어미 타란툴라도, 새끼 타란툴라도 아니었어요.

그것은 바로 큰 잔에 담긴 와인이었어요.

어디가 물렸나요, 사랑하는 사람아.

오, 다리였군요, 오, 젖가슴이었군요.

---

24) Kircher, *l.c.*, p.763.

25) Kircher, *l.c.*, p.760.

또 다른 노래들은 다음 구절이 끝없이 반복되는 것이다.[26]

타란툴라가 당신 어디를 물었나요?
치마 속을 물었지.

나는 이미 잘 알려진 사실들, 즉 이 질병의 성적인 특징을 좀 더 잘 보여주기 위하여 노래가사들을 소개하고 있다.

음악의 음정과 곡조에 맞추어 타란타티들은 여러 날 동안 쉼 없이 춤추고 거칠게 행동했다. 나흘 정도 계속하는 것은 흔한 일이었고 때로는 엿새나 계속되었다. 페르디난두스는 심지어 2주 동안 계속 춤추고 그러기를 1년에 몇 차례나 하는 사람들에 대해서도 언급했다. 하지만 그런 경우는 드물었다.

다시 바글리비를 인용해보자.[27]

사람들은 대개 해가 뜰 때쯤에 춤추기를 시작한다. 일부는 정오에 가까운 11시까지 한 번도 쉬지 않고 춤추기를 계속한다. 그렇지만 잠깐씩 중단되기도 하는데 사람들이 지쳐서 그런 것이 아니다. 타란타티들이 연주악기의 음정이 맞지 않는 것을 알아채기 때문이다. 누군가 튜닝이 맞지 않음을 알게 되면 그들은 자신들의 탄식과 격렬한 고뇌가 의미 없어진다고 믿는 것 같다. 악기를 다시 튜닝하여 음정이 맞게 되면 그들은 이내 곧 다시 춤추기 시작

---

26) Kircher, *ibidem*.
27) *L.c.*, p.344.

「타란텔라」(조르조 바글리비, 『전집』, 뉘른베르크, 1751)

한다. ……정오가 되면 이 집단적 행동은 멈춘다. 그리고 침대에
서 이불을 덮어쓰고 땀을 쏟는다. 이런 과정이 끝나면 땀을 닦고
묽은 수프나 가벼운 음식을 먹으며 휴식을 취한다. 그들의 특이한
식욕이 음식을 많이 먹게 하지도 않는 것 같다.

Quæ identidem repetunt. Iterum ijs, qui viridi colore afficiuntur,
verbis iucundis, hortos floridos. campos, fyluasqúe amœnas refpi-
cientibus præcinunt; ijs verò, qui rubris, aut armorum fulgore affi-
ciuntur, modulationes martiales, iambicos, bacchicos, & dithyram-
bos varie diuifos; ijs verò qui aquis gaudent, cantiones amorofas,
flumina, fontes, catarraĉtas refpicientes, atque hifce & fimilibus non
paſſio duntaxat Tarantifmo affeĉtorum ; fed & melancholiæ, amo-
ris, iræ, vindiĉtæque affeĉtus mirum eſt. quam fedetur.   Verum ne
quicquam in hac arte noſtra magnetica curiofarum rerum omifiſſe
videamur, iftiufmodi antidotariæ Muficæ fpeciem à duobus eximijs
muficis Tarentino & Lupienſi choro præfeĉtis in fuas voces vna
cum faltibus, & fingularum vocum diminutionibus, prout inſtru-
mentis concini folent, digeſtam, compofitamque hoc loco repræ-
fentare vifum eſt.

*Clauſulæ Harmonicæ, quas Cytharædi & Aulædi, in cura eorum, qui
Tarantula intoxicati funt, adhibere folent.*

Primus modus Tarentella.

Si replica più volte.

Secundus modus.

Si replica più volte.

Ddddd   Tertius

「타란텔라」(아타나시우스 키르허, 『자석 및 자기(磁氣)』, 제2판, 쾰른, 1643)

정오가 지나 약 1시가 되면, 늦어도 2시 전에는 다시 그 예의 춤추기를 계속한다. 앞서 언급한 것과 같은 방식으로 그들은 저녁까지 계속해서 춤을 춘 다음 또 땀을 짜내기 위해서 침대로 들어간다. 그런 다음 약간의 휴식을 취하고 잠자리에 든다.

이렇게 여러 날을 춤춘 뒤에 사람들은 완전히 녹초가 되었고 그래서 치료되었다고, 적어도 당분간은 치료되었다고 생각했다. 하지만 이들은 거미의 독이 자신들의 몸속에 그대로 있고, 해마다 여름이 되면 또 타란텔라 음악이 자신들의 광란의 발작을 재발시키리란 걸 알고 있었다. 많은 사람들, 특히 여성들은 이에 괘념하지 않았고 오히려 즐겼다.

이렇게 춤추는 곳에 참가하기 위하여 마치 그 병에 걸린 사람처럼 행세하는 가짜환자도 생겨났다. 사랑에 빠진 여성들, 또는 외로움을 심하게 느끼는 사람들이 그러했다. 많은 사람들이 환각적 정신상태를 더 즐기기 위해, 그리고 춤추는 시기가 왔을 때 더 뜨겁고 열정적이 되기 위해 의도적으로 성행위를 절제하기도 했다.[28] 그래서 때때로 이런 일련의 퍼포먼스들은 조소적으로 '여인네들의 작은 축제'로 불리기도 했다.[29]

의사들은 확실히 이 괴이한 질병에 대해 관심을 가졌다. 그들은 타란툴라 거미가 물어서 생긴다는 당시의 보편적인 이론을 옳은 것으로 받아들였다. 그러나 뭔가 설명하기에 어려움이 있었다. 그 거

---

28) Ferdinandus, *l.c.*, p.260.
29) Baglivi, *l.c.*, p.335.

미는 유독 아풀리아에서만 독성을 지녔다. 똑같은 타란툴라 거미가 배를 타고 이 나라의 다른 지역으로 건너가면 독성을 대부분 잃는 듯했고 전혀 다르게 행동했다.

바글리비에겐 나폴리에서 이 아풀리아 타란툴라에게 물린 토끼 한 마리가 있었다. 그 토끼는 물린 후 5일째 되는 날에 죽었다. 하지만 음악가를 불러 여러 곡조로 연주해주어도 춤추지는 않았다.[30] 이것은 매우 이상한 것으로, 아풀리아에서는 말벌이나 수탉이 거미에 물린 후에 춤을 추는 것이 흔히 목격되었기 때문이다. 그리고 타란툴라 거미 자체도 음악을 들을 때마다 춤을 추는 것이 아풀리아에서는 잘 알려져 있었다.[31]

나폴리의 한 의심 많은 의사는 1693년 8월 6명의 목격자와 한 명의 공증인이 지켜보는 가운데 자신의 왼쪽 팔뚝을 두 마리의 아풀리아 거미가 물게 했다. 따끔함을 느꼈고 팔이 약간 부어올랐다. 그러나 그 밖에 어떤 심각한 증상도 느끼지 않았다.[32] 따라서 문제는 거미가 아니라 아풀리아의 맹렬한 여름열기 때문이라고 생각되었다. 이 심한 열기가 병독을 활성화시켜서 특이한 병리적 결과를 일으킨다고 여겨졌다. 그러나 마침 그 당시에 아풀리아만큼이나 더운 다른 지역에서도 똑같은 타란툴라 거미가 나타났지만 거기서는 타란티즘과 같은 것이 없었다. 이 모든 것이 미스터리였다.

설명하기 어려운 또 한 가지 문제는 이 질병의 독이 한여름의 짧은 기간을 제외하면 아무런 증상을 나타내지 않은 채 환자의 몸속

---

30) *L.c.*, p.350.
31) Ferdinandus, *l.c.*, p.261.
32) Baglivi, *l.c.*, p.361.

에 때때로 몇 십 년 동안 존재할 수 있다는 점이었다. 사실 이 점은 매독의 병원체와도 유사한 점이다. 매독환자는 일단 치료된 것처럼 보여도 그 질병이 몇 년 뒤에 재발하는 경우가 있었다. 이는 체내에 매독의 독이 그대로 잔존해 있다는 의미였다. 타란티즘의 경우에도 병원체가 체내에 그대로 있다가 주기적으로 음악이나 고온의 열기 때문에 다시 활성화된다고 여기게 되었다.

의사들은 수많은 환자들을 세밀히 검사했다. 하지만 발견되는 증상은 일정치 않았다. 실제로 거미에 물린 자리에 국소적인 상처가 발견되었지만 그 둘레에 검푸르거나 누런빛의 원형부종이 나타나는 양상은 다른 곤충에 물렸을 때와 그리 다르지 않았다. 두통, 호흡곤란, 흉통, 현기증, 기절, 갈증, 식욕부진, 골통(骨痛) 등을 호소하는 환자들도 있었다. 그들은 뼈가 부러진 것같이 아프다고 흔히 호소했다. 그들이 내내 춤을 추었기 때문에 과도한 운동이 그 증상을 만들어내기에 충분한 것으로 여겨졌다.

의사들은 또한 다양한 치료방법들을 적용해보았다. 독이 있는 다른 동물에 물렸을 때와 같이 상처를 절개하고 도려내거나 오목한 잔을 대어 독을 빨아들이는 방법도 써보았다. 바글리비는 상처를 벌겋게 달군 쇠로 소작하는 방법을 제안했지만 누구에게도 그 방법을 써보지는 못했다. 내과적으로는 당밀이나 브랜디를 해독제로 먹이기도 했다.

하지만 결과는 그렇게 고무적이지 못했다. 게다가 대다수의 환자들은 외상의 흔적이 없었다. 거미에 물렸다 하더라도 그것은 과거의 일이었다. 타란타티들이 한여름 절정기에 춤을 추었을 때, 그들은 자연히 엄청난 양의 땀을 쏟아냈다. 의사들은 이 다량의 발한과정이 독을 배출시킴으로써 일단 치료된 것으로 생각했다. 그래서 그들은 환자들이 춤추지 않고도 땀을 낼 수 있도록 발한약물을 주어 보았으나 효과는 전혀 없었다.

결국 의사들은 음악을 유일한 치료법으로 받아들일 수밖에 없었다. 일반적인 음악 자체가 아니라 바로 아풀리아 지방에서 여러 세기 동안 타란티즘의 치료를 위해 연주되었던 그 곡조, 그 장단의 음악이었다. 그 음악과 음악에 맞춘 춤은 환자들의 땀을 쏟아내게 했고 비록 영구적인 것은 아니지만 일시적으로는 치료가 되었던 것이다.

뛰어난 의물리학자로서 바글리비는 이 질병의 원인과 치료 메커니즘을 설명하기가 어렵지 않았다.[33] 그는 다음과 같이 기록했다.

이 독은 그 자체로 아주 고도의 항진효과를 가지고 있음이 틀림없다. 하지만 사람의 체질이 다양하기 때문에 매우 다양한 효과를 나타낸다. 그 가운데서 가장 대표적인 것은 정신의 응축, 응고, 억압이다. ……타란툴라의 독은 그 치명적인 성분으로 인체의 체액을 거의 응고시킨다. 한편 그 독 가운데 활발하고 건전한 성분은 사람의 정신과 체액이 깨어나도록 자극함으로써 체액이 완전히 응고되어버리는 것을 방지한다. 아니 때때로 정신을 흥분상태로 만들어 불수의적(不隨意的)이고 완전히 경련성인 운동을 일으키기도 한다.

---

33) *L.c.*, pp.366~373을 보라.

이러한 이론에 기초해서 보면 음악의 효과도 쉽게 설명되었다.

　음악에는 건강한 사람조차도 기쁘고 즐겁게 만들어 주는 힘, 연주되는 멜로디와 화음에 맞추어 활발하게 움직이도록 하는 힘이 있다는 점은 …… 명백하다. 그래서 타란툴라 거미에 물린 환자에 대한 음악의 치료효과에 대해 우리는 쉽게 수긍하는 것이다. 아마 악기의 연주에 의해 공기 중에 만들어지는, 매우 날렵한 움직임이 공기를 타고 사람의 피부로 전달될 것이다. 그리고 이것은 혈액과 정신으로 전달될 것이고 무언가 우리가 모르는 어떤 메커니즘에 의해 응고의 과정을 해체시켜버린다고 여겨진다.
　이러한 용해의 과정은 음악이 고조됨에 따라 더욱 증강되어 환자의 체액이 완전히 원래의 상태로 회복될 때까지 계속될 것이다. 반복적인 떨림과 진동에 의해 환자들은 점차 생기를 되찾아 사지를 움직이고, 끙끙대기도 하고, 펄쩍펄쩍 격렬히 뛰기도 하면서 땀을 내고 독의 뿌리를 완전히 제거할 때까지 계속하는 것이다.

타란티즘은 18세기를 거치면서 점차 그 발생이 줄어든 것으로 보인다. 바글리비의 저작이 출판되어 의학계에 타란티즘에 대한 관심이 촉발된 뒤에도 새로운 환자들이 여전히 보고되었다. 바글리비는 곧 당대에 매우 유명하고 비중 있는 의사로 인정받았고 의사들뿐 아니라 일반인들도 자신들의 주변에 그 괴상한 병이 나타나지 않는지 관심 있게 둘러보기 시작했다. 『신사들의 잡지』(*Gentlemen's Magazine*) 1753년 9월호에는 이탈리아의 한 음악학교 학생인 스토라체의 편지가 게재되었다. 그는 아눈치아타 지방에서 이 질병의 한 예를 관찰했고 자신이 직접 그 환자를 위해 타란텔라를 연주했다고 했다. 그리고 그 음악을 편지에 옮겨 적어 함께 실었다.[34]

그 밖의 다른 예들도 다른 지역에서 보고되기는 했지만 전체적으로 이 질병은 사그러졌다. 게다가 아풀리아의 거미가 다른 지역의 거미와 하등 다를 바가 없으며 그 거미에 물린다 해도 전혀 해가 없다는 사실이 밝혀졌다. 타란티즘은 신화로 취급되었다. 하지만 타란티즘은 분명히 실재했던 질환으로 여러 세기 동안 많은 사람을 괴롭혀왔다. 거미의 독에 의해서 생긴 병이 아니라면 그 병의 정체는 무엇이었을까?

페르디난두스가 우리에게 한 가지 단서를 제공한다.[35] 그는 언급하기를 어떤 사람들은 타란티즘이 전혀 질병이 아니라고 본다고 했다. 그는 이에 대해 타란티즘이 만약 순전히 지어낸 것이라면 그렇게 많은 궁핍한 사람들, 특히 음악에 자신들의 돈을 거의 전부 쏟아부은 그 많은 가난한 여성들은 과연 어떻게 된 것이냐고 즉각적으로 논박했다. 하지만 그 빈민들은 음악과 춤마저 없다면 도저히 견디기 힘든 열악한 조건에 있었기 때문에 그렇게 했던 것이다.

페르디난두스는 당시 몇몇 사람들이 이 타란티즘을 우울증이나 정신이상의 일종으로 보았다는 견해를 덧붙였다. 그리고 이것이 의심할 바 없이 정확한 해석이었다. 타란티즘은 질병이었지만, 타란툴라 거미에 물려서 생기는 것은 아니었다. 그것은 일종의 정신질

---

34) 그 편지의 독일어 번역문은 다음 책에 수록되어 있다. *Hamburgisches Magazin, oder gesammelte Schriften, Aus der Naturforschung und den angenehmen Wissenschaften überhaupt*, Des dreyzehnten Bandes erstes Stück, pp.3~8, Hamburg and Leipzig, 1754.

35) *L.c.*, p.254.

환, 매우 기이한 신경증이었다.

이제 우리는 왜 사람들이 이 신경증을 타란툴라 거미와 연관시켰는지, 그리고 이 신경증이 왜 그렇게 특이한 증상을 초래했는지를 설명해야 한다. 여기서 다시 페르디난두스는 우리에게 무의식적으로 단서를 제공한다. 그는 타란티즘에 대한 음악치료를 언급하면서 이것의 근원을 알 수는 없지만 아풀리아 지방에는 그리스 전통이 매우 많이 남아 있었다는 말을 덧붙였다. 실제로 아풀리아는 한때 마그나 그라이키아의 일부였으며 두 위대한 그리스인 피타고라스와 아르키타스(Archytas)가 사람들을 가르치던 바로 그 지역이었다.[36]

이런 사정을 모르면서도 페르디난두스는 정확한 지점을 가리키고 있다. 우리는 피타고라스 학파에서 음악이 차지하는 엄청난 비중을 살펴본 바 있다. 그리고 이 지역에서는 디오니소스, 대모신인 키벨레, 데메테르 등 여러 고대 신이 숭배되었다. 이 신들에 대한 제사의식 중 상당 부분은, 특히 디오니소스에 대한 의식은 매우 선정적인 분위기의 술 마시고 법석 대고 흥분하는 것이었다. 사람들은 음악소리에 맞춰 미친 듯이 춤추었고, 밝은 색상의 옷을 입었으며, 포도덩굴 잎으로 만든 화환을 걸었다. 또 티루스 가지(디오니소스의 지팡이를 상징—옮긴이)를 흔들면서 외설스런 말을 떠들어 댔고, 옷을 찢거나 서로를 채찍질하고 술을 마셔댔다. 이러한 의식과 타란티즘의 증상이 보이는 유사성은 정말 충격적이다. 무엇이 이 둘을 연결시키는 것일까?

기독교는 아풀리아에 뒤늦게 들어왔고 이 지방은 고대의 신앙과

---

36) *L.c.*, p.266.

관습이 이미 깊이 뿌리내린 원시적이고 보수적인 곳이었다. 이교도와의 경쟁을 통해 많은 사람에게 기독교를 전파하기 위해서는 기독교가 여러 방식으로 스스로의 모습을 바꿀 수밖에 없었다. 고대의 축일들은 그대로 보존되었고 대신 기독교적 사건을 기념하는 것으로 바뀌었다. 교회들은 고대 그리스 신전이 있던 자리, 바로 예전에 숭배의식이 거행되던 그 자리에 세워졌다. 고대의 신들이 하던 역할을 기독교의 성자들이 넘겨받게 된 그런 모양새였다. 무리를 지어 행진하는 등의 고대 의식요소들은 그대로 남고 외형만 기독교식으로 바뀌었을 뿐이었다.

그러나 기독교가 더 이상 넘어설 수 없는 한계가 있었다. 디오니소스에 대한 선정적인 숭배의식을 기독교가 동화해 나갈 수는 없었다. 이에 대해서는 싸워야 했다. 하지만 바로 이 의식들은 이곳 주민들에게는 아주 뿌리 깊은 원초적 본능에 속하는 것이었다. 그래서 이러한 의식은 그대로 남을 수밖에 없었고 사람들은 비밀리에 모여 고래로부터의 그 춤을 계속 추었으리란 것도 어렵지 않게 상상할 수 있다.

그렇게 그들은 기독교의 입장에서 보아 죄를 지어갔고 언제부터인지 정확히 알 수 없지만 아마도 중세시대 동안 그 춤의 의미도 점차 바뀌었다. 고대의 의식이 질병의 증상으로 나타난 것이었다. 예전의 음악과 춤, 선정적인 여러 격렬한 행동이 질병을 통해 정당화되었다. 이러한 행위에 탐닉하는 사람들은 더 이상 죄인취급을 받지 않았고 단지 타란툴라의 불쌍한 희생자로 받아들여졌다.

모든 의학적인 기록과 증언을 토대로 볼 때 아풀리아의 토박이 주민들은 정신질환의 발생률이 높았다. 그리고 타란타티들은 대부분 신경증 환자였다는 것도 의심할 바 없이 사실이다. 타란티즘은 이 지역에 특이한 신경증이었다. 동시에 이것은 기독교 사회에서 나타난 이교도적 제도 또는 관습 부활의 한 예며 그렇기에 의학사적으로나 음악사적으로 매우 흥미로운 사례라 할 수 있다.

제12장 질병에 맞서온 문명

인류는 항상 질병에 시달려왔다. 기생충들이 사람들을 괴롭혔으며, 주위 환경의 물리적, 화학적 요인들이 정상적인 삶의 행진을 끊임없이 방해했다. 사람들은 나이가 들수록 이러한 적대적인 요인들에 대항하여 싸우는 힘이 약해지고, 결국 그것들에 무릎을 꿇게 된다. 그러나 어떤 시대든지 사람들은 질병에 대처했다. 다른 동물들과 마찬가지로 사람들도 자신의 생명을 보호하고 종을 보존하는 능력을 자연으로부터 부여받았다.

사람들은 다른 동물들과 마찬가지로 초기에는 본능적으로 질병에 대처했다. 아픈 팔다리를 문지르고, 가려운 부위를 긁고, 요통이 있을 때는 불을 가까이했다. 사람들은 본능적으로 자신을 건강하게 해줄 음식물과 아플 때 병을 치료해줄 약초를 찾았다. 이렇듯 본능적으로 자신을 위협하는 위험을 피했다.

그러나 자연은 사람에게 본능 이상의 능력을 부여했다. 그런 능력 덕분에 사람들은 다른 동물들보다 훨씬 뛰어난 두뇌를 지니게 되었고 사물을 관찰하고 생각하고 기억하며, 언어라는 도구로 자신의 경험을 다른 사람들과 나누는 힘을 갖게 되었다. 위대한 발견들은 틀림없이 인류역사 초기에 이루어졌을 것이다. 수천 년 동안 원시인들은 숲에서 사냥을 하다 다리가 부러지기도 했다. 그러한 사고가 생기면 다친 사람 스스로 자신의 동굴이나 오두막까지 기어가거나 동료들이 그를 옮겼다. 몇 주일이 지나 골절부위가 치유되었지만 다친 다리가 짧아져서 절름거리게 되었고 사냥을 할 수 없어 동료들에 의지해야 했다.

어느 날, 누군가가 다쳤던 다리를 잡아당기면 짧아지는 것을 피할 수 있다고 생각했다. 하지만 그런 처치는 다친 사람에게 매우 고통스러웠으며, 또 잡아당긴 것을 놓자마자 다시 오그라든다는 사실도 알게 되었다. 그리고 그 원시인은 나무조각이나 껍질로 부목을 만들어 부러진 다리에 대어 다리가 다시 오그라들지 않게 했다. 그 결과 부상자는 절룩거림 없이 회복되었다. 이것이 외과분야에서 여태까지 이루어진 가장 뛰어난 처치법의 하나였다. 이런 일은 사람들의 관찰력과 창의력 덕택에 자연발생적으로 세계 도처에서 거듭 나타났음이 틀림없다.

문명은 꾸준히 발전해왔다. 사람들은 자연을 극복하는 힘을 가지게 되었으며, 자신의 힘을 이용해서 삶을 좀 더 안전하게 만들었다. 땅을 경작하고, 동물을 사육하고, 정글에 길을 내고, 사막에 물을 대었다. 사람들의 건강을 보호하고 회복시키는 기술인 의술은 인류 문명의 한 측면이다.

의학은 농업과 마찬가지로 사람들의 생명을 보존하고 더 안전하게 만들려는 노력의 소산이다. 이 책에서 계속 살펴보았듯이, 의학의 역사는 문명 전체의 발전과정을 반영한다. 문명이 진보함에 따라, 질병에 맞서 싸우는 힘이 점점 더 커지고 더 효과적으로 대처할 수 있게 되었다. 이러한 투쟁에서 의학은 가장 주된 무기였다.

기술과 과학으로서의 의학

내가 넓은 뜻으로 지칭하는 의학에는 항상 두 가지 요소가 있었다. 그 가운데 한 가지인 의술은 처음부터 손을 써서 하는 기술이었으며, 환자를 잘 치료하기 위해서는 기술이 능숙해야 했다. 손으로 하는 기술은 문헌과는 무관하게 아버지가 아들에게, 스승이 제자에게 실습을 통해 직접 전해주는 경우가 흔했다. 외과의사들은 다른 의료인들보다 군대를 따라 여행하는 경우가 많았기 때문에 외지에서 보고 배운 새로운 수술기술들을 고향으로 돌아온 뒤 제자들에게 가르쳐주었다. 그런 까닭에 종종 외과수술의 역사를 추적하기란 쉽지 않다. 수술에 관한 지식이 한 곳에서 멀리 떨어진 곳으로 건너뛰어 전해진 것처럼 보이기도 하며, 문헌기록을 찾는 것이 어려울 수도 있다.

기술적인 특성이 외과에만 한정된 것은 아니었다. 고대의 의사들은 약으로 사용할 식물과 미네랄들을 수집하여 자신의 처방에 따라 연고, 알약, 연약, 시럽 따위를 제조했다. 또 환자를 훈증하고 세정(洗淨)했으며, 진찰할 때는 눈으로 관찰할 뿐만 아니라 손으로 맥을 짚고 피부의 탄력을 확인하고 종기를 살폈다. 그리고 나중에는 점점 더 복잡한 진단도구와 장치를 이용해서 환자를 진료했다.

의학의 기술적인 특성이 이론과 완전히 무관한 것은 아니었지만, 이론과는 어느 정도 별개로 경험적으로 발전하여 왔다. 상처를 꿰매는 기술, 탈구된 관절을 원래대로 복원하는 기술, 골절된 부위에 부목을 대는 기술, 천두술(穿頭術) 등과 같은 외과술들이 몇 천 년 동안 거의 변화 없이 시술되었다. 이러한 기술은 해부학 지식이 거의 없던 시대에 경험에 의해 확립되었다. 그것들은 이론과 무관하게 목적을 잘 수행해왔다.

이와 비슷하게, 많은 약물이 몇 천 년 동안 오직 경험에 의해 사용되어왔다. 피마자 기름, 대황, 콜로킨스 등의 설사효과나 아편의 마약효과가 알려지기만 하면, 당시의 약리학 이론이 무엇이든 상관없이 약물로 성공적으로 이용되었다. 이론은 그러한 사실들에 스스로를 맞추어야만 했다. 히포크라테스 시대의 의사들이 환자용으로 고안한 식단은 기본적인 성분의 변화 없이 오늘날에도 쓰이고 있다. 그리스인들은 그러한 식단이 건강에 도움이 된다는 사실을 알았으며, 오늘날 우리는 그것이 왜 도움이 되는지를 안다. 그리고 여러 세기 동안 환자들은 그 식단의 도움을 받아왔다.

의술은 항상 그 시대의 기술수준과 관련이 있었다. 청동칼로도 수술할 수 있지만 철제칼이 훨씬 좋았다. 손으로 둥근 톱을 이용해서 천두술을 할 수도 있지만, 전기톱을 이용하면 더 빠르고 정확하다. 석탄에 달군 인두로도 소작할 수 있지만, 전기소작기를 이용하면 온도를 더 일정하게 유지할 수 있다. 기술을 중시하는 시대에는 항상 의술이 크게 발전했다. 분만용 핀셋이 17세기에 발명된 것은 우연이 아니었다.

그러나 의학은 단순히 기술만은 아니다. 의학은 한 시대의 지적 체계의 일부며, 당대의 인생관과 세계관을 반영한다. 질병은 다른 자연현상들과 마찬가지로 탐구해야 할 자연의 한 과정이었다. 원시인들도 전해 내려오는 전통적 방법을 이용했을 뿐만 아니라, 질병의 원인과 메커니즘을 알아야만 훨씬 더 효과적으로 질병에 맞서 싸울 수 있다는 점을 이미 알고 있었다. 질병의 원인을 알게 되면 사람들은 스스로를 보호할 수 있다. 질병이 발생하면 원인을 제거하는 쪽으로 치료의 방향을 잡을 수 있다. "원인이 없으면 결과도 없기" 때문이다. 어떤 질병의 원인을 알게 되면, 그 질병을 올바르게 치료하는 방법과 생물체가 가지고 있는 치유력을 올바른 방향으로 활용하는 방법도 찾을 수 있다.

질병에 대한 해석은 해당 시대의 지적 수준과 특성에 영향을 받았다. 우리는 앞의 여러 장에서 질병의 마술적 해석부터 종교적, 철학적, 그리고 과학적 해석까지 살펴보았다. 자연과학의 커다란 발전과 더불어 의학도 비약적인 발전을 이루어 과거에 비해 훨씬 효과적인 것이 되었다. 새로운 과학적 의학에서 문명은 역사가 시작된 이래 우리를 항상 괴롭혀왔던 질병으로부터 벗어나게 할 무기를 공급해주었다.

성취과정

문명은 매우 복잡한 현상이다. 문명은 물질적 측면과 정신적 측면을 함께 지니고 있다. 어떤 나라가 위대한 화가, 시인, 철학자들을 배출할지라도 갓난아기가 떼죽음을 당하고 많은 사람이 질병과 기아 속에서 살아가고 있다면 진정한 문명국이라 할 수 없다. 반대로, 국민들의 생활수준이 높고 건강상태가 좋다는 것만으로 문명국이라 부르는 사람은 아무도 없다.

문명은 사람들의 삶을 존엄하고 살 만한 것으로 만들어주는 정신적 가치들을 배양할 것을 요구한다. 의학이 해낼 수 있는 부분은 한정되어 있다. 그렇지만 의학은 사람들의 복지에 크게 기여하고 문화발전에 유리한 조건을 만드는 데 도움을 주기 때문에 중요하다.

문명 일반과 마찬가지로 의학의 역사는 매우 짧다. 인류역사에서 문명시대 5,000년은 매우 짧은 시간이다. 하지만 그 짧은 기간 동안 사람들이 이룬 성과는 매우 많으며 최소한 서방세계에서 사람들의 건강상태는 크게 좋아졌다. 더욱 고무적인 것은 발전속도가 과거에 비해 훨씬 빠르다는 사실이다. 지난 100년 동안의 발전이 그 이전 4,900년 동안 이룩한 것보다 훨씬 컸다. 그렇기 때문에 가까운 미래에 더욱 인상적인 성과를 거두어 몇 세기 안에 질병의 퇴치도 가능하리라고 기대할 수 있을 것이다.

하지만 인류의 건강상태를 개선한 공로가 과학적 의학에만 있다고 생각한다면 큰 잘못일 것이다. 다른 요인들도 그만큼 중요한 역할을 했다. 공포의 대상이던 한센병이 서유럽에서 사실상 사라진 이유는 흑사병이 한센병 환자 대부분을 쓸어버렸기 때문이다. 페스트 자체도 뚜렷한 이유 없이 18세기 초에 유럽에서 사라졌다. 광범위한 검역과 같은 위생조치가 의심할 바 없이 큰 역할을 했다. 그러나 당시 도시들의 전반적인 위생상태는 여전히 엄청나게 나빠서 쥐들이 득실대는 상태였다.

과학적 의학이 발달하기 전인 17세기부터 조사망률은 꾸준히 떨어졌다. 이것은 런던과 같이 급속히 성장하는 도시에서 특히 뚜렷했으며, 다음은 앞의 장에서도 이미 인용한 바 있다.[1]

---

1) Pettenkofer, *The Value of Health to a City*, Baltimore, 1941, p.30을 보라.

연도	인구	인구 1,000명당 연간사망자 수
1681~90년	53만 명	42명
1746~55년	65만 3,000명	35명
1846~55년	236만 2,236명	25명

위생상태의 개선만으로 이러한 현상들이 모두 설명될 수는 없다. 개선된 상황들은 생활수준이 향상된 데 기인한 것이기도 하다. 산업화 과정에서 건강에 해로운 새로운 요인들이 생겨났고, 산업화 초기의 상당 기간 동안 노동조건과 주거환경은 더 나빠졌다. 하지만 결국 산업화로 많은 사람들의 생활수준이 높아졌다. 지금도 많은 나라에서 농촌보다 산업지역 사람들의 건강상태가 훨씬 좋다.

문명은 여러 가지 방법으로 질병과 싸우지만, 의학은 문명의 가장 강력한 무기다. 두창은 과거에 한 지역의 주민 전체를 몰살시키기도 했던 무서운 질병이지만, 18세기에 제너가 종두법을 개발한 이래 점차 감소했다. 제너의 방법 덕택으로 이제 두창은 완전히 예방가능한 질병이 되었다(이제는 완전히 사라졌다—옮긴이). 예방접종으로 광견병, 디프테리아, 파상풍, 장티푸스, 콜레라, 황열, 그리고 그 밖에 많은 전염병의 발생이 감소했으며, 언젠가는 이 질병들을 완전히 몰아낼 것이다.

결핵은 그 괴력의 상당 부분을 잃었고, 가까운 장래에 적어도 선진국에서는 거의 소멸될 것이다. 성병 또한 급속히 감소하고 있다. 그 원인과 발병 메커니즘을 알게 되어 효과적인 치료법을 개발했기 때문이다. 이 두 가지 병은 주민들의 의식이 성숙하여 사회적으로 질병등록제를 받아들이는 지역 어디에서든지 더욱 빠르게 극복되고 있다. 폐렴은 얼마 전만 해도 중요한 사망원인이었지만 오늘날에는 화학요법으로 치료가 가능하다. 산욕열이나 무서운 연쇄상구균 감염도 곧 사라져서 과거의 질병으로 여겨지게 될 것이다.

　감염성 질병분야에서만 커다란 진보가 있었던 것은 아니다. 당뇨병에 대한 인슐린 치료와 악성빈혈에 대한 간 성분 치료는 불과 10, 20년 전만 해도 불가피하게 사망했을 수많은 생명을 구했다. 비타민의 발견으로 구루병, 괴혈병, 각기, 펠라그라를 치료하거나 예방할 수 있게 되었다. 또 호르몬의 정체와 작용이 알려지면서 내분비계 질병들도 조절할 수 있게 되었다. 외과수술의 결과도 매우 좋아졌으며, 중요한 수술기술들을 표준화하는 데 성공하여 외과의사라면 누구나 그 기술로 안전하게 수술을 할 수 있다. 개선된 수혈방법은 많은 인간생명을 구하는데, 특히 사고가 중요한 사망원인이 된 기계문명 시대에 유용하다.

　한 나라의 전반적인 건강상태는 측정되어 수치로 표현될 수 있다. 조사망률은 1년 동안에 인구 1,000명당 사망한 사람의 수를 뜻하는 것으로, 이것은 꾸준히 감소해왔다. 대부분의 나라에서 18세기에는 조사망률이 50명 아래로 내려가지 않았지만 오늘날 서방문명국들에서는 8~15명 정도다. 미국에서는 1900년에 17.6명이었으며 1936년에는 11.5명으로 감소했다. 이 수치는 1900년의 미국에서라면 사망했을 75만 명 이상이 더 살게 되었음을 뜻한다. 이것은 확실히 놀라운 수치다.

　과거에는 영아들의 사망률이 특히 높았는데 이 부분에서 이루어진 개선이 가장 극적이다. 영아사망률은 1년 동안 태어난 신생아 1,000명당 돌 이전에 사망하는 아기의 수를 말하는 것으로, 오늘날 문명국들에서는 30~70명이다. 18세기에는 그 수치가 10배나 높았다.

건강상태가 향상된 결과, 특히 영아사망률이 감소한 결과 평균수명이 크게 증가했다. 15세기 유럽에서 출생한 아기의 평균수명은 20~25세였지만 현재 경제선진국들의 평균수명은 60~66세에 이른다.

해결되지 않은 문제들

문명이 사람들의 삶을 과거보다 훨씬 덜 위험하게 해준 것은 틀림없지만, 그 임무가 완결된 것은 결코 아니다. 우리는 앞에서 이러한 발전은 비교적 적은 수의 국가들에서만 이루어졌을 뿐이고, 전 세계 인류의 절반 이상은 극히 나쁜 건강상태에서 살아가며 과학적 의학의 진보가 가져온 혜택을 누리지 못하고 있다는 점을 언급했다. 그들의 생활수준이 낮은 상태에서 외부로부터 건강을 불어넣어줄 수는 없기 때문에, 문제해결은 매우 어렵다. 한 손으로는 식민지 주민들에게 예방접종을 해주고 다른 손으로는 그들을 착취하여 굶주리게 하는 것은 기가 막힌 노릇이다. 경제적 독립과 교육은 모든 공중보건 활동의 토대다. 이것 없이는 모든 노력이 수포로 돌아갈 수밖에 없다.

과학적 의학은 아직도 해결되지 않은 수많은 문제에 직면해 있다. 심지어 지금까지 많이 발전된 전염성 질병분야도 그러하며, 아직 많은 문제가 풀리지 않고 있다. 1918~19년에 전 세계를 휩쓴 인플루엔자 대유행은 수천만 명의 생명을 앗아갔다. 그 뒤에도 인플루엔자는 매우 주기적으로 유행했으며, 언젠가는 세계적 규모의 대재앙이 있으리라 예견되지만 우리의 대책은 1918년에 비해 크게 나아지지 못했다.

소아마비는 최근 들어 크게 증가하고 있지만, 우리는 아직 이 질병을 예방할 수 없어서 다리를 저는 젊은이가 계속 생겨나고 있다. 보통의 감기와 그 합병증으로 사망하지는 않지만, 그것은 어떤 질병보다도 일시적인 무력감을 많이 가져온다. 우리는 여전히 이 병을 예방하거나 치료하지 못한다.

과거에 비해 오늘날에 더 많은 사람들이 오래 살게 되었기 때문에 더 많은 사람이 성인병이나 노인성 질환으로 사망한다. 우리는 미국에서 암이 사망원인 2위, 심장병과 순환계 질환이 1위며 이 질병들에 의한 사망률이 매우 높다는 사실을 이미 앞에서 본 바 있다. 이 두 가지 질병그룹들은 환자를 죽음에 이르게 할 뿐만 아니라, 관절염이나 류머티즘 등 수많은 만성병들처럼 환자를 오랫동안 불구와 무능력자로 만든다.

이런 만성질병들은 때때로 "퇴행성 질환"으로 불려왔다. 이것들은 나이가 들수록 잘 발생하고 현대 생활의 스트레스와 긴장으로 진행이 가속화된다. 간단히 말해 기계가 탈이 난 것이다. 이러한 질병들을 완전히 예방할 수는 없지만 진행을 지연시키는 더 좋은 방법은 알아낼 수 있을 것이다. 이미 우리는 이런 환자들의 삶을 상당히 연장시킬 수 있다.

이렇게 과학적 의학에는 풀어야 할 문제들이 많이 있지만 연구실과 임상에서 많은 연구가 활발히 진행되고 있다. 의과대학은 이제 더 이상 교육기관만이 아니라 활발히 연구가 수행되는 연구센터기도 하다. 젊은 의과대학생들은 의사가 되는 훈련을 받는 한편, 연구를 담당하는 의과학자들과 매우 가까운 관계를 가지고 있다. 의과대학생들은 그 자신이 과학자가 되어간다. 20세기에 들어와서 뉴욕과 프린스턴의 록펠러의학연구소와 같은 독립적인 연구기관들이 많은 나라에 세워지고 있다. 그러한 연구기관들의 재원은 공공기금과 사적 출원에 의해 마련되고 있다.

현대적 과학연구에는 비용이 많이 들지만 정부는 의학연구에 대한 재정지원이 궁극적인 이익을 가져오는 좋은 투자임을 알아야 한다. 연구에 진보가 이루질 때마다 질병발생은 감소하고 또 그로써 인간생명이 지켜지므로 사회는 그만큼 재정지출을 줄일 수 있다. 질병의 예방이 치료보다 훨씬 싸게 든다고 말하는 것은 자명한 진리다. 하지만 어떤 정부도 이렇게 간단한 원리에 따라 행동하지 않기 때문에 이 말을 되풀이하지 않을 수 없다.

그다지 좋지 않은 건강상태

경제적으로 발전한 나라들에서 건강상태가 크게 향상된 것은 매우 기뻐할 일이지만, 그 성취된 결과에 만족해서는 안 된다. 우리는 아직도 해결하지 못한 문제와 결함이 많다는 사실을 항상 명심해야 한다. 과거에 비해 결핵환자가 많이 줄었다는 사실에 기뻐하기보다는 아직까지도 결핵환자가 많이 있다는 점에 주의를 기울여야 한다.

우리는 비율뿐만 아니라 절대적인 수치를 생각해야 한다. 미국의 영아사망률이 낮기는 하지만 여전히 수많은 아이들이 불필요하게 죽어가고 있다. 이것은 가장 심란한 문제다. 모성사망률도 비교적 낮지만 그런데도 미국의 수많은 가정이 해마다 공연히 아내와 엄마를 잃고 있다. 그저 비율로만 생각하는 것을 멈추고 모성사망으로 수많은 가정에 초래될 고통과 슬픔을 직시하려고 노력하면, 우리는 결코 기뻐할 이유가 없으며 여전히 해야 할 일이 수없이 많다는 사실을 알게 된다.

우리는 국민들의 건강상태가 좋다고 말해서는 안 되고, 그 상태가 과연 가능한 최선의 상태인지를 끊임없이 스스로에게 물어보아야만 한다. 그 질문에 대한 답은 분명히 "아니오"다. 질병에 대한 우리의 지식에는 커다란 빈틈이 있고 여전히 많은 질병에 대해 효과적인 치료방법을 가지고 있지 못하다. 이렇게 지식이 부족한 한, 우리가 질병의 고통에서 벗어난다는 것은 기대할 수도 없기에 질병에 대한 연구에 더 많은 노력을 기울여야 한다. 하지만 이미 우리가 가진 지식도 많다. 우리는 많은 질병의 원인과 병리 메커니즘을 알고, 효과적인 치료법을 가지고 있다. 하지만 아직도 질병은 우리 속에 남아 있다.

어떤 사회든 피할 수 있는 질병들의 짐을 엄청나게 지고 있다. 미국에서 사망자 중 3분의 1은 과학적 의학의 혜택을 받았다면 훨씬 더 오래 살 수 있었을 조기사망으로 추정되었다. 군함 한두 척을 만드는 비용만으로 몇 해 안에 성병을 완전히 퇴치할 수 있지만, 우리는 그렇게 하지 않고 있다. 아직도 두창과 디프테리아 환자가 발생한다는 것은 변명의 여지가 없는 일이다. 더 이상 큰 파멸을 초래하지는 않지만, 장티푸스와 이질이 여전히 발생하고 있다.

우리는 또한 비교적 작은 건강문제들에 대해서도 관심을 가져야한다. 그것은 죽음을 초래하지는 않지만 장애를 남기는 질병들이다. 미국에서 평균적인 노동자는 질병 때문에 1년에 대략 8일을 일하지 못한다. 이 수치는 과거에 비해 훨씬 줄어든 것이기는 하다.

1873년 페텐코퍼는 뮌헨 시민이 질병으로 일하지 못하는 날이 연평균 20일이라 추산했다.[2] 8일이라는 수치는 미국의 전 산업에 연간 총 4억 일의 노동손실이 있음을 뜻한다.[3]

사람들은 과거에 비해 건강상태가 많이 향상되었음에도 결코 만족스러운 수준이 아님을 제1차 세계대전을 통해 인식하게 되었다. 그리고 현재의 전쟁인 제2차 세계대전에 실시되는 징병검사에서도 대상 젊은이들의 거의 반수가 엄격한 신체검사 기준에 미달되었다. 그들의 결함은 많은 경우 가벼운 것으로, 쉽게 치료될 수 있는 것이었다. 그러나 필요한 거의 모든 인력과 장비를 보유하고 있는 미국이라는 나라에서 이러한 문제가 존재하며 또 사람들이 그 문제에 관심을 기울이지 않았다는 사실 자체가 서글픈 상황이다.

미래의 과제

과학적 의학은 진보해왔고 건강상태도 개선되어왔다. 하지만 그 발전정도가 같지는 않았다. 과학적 의학은 실제로 사람들이 그것으로부터 얻고 있는 혜택보다 훨씬 더 많은 것을 주어야 한다. 이러한 불일치의 원인들은 쉽게 파악되며, 거기에 대해서 수많은 논의가 있어왔다. 여기서 이에 관해 매우 간략하게 요약할 것이다.

건강상태는 매우 다양한 요인들에 의해 결정된다. 그 가운데 매우 중요한 한 가지가 사회적, 경제적 요인이다. 빈곤은 인류에 대한 저주다. 오늘날 세계에서는 전 인류의 식량수요를 충족시킬 수 있

---

2) L.c., p.21ff.
3) 수치는 다음의 기록에 의한다. Medical Administration Service in New York, by Kingsley Roberts and Martin W. Brown, issued in 1941.

을 만큼 식량이 생산된다. 과학은 필요한 자연자원을 체계적으로 얻을 수 있을 만큼, 사람들이 필요로 하는 모든 상품들을 생산할 수 있을 만큼 발전했다. 하지만 오늘날 전 인류의 대다수가 건강한 삶을 누리기 어려운 정도의 생활수준에 머물고 있다.

빈곤은 여전히 질병의 주된 원인이며, 이것은 의학이 당장 어찌해볼 수 없는 요인이다. 처방은 명백하다. 서방의 몇몇 부유한 국가들만이 아니라 인도, 중국, 아프리카 등 전 세계 모든 지역의 생활수준을 향상시켜야 한다. 어떤 나라든 다른 나라들의 희생을 바탕으로, 또 어떤 계층이 다른 계층들을 희생시키며 번영을 누려서는 안 된다. 세계는 좁아져서 한 나라에서 벌어지는 비극이 다른 나라들에도 직접적인 영향을 주게끔 되었다. 우리가 적어도 사회생활의 기본과정과 생산, 분배, 소비 등에 과학적 원리를 적용하는 방법을 터득한다면, 그리고 과학적 방침에 따라 전 세계적 규모로 사회생활을 계획한다면, 지구촌 주민들의 생활수준은 크게 높아질 것이다.

건강상태는 교육수준에 의해서도 결정된다. 무지 역시 질병의 중요한 원인이다. 건강은 외부에서 사람들에게 주어질 수 없다. 사람들에게 건강을 강제할 수도 없다. 소련은 혁명 뒤에 의료제도를 재조직하면서 다음과 같은 슬로건 아래 보건의료 활동을 벌였다. "인민의 건강은 인민 자신의 문제다." 그리고 소련의 모든 보건의료 활동은 주민들의 광범위한 참여 아래 이루어지고 있다.

사람들이 의사들의 조언을 받아들일 능력과 의지가 없거나 협조하지 않는다면 우리의 노력은 실패할 수밖에 없다. 어쨌든 교육은 읽고 쓰기를 배우거나 질병에 대한 몇 가지 지식을 얻는 것 이상의 의미가 있다. 건강에 대한 적극적 태도와 사회에 대한 개인의 책임

등을 받아들이게 하고 건강생활에 위해가 되는 관습, 그리고 전통에 의해 뒷받침되는 편견을 극복할 수 있도록 해야 한다. 교육은 심리학적인 이해와 전술을 필요로 하기 때문에 매우 힘든 과업이다. 하지만 보건교육뿐만 아니라 일반 교육은 모든 보건활동의 기초다.

건강상태는 궁극적으로 보건의료 서비스의 효율성에 의해 결정된다. 과학적 의학은 유보 없이 적용되지 않는다면 무용지물이다. 우리는 건강한 사람과 환자, 부자와 빈민 모두가 향유할 수 있는 보건의료 체계를 필요로 하며, 이제 그러한 체계를 갖추지 못할 이유는 없다. 대규모의 조직적인 개입이 필요한 보건문제들이 그동안 해결되어왔고 특히 세계대전을 치르고 있는 요즘에도 그렇게 해결되고 있다.

우리에게 필요한 것은 가능한 한 질병의 굴레에서 벗어나 건전하고 건강한 국가를 만들겠다는 강철 같은 결심이다. 우리는 지난 100년 동안 상황이 크게 변했다는 사실도 인식해야 한다. 두 차례의 산업혁명 이후 사회구조는 과거와 다르다. 그러한 진보의 결과로 의학 역시 크게 변화했다. 의학기술은 더욱 고도화되었고, 일반의와 전문의의 협조는 더욱 필요해졌으며, 진료소와 병원의 광범위한 사용도 더욱 요청된다.

새로운 사회에 부응하는 새로운 의학은 새로운 형태의 의료서비스를 요구한다. 무엇보다 예방의학과 치료의학 사이의 인위적 장벽을 무너뜨려야 한다. 치료가 필요해 병원을 찾은 환자에게 주치의를 찾아가보라는 말이 사라지지 않는 이상, 매우 효율적인 건강센터를 짓더라도 낭비일 수밖에 없다. 수많은 사람에게는 자신을 돌

현대적 메디컬 센터. 시거드 피셔, 「뉴욕 종합병원과 코넬 의과대학」

보아줄 주치의가 없기 때문이다.

　의학의 과제는 건강을 증진시키고, 질병을 예방하며, 예방이 실
패하여 질병이 발생하면 치료하고, 치유된 뒤에 나타나는 후유증으
로부터 환자를 재활시키는 것이다. 이것들은 매우 사회적인 기능들
로서, 우리는 의학을 기본적으로 사회과학으로 보아야 한다. 의학
은 문명국이라면 당연히 발전시켜야 할, 일련의 사회복지 제도 중
하나일 뿐이다. 오늘날 우리가 시행착오를 저지른다면, 그것은 대

개는 의학이 가진 사회적 측면을 무시해왔다는 사실에 기인한다. 오랫동안 우리는 의학을 과학적으로 연구하는 데만 집중해왔고 의학연구의 결과는 저절로 활용될 것이라고 생각해왔다. 하지만 실제로는 그렇지 않았다. 의학의 기술적 측면이 사회적 측면을 압도한 것이다.

여기는 보건의료 서비스의 재조직 문제를 논하는 자리는 아니다.[4] 하지만 미래의 문명사회에서 모든 가정에는 주치의뿐만 아니라 담당 건강센터가 있어 필요한 모든 조언과 도움을 공공서비스로 제공받게 될 것이며 그로써 국민 전체의 건강이 향상될 것이다. 의사는 과학자, 사회사업가, 그리고 교육자로서의 구실을 다하는 공복이 될 것이며, 의학의 관심사는 질병에서 건강으로 강조점이 점점 더 옮겨질 것이다.

그러한 보건의료 서비스 체제를 만드는 데 드는 재정문제는 부차적인 것이다. 훨씬 더 어려운 많은 경제문제들이 해결되어왔다. 우리는 잔인무도한 적에게 공격받을 때 필요한 자금을 충분히 가지고 있다. 질병 역시 우리의 적이다. 질병의 공격은 그리 극적이지 않게 보일지 모르지만, 그것은 실제 전쟁에서 보이는 어떤 공격보다 더 악성이다. 그리고 질병과의 전쟁을 승리로 이끄는 데 필요한 비용은 상대적으로 적다는 사실을 우리는 알 수 있다. 모든 사람의 건강과 복지는 사회의 관심사며 민족, 인종, 신조의 경계를 넘어서는 인류적 연대는 문명의 진정한 척도다.

---

4) 나는 다음과 같은 출판물에서 그 일을 해왔다. *Medicine and Human Welfare*, Yale University Press, New Haven, 1941.

에필로그

전쟁이 온 세계를 휩쓸고 있는 지금, 인류의 모든 지적 자원과 모든 기술과 모든 자연자원이 파괴를 위해 동원되고 있는 지금, 그래서 인류문명이 파멸에 직면한 이 순간에 문명에 대해 말하는 것은 무의미하게 보일지 모른다. 우리는 장구한 인류의 역사에서 문명은 매우 일천한 현상이며 인류는 언제든 원시 미개사회로 되돌아갈지 모르는 상황에 놓여 있다는 사실을 항상 명심해야 한다. 인류는 5,000년이라는 짧은 문명시대 동안 많은 것을 이루었다. 우리는 폭탄으로 파괴할 수 없는 문화적 가치를 창조했다. 우리는 과거에 비해 훨씬 많은 자유와 정의를 누리고 있고, 훨씬 더 건강해졌다. 그러나 아직 충분하지 않기에 전쟁이 벌어지고 있는 것이다.

의학이라는 제한된 분야에서 그동안 일어난 일은 전체 세계사의 진행과 같이 일어난 듯하다. 기술이 사회성을 압도한 것이다. 우리는 매우 정교한 기계들을 만들어냈지만 산업사회가 필요로 하는 사회적, 경제적 조직은 만들지 못했다. 대륙을 연결하는 수송수단은 건설했지만, 국가들 사이의 평화적 협조를 보증하는 기구는 건설하지 못했다. 세상은 더 가까워졌지만, 우리의 생각은 속 좁고 이기적인 국수주의에 머물러 있다. 기계문명의 시대에는 의학분야뿐만 아니라 모든 부문에서 사회적, 경제적 조절이 절실히 필요하다.

이번 전쟁은 너무나 끔찍하지만, 오히려 바로 그 파괴성이 새로운 세계를 탄생시키기 위한 진통으로 보인다. 그것은 일종의 혁명전쟁이다. 지배받는 민족들과 억압받는 계층들이 정치적, 경제적 독립을 위하여, 자유와 정의를 위하여, 노동할 권리를 위하여, 그리고 자신들의 노동을 통해 과거에는 부정되었던 삶의 안정을 얻기 위하여 싸우고 있고 싸울 것이다.

이 전쟁이 얼마나 지속될지, 금세기 초에 더욱 첨예해진 갈등의 종착역이 될지 아니면 그저 앞으로도 계속 있을 전쟁의 하나가 될지 우리는 모른다. 우리는 우리의 삶이 매우 짧기 때문에 조바심을 내게 되고, 전쟁의 결말을 알고 싶어한다. 그러나 인류역사는 한 개인의 심장보다 훨씬 오랫동안 박동한다.

나는 역사를 공부하면 할수록, 인류의 미래에 대해 더욱 확신하게 되며, 오늘날의 갈등을 궁극적으로 해결하리라고 믿는다. 지금의 경쟁사회에서 협조사회로, 과학적 원리에 따라 민주적으로 운영되는 사회로, 문서로만이 아니라 실제로도 모두가 동등한 의무와 권리를 향유하는 사회로 발전하게 될 것이다. 우리는 그런 사회를 보지 못할지 모르지만, 우리 자식 세대나 그 다음 세대에서는 그런 사회가 실현될 것이다. 지금 우리는 전쟁을 벌이고 있지만, 새롭고 더 나은 문명의 토대가 마련되고 있다.

헨리 지거리스트의 주요 저작

1917

Experimentale Untersuchungen über die Einwirkung, Zürich, W. Bruce Fye.

1929

History of medicine in academic teaching. Results of a questionnaire, Baltimore, Johns Hopkins Press.

1930

Forschungsinstitute für Geschichte der Medizin und der Naturwissenschaften, Hamburg, Paul Hartung Verlag.

1931

Einfuehrung in die Medizin, Leipzig, Georg Thieme Verlag.

Grosse Arzte. Eine Geschichte der Heilkunde in Lebensbilder, München, J.F. Lehmanns Verlag.

1932

Man and medicine. An introduction to medical knowledge, New York, W.W. Norton & Co.

1933

Amerika und die Medizin, Leipzig, Georg Thieme Verlag.

The Great doctors. A biographical history of medicine, translated by Eden & Cedar Paul, New York, George Allen & Unwin Ltd.

1934

American medicine, New York, W.W. Norton.

1935

Sidelights on the practice of medieval surgeons, New York, American Medical Association.

1937

Socialized medicine in the Soviet Union, New York, Left Book Club.

1938

"The development of medicine and its trends in the United States," *Bulletin of the History of Medicine*.

1939

Medical history in the medical schools of the United States, New York, W. Bruce Fye.

1941

Medicine and human welfare, New Heaven, Yale University Press.
Paracelsus in the light of four hundred years, New York, W. Bruce Fye.

1942

American spas in historical perspective, New York, W. Bruce Fye.
War and culture, New York, W. Bruce Fye.

1943

Civilization and disease, Chicago, University Of Chicago Press.
"From Bismark to Beveridge: Developments and trends in social security," *Bulletin of the History of Medicine*.

"The university's dilemma," *Bulletin of the History of Medicine.*

"Two fifteenth century anatomical drawings," *Bulletin of the History of Medicine.*

1944

"Medical care for all the people," *Canadian Journal of Public Health.*

The cost of illness to the city of New Orleans in 1850, New York, Oxford University Press.

1946

Hieronymus Brunschwig and his work, a fifteenth century surgeon, New York, Ben Abramson.

The university at the crossroads: Addresses & essays, New York, Henry Schuman.

1950

Letters of Jean the Carro to Alexandre Marcet(1794~1817), Baltimore, Johns Hopkins Press.

1951

A history of medicine. Volume I. Primitive and archaic medicine, New York, Oxford University Press

1956

Landmarks in the history of hygiene, London, Oxford University Press.

1960

Henry E. Sigerist on the history of medicine, New York, MD Publications, Inc.

Henry E. Sigerist on the sociology of medicine, New York, MD Publications, Inc.

1961

A history of medicine. Volume II. Early Greek, Hindu and Persian medicine, New York, Oxford University Press.

1963

Anfange der Medizin. Von der primitiven und archaischen Medizin bis zum goldenen Zeitalter in Griechenland, Zürich, W. Bruce Fye.

1966

A bibliography of the writings of Henry Sigerist, Montreal, McGill University Press.

Henry E. Sigerist: Autobiographical writings, selected and translated by Nora Sigerist Beeson, Montreal, McGill University Press.

옮긴이의 말

이 책 『문명과 질병』에서도 잘 드러나듯이, 원저자 지거리스트는 누구보다 앞서서, 또 적극적으로 의학의 문명사적 측면과 의료의 공공성을 주장하고 그 구현을 위해 노력했다. 지거리스트에게서 학자와 실천활동가로서의 삶은 유기적으로 잘 연결되어 있어서 두 가지를 분리하는 것은 불필요한 일일 터다.

하지만 군이 그 성과를 보자면, 지거리스트는 학자로서 큰 성공을 거두었다. 『타임』이 1939년 1월 30일자에 그를 표지인물로 다루면서 "세계 최고의 의학사학자"라고 묘사한 것은 저널리즘의 발로겠지만, 그런 평가에 반대할 사람이 별로 없는 것도 사실이다. 그보다 당시까지도 일부 호사가들의 관심사에서 크게 벗어나지 못하던 의학사와 질병사를 다른 학문분야와 어깨를 나란히 하도록 이끈 점을 더욱 높이 평가해야 할 것이다.

그에 반해 지거리스트는 활동가, 사회개혁가로서는 생전에 별로 성공을 거두지 못했다. 특히 그가 정열을 기울였던 미국의 '전국민 건강보험' 추진운동은 그의 사후 50년이 지난 지금까지도 실현되지 못했다. 지거리스트가 좌절한 책임을 그 자신이나 운동추진 세력에게 돌릴 수는 없을 것이다.

세계 최고의 의술을 자랑하는 나라이자 의료비도 압도적으로 가장 많이 지출하면서도 국민들의 전체 건강수준은 선진국 중에서 제일 밑바닥인 나라가 바로 미국이다. 그렇게 된 데에는 여러 요인이 있겠지만 무엇보다도 지거리스트가 강조했던 '의료의 공공성'이 너무나 미약하기 때문이다. 또 의료의 공공성을 강화해야 한다는 주장은 미국 사회에서 지거리스트 때나 지금이나 계속 무시되고 있다.

우리 사회는 어떠한가? 그동안 꾸준히 지속되어온 의료의 공공성을 강화하자는 주장이 어느 정도 반영되기도 했다. 반면에 '의료의 산업화'라는 상반된 정책과 지향 속에서 후퇴한 측면도 있었다. 지금 한국 사회의 가장 중요한 문제인 사회양극화는 보건의료 분야에도 그림자를 짙게 드리우고 있다. 지난 10년 동안 어느 정도 보건복지 정책의 뒷받침이 있었음에도 건강의 양극화는 날로 심해지고 있다.

그런 점에서 지금이야말로 미국만큼 낮은 수준의 의료공공성을 획기적으로 강화해야 할 시점이다. 하지만 안타깝게도 한국 사회는 현실의 요구와 정반대로 다시 맹목적 성장일변도의 정글사회를 지향하려 한다. 약자에 대한 관심과 배려는 순진한 사람들의 잠꼬대나 사회발전의 걸림돌이 되는 것처럼 매도된다. 노동자를 무시하는 것을 넘어 아예 노동자들에게 기업가의 자원봉사자가 되기를 강변한다. 의학의 문명사적 측면에 대한 고려는커녕 아예 문명과 역사를 무시하고 멸시하는 것이 올바른 삶의 방식인 양 운위된다.

이러한 한국 사회의 부박한 흐름 속에서 『문명과 질병』의 출간은 어떤 의미를 지닐까?

이 책을 내는 데에도 많은 사람의 노력이 함께했다. 몇 해 전 대학원 수업에서 이 책을 함께 공부하며 내가 미처 생각하지 못했던 점을 지적해준 학생들에게 우선 감사한다. 그리고 원고를 잘 다듬어 훌륭한 책으로 만들어준 한길사의 여러분에게 깊은 감사를 드린다.

2008년 여든아홉돌 3·1절에
황상익

찾아보기

지은이 헨리 지거리스트

지거리스트는 스위스 취리히 대학교에서 의학을 공부하는 한편, 문헌학과
오리엔트 언어를 공부했다. 의과대학 졸업 후 의학사를 공부하기로 결정하고
당대 전 세계 의학사 연구를 주도하던 독일의 라이프치히 대학교 의학사연구소로 가서
카를 주드호프 소장의 문하생이 되었다. 곧 유능한 의학사 연구자로 인정을 받은
지거리스트는 모교인 취리히 대학교의 의학사 교수로 근무하다 불과 서른넷이 되던
1925년 주드호프의 후임으로 라이프치히 대학교 의학사연구소 소장으로 발탁되었다.
1932년에는 라이프치히 의학사연구소를 모델로 신설된 미국의 존스홉킨스 대학교
의학사연구소 소장으로 자리를 옮겼다. 지거리스트는 이 연구소를 불과 몇 해 안에
당시 세계 최고이던 독일 수준으로 높였으며, 그로써 이곳은
미국 의학사 연구·교육의 센터로 자리잡았다. 또한 1925년에 설립된
미국의학사학회를 일신하고 세계 의학사학계의 대표적 학술지인
『의학사학회지』를 창간했다. 지거리스트는 대중적인 활동도 활발히 벌였는데,
각종 의사단체, 시민단체, 여성단체, 대학교, 포럼, 학생 집회 등에서 기품 있고
설득력 있는 강연으로 커다란 명성을 얻었다. 또한 저술가로도 왕성한 활동을 벌였는데,
『위대한 의사들』(1933), 『미국 의학』(1934)에 이어 『문명과 질병』(1943)은 대중들로부터도
큰 사랑을 받았다. 1939년 1월 30일, 『타임』은 지거리스트를 표지 인물로 다루었는데,
그를 세계 최고의 의학사학자이자 전국민건강보험과 보건정책에 관해
미국에서 가장 권위 있는 전문가라고 소개했다. 지거리스트는 1947년 미국을 떠나
모국인 스위스에 정착했으며, 꼭 10년 뒤인 1957년에 세상을 떠났다.

옮긴이 황상익

황상익(黃尙翼)은 서울대학교 의과대학을 졸업하고, 같은 학교 대학원에서
의학석사·박사학위를 받았다. 지금은 서울대학교 의과대학 교수로 있다.
영국 옥스퍼드 대학교 약리학연구소와 미국 UCSF 의학사연구소 초빙연구원을 지냈다.
한국과학사학회와 한국생명윤리학회 회장을 지냈으며, 지금은 대한의사학회
회장으로 있다. 지은 책으로는 『문명과 질병으로 보는 인간의 역사』(1998),
『첨단의학시대에는 역사시계가 멈추는가』(1999), 『인물로 보는 의학의 역사』(2004),
『1950년대 사회주의 건설기의 북한보건의료』(2006),
『황우석 사태와 한국사회』(공저, 2006) 등이 있다. 옮긴 책으로는
『세계의학의 역사』(A.S. 라이언즈 외, 1996), 『면역의 의미론』(타다 토미오, 1998),
『생명이란 무엇인가』(에르빈 슈뢰딩거, 2001),
『침팬지 폴리틱스』(프란스 드 발, 2004) 등이 있다.

GB
한길그레이트북스

한길 그레이트북스 97

문명과 질병

지은이 헨리 지거리스트
옮긴이 황상익
펴낸이 김언호
펴낸곳 (주)도서출판 한길사

등록 • 1976년 12월 24일 제74호
주소 • (413-756) 경기도 파주시 교하읍 문발리 520-11
www.hangilsa.co.kr
E-mail: hangilsa@hangilsa.co.kr
전화 • 031-955-2000~3
팩스 • 031-955-2005

상무이사 · 박관순 | 영업이사 · 곽명호
편집 · 배경진 서상미 권혁주 | 전산 · 한향림 김현정
마케팅 및 제작 · 이경호 박유진
관리 · 이중환 문주상 장비연 김선희

출력 · 지에스테크 | 인쇄 · 현문인쇄 | 제본 · 광성문화사

제1판 제1쇄 2008년 4월 20일
제1판 제3쇄 2012년 3월 5일

값 25,000원
ISBN 978-89-356-5741-4 94380

●이 도서의 국립중앙도서관 출판시도서목록(CIP)은
e-CIP 홈페이지(http://www.nl.go.kr/ecip)에서 이용하실 수 있습니다.
(CIP제어번호: CIP2008001046)

한길그레이트북스 인류의 위대한 지적 유산을 집대성한다